FEDEGRAPHICA

페더그래피카

테니스 황제 로저 페더러의 그래픽 평전

Fedegraphica : A Graphic Biography of the Genius of Roger Federer
By Mark Hodgkinson
Originally published in the English language by Aurum Press Ltd.
Text Copyright © Mark Hodgkinson 2016
All rights reserved.
Korean translation copyright © SoWooJoo 2017
Korean translation edition is published by
arrangement with Aurum Press Ltd. through EYC(Eric Yang Agency).

이 책의 한국어판 저작권은 EYC(Eric Yang Agency)를 통해 Aurum Press Ltd.와
독점 계약한 소우주 출판사에 있습니다. 저작권법에 의해 한국 내에서 보호를 받는
저작물이므로 무단 전재와 무단 복사를 금합니다.

페더그래피카 : 테니스 황제 로저 페더러의 그래픽 평전

초판 1쇄 발행 2017년 6월 30일

지은이   마크 호지킨슨
옮긴이   김솔이
감수   김기범
주간   장정문
편집   류은영
펴낸이   김성현
펴낸곳   소우주출판사
등록   2016년 12월 27일 제 563-2016-000092호
주소   경기도 용인시 기흥구 보정동 행원마을 동아솔레시티아파트 136동 902호
전화   010-2508-1532
이메일   jidda74@naver.com

ISBN 979-11-960577-0-1 (03690)

정가 23,000원

Printed in China

CONTENTS

	PROLOGUE	10
1	미친 마니아	16
2	모짜르트 대(對) 메탈리카	44
3	리틀 피트	70
4	속삭이는 듯한 움직임	88
5	줄을 팽팽히 매고	110
6	불세출의 선수	132
7	발레리나 대(對) 권투선수	152
8	스웨덴에서 온 뮤즈	180
9	빨간 봉투	212
10	반석, 유모차, 그리고 억만장자 후보	238
	EPILOGUE	260

참고 문헌 264
감사의 글 266
색인 267
자료 출처 271
사진 저작권 272

"당신은 진정한
천재를 보고 있습니다.
그는 역사상
가장 위대한
테니스 선수입니다."

존 매켄로

PROLOGUE

과 거 카우보이들의 무대였지만 지금은 콘크리트로 덮힌 오하이오의 평야에서 로저 페더러 인생 중반의 실험이 시작되었다. 좀 더 정확하게 말하자면, 신시내티 외곽에 위치한 메이슨에서, 71번 주간(州間) 도로를 경계로 킹스 아일랜드 놀이공원(중서부 최대 규모의 놀이공원이자 워터파크)의 맞은편에 자리 잡은 코트에서였다. 당시 페더러는 2015년 윔블던 챔피언십 이후 처음 참가하는 마스터스 대회를 위해 유럽에서 날아온 직후였고, 시차로 인해 몸과 마음이 무거운 상태였다. 그는 무엇보다도 린드너 패밀리 테니스 센터Lindner Family Tennis Center(신시내티 마스터스 대회 장소 – 옮긴이)에서의 연습을 짧게 끝내고 싶었다. 그의 파트너인 프랑스 출신 브누아 페어Benoît Paire 역시 귀에 생긴 염증으로 고생하고 있던 터라 연습을 계속할 마음이 별로 없었다. 그렇지만 페더러의 보조코치였던 세버린 루티Severin Lüthi는 이들에게 연습 시간을 좀 더 연장할 것을 권유했다. 루티는 페더러가 코트 위에서 조금이라도 더 시간을 보낼수록 그곳의 더위와 콘크리트에 대한 적응이 빨라질 것을 알고 있었기에, 다만 몇 게임만이라도 더 하라고 제안했던 것이다. 페더러는 루티의 의견에 동의하긴 했지만, 포인트를 최대한 빨리 낼 것이며, "장난 좀 치겠다"고 말했다. 이는 리턴을 할 때 앞으로 달려가 서브가 서비스라인 바로 안쪽에 떨어지자마자 하프발리로 받아치겠다는 의미였던 것이다.

이후 '세이버'(로저의 기습공격Sneak Attack by Roger이라는 의미로 줄여서 SABR로 표기) 또는 '페드 어택Fed Attack'이라고 부르게 되는 이 공격 방법은 이렇게 약간은 상상할 수 없을 법한 상황에서 만들어졌다. 하지만 이 샷이 지니는 의미에 비한다면 이름을 어떻게 부르는지는 그다지 중요한 문제가 아니었다. 이것은 당시 막 서른 넷을 지난 나이에도 불구하고 페더러가 자신의 경기를 새롭게 발전시키려는 의지를 보여준 것이다. 그것도 가장 대담하고, 가장 혁신적인 방법으로. 다분히 우스꽝스럽게 보일 위험을 무릅쓴 샷으로 말이다. 게다가 이렇게 페더러가 테니스에 대한 그의 변치 않는 애정을 보여준 곳은 멜버른이나 파리, 런던 그리고 뉴욕과 같이 그랜드슬램이 열리는 도시가 아니었다. 그곳은 이들 도시와는 지리적으로나 문화적으로, 심지어 스타일조차도 완전히 동떨어진 오하이오주 71번 주간 도로 옆의 코트였다.

여러 해 동안 페더러의 경기는 테니스로서 공연 예술에 가장 가까운 모습을 보여주었다. 그리고 아마도 US 오픈이 열리던 아서 애쉬 스타디움Arthur Ashe Stadium(미국의 프로 테니스 선수인 아서 로버트 애쉬 주니어의 이름을 딴 US 오픈 대회 주경기장 – 옮긴이)에서 페더러가 선보였던 트위너tweener(다리 사이로 치는 타법으로 일명 '가랑이샷'이라고도 불림 – 옮긴이)가 그 정점(頂點)이었을 것이다. 지금도 테니스 모임에서는 페더러가 뉴욕에서 보여준 트위너 중에서 어떤 것이 가장 인상적이었는지에 관해 갑론을박이 벌어진다. 2009년 노박 조코비치Novak Djokovic와의 준결승전 매치 포인트로 이어진 트위너였는지? 아니면 2010년 여름 US 오픈 초반 라운드에서 시드 배정을 받지 못한 선수를 상대로 쳤던 트위너였는지? 하지만 여기서 우리가 잊지 말아야 할 점이 있다. 상대방이 로브를 친 상황에서 페더러가 공을 따라가 일반적인 스트로크를 칠 시간이 없다면, 솔직히 다른 대안이 없기 때문에 그렇게 성공 확률이 낮은 샷을 칠 수 밖에 없었다는 것이다. 가능성이 낮은 것과 아무 것도 안 하는 것 중 하나는 골라야 하는 상황이었다. 하지만 2015년 여름, US 오픈이 열리기 전에 SABR를 개발한 페더러에겐 확실한 선택의 폭이 생겼다. 하나는 안전하고 전통적인 방법으로 베이스라인에서 리턴을 하는 방법이었고, 다른 하나는 서브를 받는 상황에서 따라야 하는 정설을 모두 무시하는 방법이었다. 상대 선수가 서브를 하기 위해서 공을 위로 던질 때 페더러는 서비스라인을 향해 달려가기 시작하고, 서브를 하프발리로 리턴한 다음, 네트를 향해 다시 파고 들면서 발리를 하는 것이었다. 굳이 모험을 감행할 필요가 없는 상황에서 페더러는 기꺼이 위험을 감수했다. 스릴이 있었고, 즐거움이 따라왔다.

페더러는 페어와의 연습에서 몇 차례 SABR를 시도했고, 하프발리 위너(winner: 상대 선수가 받아내지 못한 득점타 – 옮긴이)를 몇 번 치고는 웃었다. 페어도 웃었고, 루티도 웃었다. 피곤함은 잊었다. 코트를 나와서 페더러는 이 하프발리가 정말로 말도 안되는 것이라고 생각했다. 하지만 다음 연습에서도 페더러는 SABR를 재차 시도했고, 이는 또다시 성공적이었다. 페더러는 SABR를 그다지 어렵게 생각하지 않았다.

가장 획기적이었던 점은 연습에서 시도했던 샷을 실제 경기에 적용했다는 것이었다. 루티는 페더러에게 "혹시 시합에 한번 써 보면 어때?"라고 제안했고, 페더러는 "정말?"이라고 되물었으나 루티는 진지했다. 그는 페더러에게 SABR를 '경기의 분수령'에서 과감하게 시도해 보라고 조언했다. 페더러는 관중으로 가득 찬 경기장에서 중계 카메라가 돌아가고 있는 그 순간에 엄청나게 교활한 모습을 보여주기로 결심했다. 민망한 상황을 연출할 가능성, 바보처럼 보일 가능성이 농후했다. 페더러는 이런 교활한 샷으로 포인트를 따더라도 우스꽝스럽게 보일 것이고, 포인트를 잃는 경우에는 더욱 더 한심하게 보일 거라고 생각했다. 그 해 여름 윔블던에서 페더러는 조코비치에 이어 준우승에 머물렀다. 하지만 그 대회에서 가장 인상적이었던 장면은 준결승에서 페더러가 앤디 머레이Andy Murray를 상대로 보여준 절정의 서브 게임이었다. 다만 페더러가 그날 선보인 서브에 쏟아진 찬사는 클래식한 페더러를 향한 것이었다. 예전 모습 그대로의 클래식한 페더러였고, 새로운 것은 없었다. 우리 모두 그가 그렇게 멋진 서브를 넣을 수 있다는 사실을 알고 있었다. 지난 몇 년간 그런 모습을 보지 못했을 뿐이었다. 그렇지만 이 하프발리 방식의 리턴을 통해 서브를 넣은 선수의 리듬을 깨버리는 건 완전히 새로운 방식이었다.

신시내티 대회에서 머레이와 조코비치를 포함한 페더러의 상대 선수들은 이 새로운 전술을 어떻게 받아들여야 할지 망설였다. 페더러는 SABR를 사용해 상대를 허를 찌르면서 결국 우승을 차지했다. 그는 경기 초반에 하프발리를 시도할 경우 상대 선수는 경기가 끝날 때까지 언제 또 기습 공격이 나올지 조마조마해 한다는 사실을 깨달았다. 페더러 입장에서도 좀 더 열성적으로 경기에 임할 수 있었다. 그는 확신이 없는 상태에서 이 샷을 사용하는 경우, 매번 포인트를 잃을 것이 자명하다고 생각했다. 장난으로 시작한 샷이 새로운 무기로 발전했고, 이 전술은 페더러를 역사상 가장 위대한 테니스 선수로 만든 여러 요소 – 야망, 공격 본능, 열정, 창의성, 그리고 무엇보다도 다른 선수들은 고려조차 하지 않을 법한 것을 시도할 수 있는 재능 – 을 압축해서 보여주었다. 며칠 뒤 US 오픈에서 명백해졌듯이, 이 전술은 페더러 세대의 선수들뿐만 아니고, 그 이전 세대도 흔들어 놓았다. 조코비치의 코치인 보리스 베커Boris Becker는 이 SABR를 일컬어 "거의 무례한 수준"이라고 했다. 베커는 만일 페더러가 그런 샷을 1980년대에 시도했더라면 페더러의 몸통을 향해 공을 날렸을 거라고 말했다. 또한 존 매켄로John McEnroe는 페더러의 기습이 상대 선수의 서브를 모욕하는 것이라고 생각했다. 플러싱 메도우Flushing Meadows(US 오픈 대회 장소 – 옮긴이)에서의 대회가 진행되는 2주 동안 사람들은 페더러의 새로운 발명품에 대해서만 이야기했고, 이 사실은 조코비치 캠프에 불쾌감을 야기했다. 베커는 페더러의 SABR가 '과대평가'되었다고 언급했지만, 그런 코멘트야말로 SABR가 페더러에게 얼마나 중요한 의미를 지니는지 잘 드러내는 것이었다.

페더러가 SABR를 경기 중에 단 몇 차례 밖에 시도하지 못하고, 또 설령 그 포인트를

프롤로그

따지 못한다 해도 이는 충분히 시도할 만한 가치가 있는 것이었다. 약간 호전적인 면이 없는 건 아니지만 서비스라인에서의 하프발리 리턴은 상대방을 혼란에 빠뜨리기에 충분했다. SABR의 개발은 다른 사람들뿐만 아니라 페더러 스스로에게도 놀라운 일이었다. 페더러가 테니스를 바라보는 시각과 자신의 재능, 그리고 위험에 대처하는 자세가 바뀐 것이다. 많은 변화는 아니었지만 충분히 의미있는 변화였다. 페더러는 기회가 주어졌을 때 항상 도전하는 편이었지만 이 정도까지는 아니었다. 좀 더 과감해지기로 했고, 어느 정도는 승산이 있는 상황에서 얼마나 더 많은 것을 얻을 수 있을까?

한 번의 샷, 한 번의 전광석화 같은 라켓의 움직임에 페더러의 천재성을 담을 수 있을까? 트위너라면 어떨까? 혹시 SABR라면 가능할까? 남아프리카공화국 출신의 소설가 존 쿳체J.M. Coatzee는 페더러를 가리켜 '인간의 이상형이 구현된 존재'라고 했다. 그는 또한 '누구든 처음에는 페더러를 부러워하지만 이는 곧 그에 대한 흠모로 바뀌고, 종국에는 인간 능력의 극치를 보여주는 모습에 경이로움을 느끼게 된다'고 했다. 또 다른 소설가인 데이비드 포스터 월리스David Fostere Wallace는 페더러를 '육신의 형상을 지니고 있으면서도 빛과 같은 창조물'이라고 했다. 월리스는 소위 '페더러의 순간들'이라는 글을 썼다. "이 젊은 스위스 선수의 경기를 보고 있노라면 어느 순간 입이 벌어지고, 눈이 튀어 나오며, 자기도 모르게 소리를 지르게 되면서 옆 방에 있던 배우자가 건너와 괜찮은지 확인을 하는 상황이 벌어진다." 쿳체와 포스터 월리스는 페더러의 전성기 시절에 이런 글을 썼다. 물론 유튜브에 가면 페더러의 한창 때 모습을 다시 볼 수 있다. 그의 경기는 유튜브를 위한 것이라 해도 과언이 아니다. 페더러의 가장 경이롭고도 창의적인 순간들을 모은 그 비디오들은 팬들에게만 즐거움을 선사하는 것이 아니다. 페더러 스스로도 종종 핸드폰이나 컴퓨터로 자신의 경기 모습을 즐겨 보곤 했다. 하지만 오하이오에서의 일주일이 지난 다음, 페더러에게는 과거의 영광을 새롭게 추가해야 할 이유가 생겼다. 이것(SABR)은 그야말로 신선하고 현재 진행형인 그 무엇이었다.

SABR로 인해 페더러의 열렬한 지지자들은 왜 자신들이 이 바젤 출신의 테니스 선수에게 열광하는지 새삼 깨닫게 되었다고 해도 지나치지 않을 것이다. 페더러 역시 흥분을 감추지 못했다. 그 해 여름, 페더러는 6년 만에 US 오픈 결승에 진출했다. 조코비치와 맞붙었던 결승전, 베이스라인에 선 페더러는 SABR를 구사할 것인지를 놓고 혼자 고민했을 것이다. '시도할 것인가 아니면 그냥 말 것인가' 순간의 고민이었지만, 조코비치의 서브를 받아야 하는 상황에서 주어진 시간의 전부였다. "좋아, 까짓거 한번 해 보는 거야."

1
미친 마니아

페더러판(版) '파블로프의 개 실험'이라고 부르도록 하자.
이 실험은 테니스라켓, 공, 그리고 서브를 받기 위해 침을 흘리며 기다리는
상대 선수로 이루어진 비밀 실험이다. 단, 이것은 센터코트에서 벌어지는
일상적인 광경에 모두 숨겨져 있을 뿐이다.

서브의 많은 부분, 아니 테니스의 상당 부분은 위장과 속임수 그리고 기습으로 이루어진다. 안드레 애거시Andre Agassi는 – 출처가 불분명한 이야기라고 생각하지 않기를 바란다 – 보리스 베커의 혀를 보는 것만으로 그의 서브를 읽어낼 수 있었다고 한다. 베커는 서브를 하기 위해 공을 토스할 때 자신의 의지와 상관 없이 혀를 살짝 내밀었는데 – 애거시는 이를 '아주 작은 화살'이라 불렀다 – 이 혀가 베커의 서브 방향을 가리켰다는 것이다. 베커의 라켓이 공에 닿기도 전에 애거시는 이 화살의 방향을 따라 미리 움직일 수가 있었다. 베커는 자신도 모르게 스스로의 무의식에 방해를 받은 것이며, 이에 영감을 얻은 페더러는 서브를 받는 상대 선수를 길들이고 조종하는 방법을 터득했다. 페더러의 경쟁자들은 이러한 실험이 일어나고 있는지, 본인들이 어떻게 '농락'당하고 있는지 알지 못한다. 아직도 비밀리에 진행 중인 페더러의 실험은 사실 누구나 볼 수 있게 공개되어 있긴 하지만, 찾고자 하는 것이 무엇인지 아는 사람만이 볼 수 있을 뿐이다. 이 '파블로프의 서브'야말로 이 스위스 선수가 스포츠 역사상 가장 위대한 변화의 산물이라는 것을 보여주는 결정적인 증거다. 쉽게 분노하고, 요들송과 원초적인 괴성 중간쯤의 소음을 내던 선수, 라인강가의 젊고 방황하던 예술가이자 완벽주의자, 다혈질이었던 선수가 사상가, 전략가, 그리고 조종자로 변신한 것이다. 페더러가 서브 전에 하는 토스를 테니스에 있어서 파블로프의 벨소리와 같은 것이라고 생각해보자. 즉, 토스가 상대 선수로부터 조건화 반응conditioned response을 이끌어내는 것이다. 어쩌면 우리는 이를 페더러판(版) '파블로프의 개 실험'이라고 불러야 할 지도 모른다. 이 실험은 테니스라켓, 공, 그리고 서브를 받기 위해 침을 흘리며 기다리는 상대 선수로 이루어진 비밀 실험이다. 단, 이것은 센터코트에서 벌어지는 일상적인 광경에 모두 숨겨져 있을 뿐이다.

우리는 페더러의 아름다운 테니스를 미화하려는 경향이 있고, 그의 테니스가 본능

▶ 페더러는 모든 서브에서 같은 위치에 볼을 토스하고 같은 방향으로 몸을 튼다.

에서 나오는 것이라고 생각한다. 하지만 그는 누구보다도 전략에 대해 많이 생각하는 선수일 것이다. "로저는 굉장히 패턴 지향적이고, 이 패턴은 스코어에 따라 계속 바뀝니다. 이러한 사실을 알고 나면 대개 놀라게 되죠." ATP(세계남자프로테니스협회: Association of Tennis Professionals) 월드 투어와 윔블던 디지털 TV의 수석 애널리스트인 크레이그 오셔너시Craig O'Shannessy의 말이다.

페더러는 상대방이 예측할 수 없는 플레이를 추구하는 것이 아니다. 오히려 상대 선수로 하여금 어떤 서브가 올 것인지 알고 있다는 착각에 빠지도록 만든다. 페더러는 상대방이 예측하기를 바라는 것이다. 물론 잘못된 예측을. "그는 자신의 패턴을 고수합니다. 확고하고 분명히 알아볼 수 있는 패턴이지요." 페더러의 서브를 수년간 연구해 온 오셔너시가 말했다. "이건 파블로프의 개 이론으로 설명할 수 있습니다. 어떤 사람들은 테니스에서 산탄식 접근, 즉 무작위적인 접근 방법을 주장합니다. 하지만 그런 방식은 통제가 되지 않기 때문에 바람직하지 않아요. 그럼 다음 방법으로 상대의 공을 예측하기 시작합니다. 하지만 다음 동작에 대한 확신이 없기 때문에 정말 중요한 시점에서 성공 확률이 낮은 샷을 치게 되고, 결국 발목이 잡히게 됩니다. 우리에게 진정으로 필요한 건 파블로프의 개입니다. 벨을 울리면 상대방이 조건화된 반응을 보이는 거죠. 상대의 반응과 마음을 조건화함으로써 이를 조종할 수 있게 되는 겁니다."

> "어떤 사람들은 테니스에서 산탄식 접근, 즉 무작위적인 접근 방법을 주장합니다. 하지만 그런 방식은 통제가 되지 않기 때문에 바람직하지 않아요."

오셔너시에 의하면 대부분의 선수들은 스스로에 대한 집착으로 인해 손해를 본다. 하지만 페더러는 예외다. "로저는 언제나 상대방의 마음 속에 들어가 있습니다. 그의 탁월함 중 눈에 보이지 않는 부분은 항상 상대 선수가 어떤 공을 기대하고 있고, 무슨 생각을 하고 있는지 끊임없이 인지한다는 점입니다. 대부분의 선수들은 자기 자신의 스트로크에 집중해야 한다고 생각하고, '모든 것은 내가 하기에 달려 있다'고 믿습니다. 하지만 실상은 그렇지 않죠. 그런 건 초보자 수준의 테니스에서만 가능한 일이고, 프로에서는 결코 통하지 않습니다. 테니스 코트에서 가장 중요한 부분은 네트 건너편 선수입니다. 본인이 반드시 잘 칠 필요는 없습니다. 상대방이 못 치도록 하면 되는 겁니다. 그러기 위해서는 상대방의 마음 속에 들어가서 무슨 생각을 하고 있는지 알아내야 하는 거죠."

그러나 2015년 윔블던 챔피언십 준결승에서처럼 상대 선수의 생각이 페더러뿐만 아니라 모든 사람들에게 노출되는 경우도 간혹 있다. 그날 오후 윔블던 센터코트에서 앤디 머레이는 코치인 아멜리 모레스모Amelie Mauresmo가 있는 쪽을 향해 "내가 도대체 어떻게 하기를 바라나요?"라고 물었다. 경기 중간에 코치가 조언하는 것은 규칙 위반이었기 때문에 모레스모는 머레이의 질문에 대답할 수 없었지만, 규칙 위반이 아니었다 한들 무슨 말을 할 수 있었을까? 페더러가 몇 년 만에 보여준 화려한 서비스의 향연 앞에서 흥분한 머레이가 할 수 있는 것이라고는 아무것도 없었다. 비외른 보리Bjorn Borg는 지난 10년간 본 페더러의 서브 중 최고였다고 평했고, 머레이는 "로저와의 경기 중에서 가장 멋진 서브를 보여준 경기였어요. 약간이 아닌 훨씬 좋은 서브였어요"라고 말했다. 이 모든 일들은 페더러가 서른네 살이 되기 불과 한 달 전에 벌어졌다. 페더러는 코트에서 라커룸까지 돌아가는 내내 박수를 받았다. 그가 기억하는 한 처음 있는 일이었다. 모든 것은 그의 서브로부터 시작된다는 진실이 다시 한 번 확인된 것이다. 페더러의 테니스는 모든 면에서 흠잡을 데 없이 훌륭하지만 그의 서브가 아니었다면 그렇게 많은 그랜드슬램 타이틀을 거머쥐지는 못했을 것이다. 상대를 파블로프의 개로 전락시키는 바로 그 서브 말이다. 그 해 여름 페더러는 116번 연속으로 서비스게임을 지켰다. 그 기록은 독일의 할레Halle(게리 웨버 오픈 대회 장소 – 옮긴이)에서 시작해서 올잉글랜드클럽All England Club(윔블던 대회 장소 – 옮긴이)까지 이어진 것이다. 난공불락으로 보이던 페더러의 서비스게임이 윔블던 8강 경기에서 프랑스의 쥘 시몽Gilles Simon에 의해 브레이크 당하자 로이터 통신은 이를 '뉴스 속보'로 전했다.

상대 선수들로 하여금 '페더러가 어디로 서브할 지 알고 있다'고 생각하도록 길들이기 위해서는 – 물론 실제로는 전혀 모르지만 – 토스를 포함한 서비스 동작의 모든 부분에서 진실을 드러낼 만한 어떤 기미도 보이지 않는 것이 중요하다. 베커의 경우처럼 자명하지는 않더라도 대부분의 선수들은 하나 정도의 힌트는 주게 된다. 대다수의 프로 엘리트 선수들의 서브를 받을 때, 그 선수가 토스하는 자세를 보면 어느 정도는 서브 방향을 예측하는 것이 충분히 가능하다. 예를 들어 오른손잡이 선수가 듀스 코트(코트의 오른쪽 – 옮긴이)에서 서브를 할 때, 볼을 약간 더 오른쪽으로 토스를 한다면, 와이드 방향으로 서브가 들어올 가능성이 상당히 높다. 이 사실을 안다면 서브를 받는 선수는 100분의 2초 내지 3초 정도의 시간을 더 벌게 되고, 이로 인해 서브 에이스냐 아니면 다운더라인 위너가 발생하느냐가 결정될 수 있다. 하지만 페더러는 그런 단서를 제공하지 않는다. 그에게서 거저 얻을 수 있는 것은 아무것도 없다.

"로저는 어떤 종류의 서브를 하더라도 토스가 똑같습니다. 정말 정확하죠. 때문에 그를 상대로 경기하는 건 정말 어려운 일입니다. 공의 방향을 예측하지 못하는 상황에서 갑자기 공이 날아오는 거죠." 라파엘 나달Rafael Nadal의 삼촌이자 코치인 토니 나달Toni Nadal이 말했다. "로저가 토스를 하면 상대 선수는 단서를 찾으려고 합니다. 언제나 그렇죠. 하지만 토스는 똑같아요. 몸의 위치도 동일합니다. 그러다가 마지막 순간이 되어서야

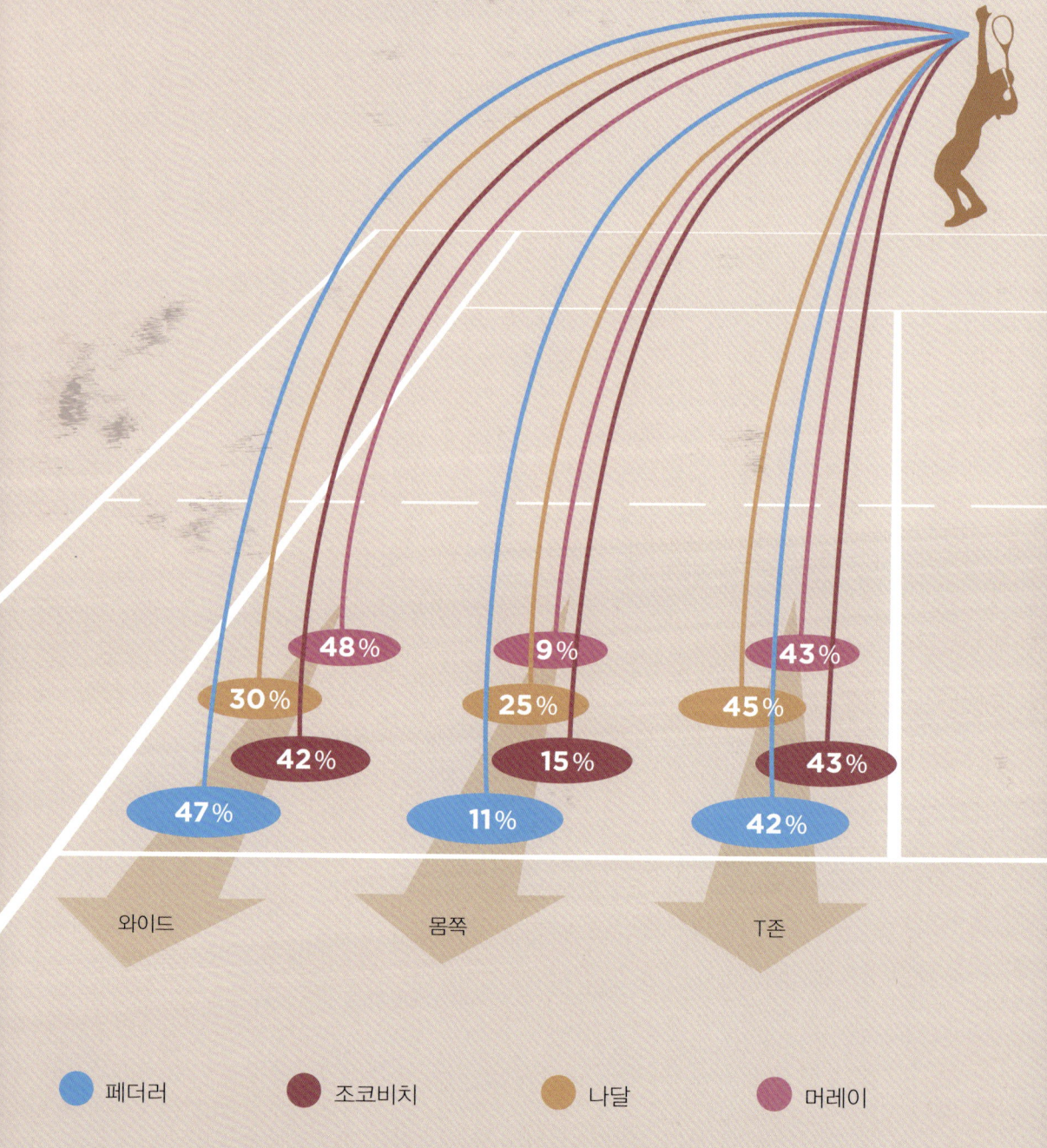

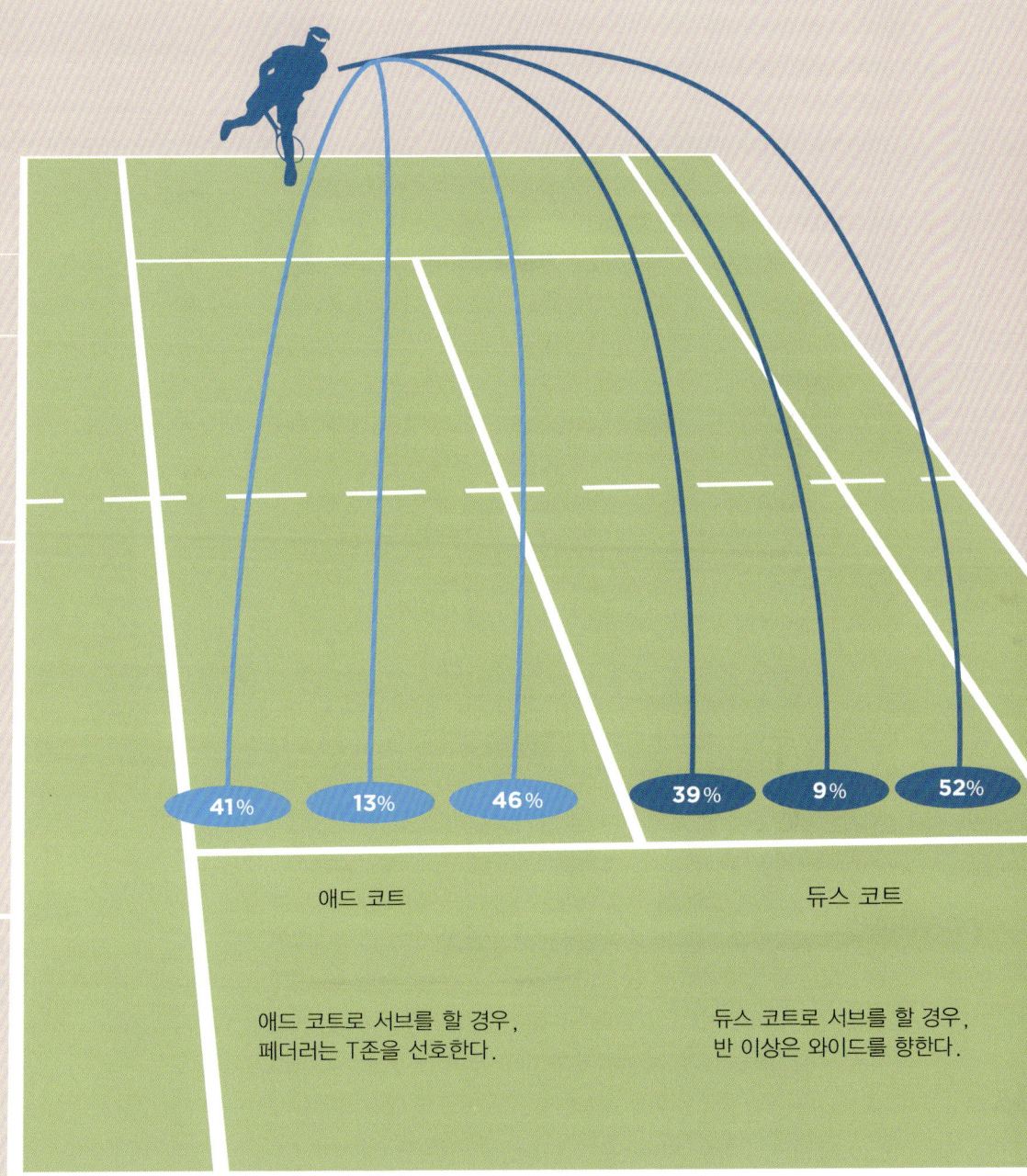

◀ 페더러는 빠른 템포로 경기하는 것을 선호한다 – 그는 자신의 서비스 게임을 일분 안에 끝내는 것으로 유명하다.

바꿉니다. 와이드로 치거나 T존을 공략하기도 하고, 어디든 원하는 곳으로 공을 보내죠. 다른 선수들과 달리 로저로부터는 서브에 대한 어떤 단서도 얻을 수가 없습니다."

페더러의 주니어 시절 우상이자 현재는 아주 절친한 친구인 피트 샘프러스Pete Sampras는 다음과 같이 말했다. "로저는 강서브를 지니지는 않았지만, 포인트를 결정하는 아주 훌륭한 첫 서브를 가지고 있습니다." 페더러의 서브는 따로 떼어 놓고 보아서는 안 된다. 서브와 서브에 이어지는 다음 샷을 한 묶음으로 봐야 한다. "로저가 그토록 위대한 이유 중 하나는 상대로 하여금 자신이 좌지우지할 수 있는 곳으로 공을 보내도록 만든다는 점입니다. 첫 서브와 3구 공격의 위력을 더하는 것이죠." 오세너시가 말했다.

페더러는 게임의 첫 포인트에서 와이드 서브를 넣는 경향이 있다. "그 말은 곧 페더러가 오른손잡이 선수의 포핸드 쪽으로 서브를 한다는 것이지만, 상대 선수가 서브를 받기 위해 최대한 몸을 뻗도록 만들기 때문에 이보다 더 포핸드에 압박을 가할 수 있는 서브는 없습니다. 와이드 서브는 포핸드의 위력을 떨어뜨려 거의 약점으로 만들어 버립니다." 오세너시가 말했다. "상대방은 페더러의 백핸드 쪽으로 리턴하려고 하지만 다운더라인을 노릴만큼 공격적이기는 어렵습니다. 위험부담이 너무 큰 거죠. 결국 페더러의 백핸드 쪽으로 공을 보내기는 하지만 코트 한 가운데에 가까워지게 됩니다. 본인들은 아웃의 위험성을 줄이게 되지만 로저는 그 공을 받아 치기 위해 2미터도 움직일 필요가 없게 됩니다. 그러면 포핸드로 돌아쳐 공격해 버리는 거죠. 이건 로저가 자주 사용하는 전술인데, 이젠 눈 감고도 할 수 있는 경지에 이르렀죠."

난공불락으로 보이던 페더러의 서비스게임이 윔블던 8강 경기에서 프랑스의 쥘 시몽에 의해 브레이크 당하자 로이터 통신은 이를 '뉴스 속보'로 전했다.

"로저의 서브가 제대로 들어갈 때에는 리턴을 코트 한 가운데 외에 다른 곳으로 보내기란 극도로 어렵습니다." 팀 헨만Tim Henman이 말했다. 서브에 이어지는 포핸드로 '로저의 전형적인 원투펀치'가 완성되는 것이다. 페더러 같은 오른손잡이 선수의 경우 애드 코트(코트의 왼쪽 – 옮긴이)에서 와이드 방향으로 첫 서브를 넣는 것이 가장 어렵기 때문에 대부분의 선수들은 대개 T존을 향해 강력한 서브를 날린다. 그렇지만 15-0인 상황에서 페더러는 오른손잡이 상대방의 백핸드, 즉 와이드 방향으로 서브를 넣는 경우가 많다. 2015년 윔블던 대회 기간 동안 페더러가 애드 코트에서 넣은 서브의 41%가 와이드 방향이었는데, 이는 다른 선수에 비해 매우 높은 편이다. 페더러는 이러한 전략이 상대의 포핸드 쪽에 빈 공간을 만들어 주기 때문에 포인트를 가져올 가능성이 높다고 생각했다.

스코어가 30-0이 되면 게임은 더욱 흥미진진해진다. "그런 상황이 되면 상대 선수는 서브가 와이드 방향으로 오리라 생각하게 되고, 로저는 T존을 공략하죠." 오세너시가

하지만 이런 소리가 거의 나지 않는 '부드러운' 에이스를 넣을 수 있는 선수는 과연 얼마나 있을까?

말했다. "로저는 항상 스코어를 생각하는 동시에 '상대가 예측하고 있는 서브의 방향'도 고려합니다. 처음 몇 번을 와이드 방향으로 서브를 넣으면서 파블로프의 개 실험을 진행했다면 'T존'이 비어 있게 됩니다. 이제 넓직한 비치타올(T존)을 겨냥할까요? 아니면 조그만 얼굴수건(와이드)을 목표로 할까요? 상대 선수가 'T존'으로 공이 오리라 예측하고 있고, 점수가 15-40의 브레이크 포인트 상황이라면 아마도 얼굴수건 쪽을 선택할 겁니다. 하지만 만약 스코어가 30-0이고, 처음 두 번을 와이드 방향으로 서브를 넣은 상태라면 비치타올을 선택하겠죠. 그는 비치타올의 어디라도 공략할 수 있고, 이는 대개 에이스이거나 리턴 에러를 유발하게 됩니다. 아무리 잘해봐야 겨우 받는 정도겠죠."

페더러가 자신의 서비스 게임을 주도하고 있을 때에는 두 번째 패턴을 쓰기 시작한다. "스코어가 40-0인 상황에서 로저는 절대 자기가 제일 좋아하는 서브를 넣지 않습니다." 오세너시가 말했다. "서브를 섞으면서 혼란을 가져오는 2차 전술을 쓰는 거죠. 그 포인트를 잃더라도 그다지 중요하지 않습니다. 테니스 경기에서 모든 포인트가 동일한 비중을 지니지는 않기 때문이죠. 그런 상황에서는 좀 더 강력한 서브를 넣거나 몸쪽을 공략하기도 하고, 커브볼을 넣기도 합니다. 앞서 있고 한 포인트를 잃어도 될 정도의 여유가 있을 때만 가능한 이야기죠."

상대 선수들이 페더러의 이러한 책략을 알아채지 못한다는 사실은 주목할 만한데, 이는 아마도 페더러가 빠른 속도로 경기를 진행하기 때문일 것이다. 그는 종종 본인의 서브 게임을 일분 안에 끝내기도 한다. 흥미롭게도 팀 헨만은 아직도 페더러의 서브에 '특정한 패턴이 없다'고 굳게 믿고 있다. 수년이 지난 시점에서도 헨만은 자신이 길들여졌고 조종당했다는 사실을 여전히 인지하지 못하고 있다. "명백한 패턴을 가지고 플레이를 하는데도 상대 선수들이 알아채지 못한다는 사실은 정말 흥미롭습니다." 오세너시가 말했다. "로저가 수싸움에서 한 발 앞서 나가기 시작하면 방법이 없습니다. 상대방이 눈치를 채더라도 로저는 언제든지 바꿀 수 있거든요. 물론 아직까지 그런 상황은 본 적이 없어요. 대부분의 선수들은 알지 못하죠. 로저는 이 미묘한 심리전에 정말 뛰어나거든요."

물론 정확성이 수반되지 않는다면 이러한 속임수는 아무런 의미가 없을 것이다. 정확히 공을 맞추지도 못한다면 이러한 패턴이 무슨 소용이 있겠는가? 페더러는 원하는 곳에 거의 공을 보낼 수 있는 능력이 있다. 매끄러운 서비스 동작 덕분에 매우 일관적인 서브를 넣을 수 있고, 첫 서브 성공률도 그렇게 높게 유지할 수 있는 것이다. "경기의 분수령에서 위기에 몰리는 경우 로저는 항상 서브를 성공시킵니다." 토니 나달이 말했다. 2010년 여름, US 오픈이 시작되기 며칠 전에 동영상 하나가 인터넷에 올라왔다. 페더러가 스

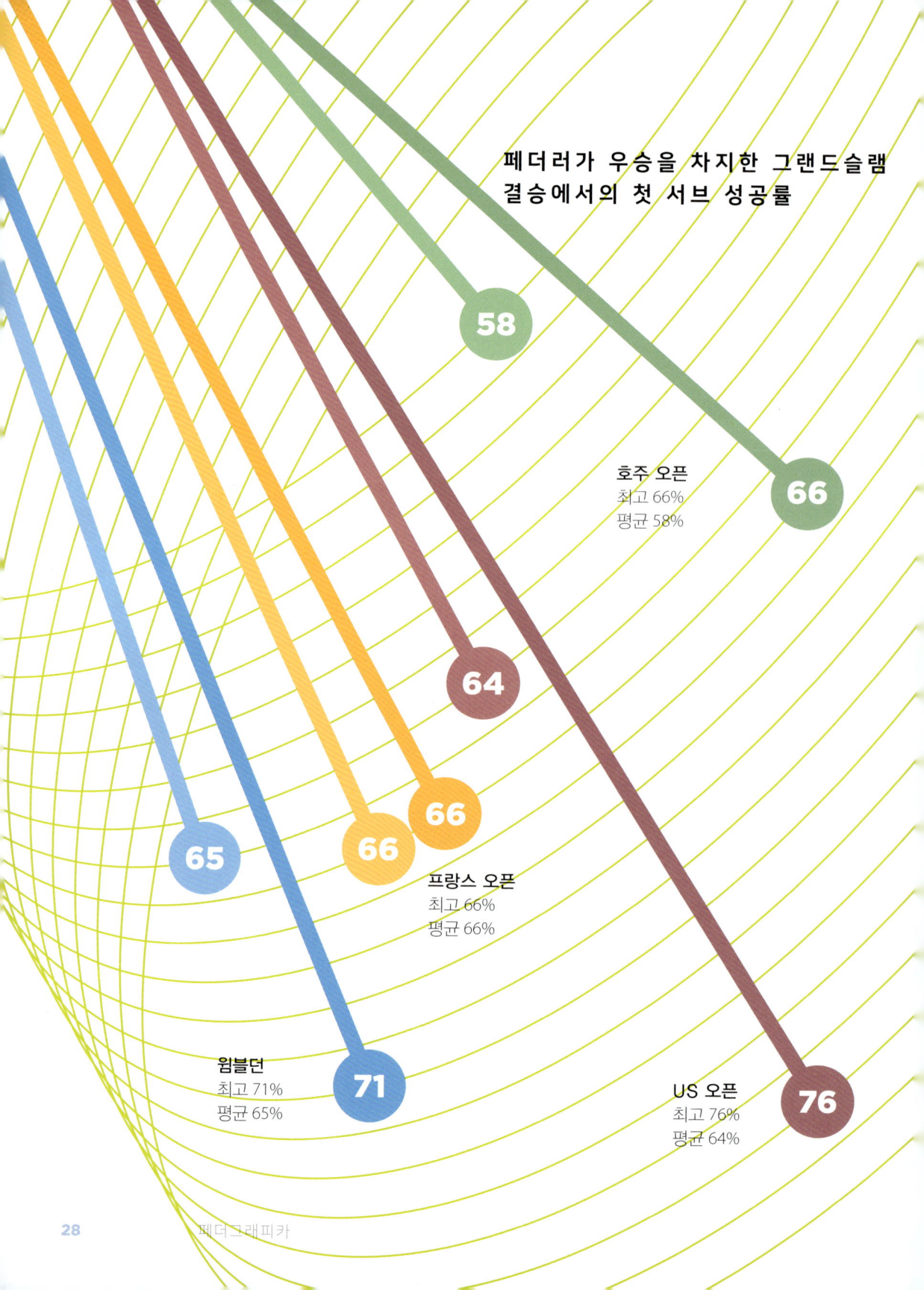

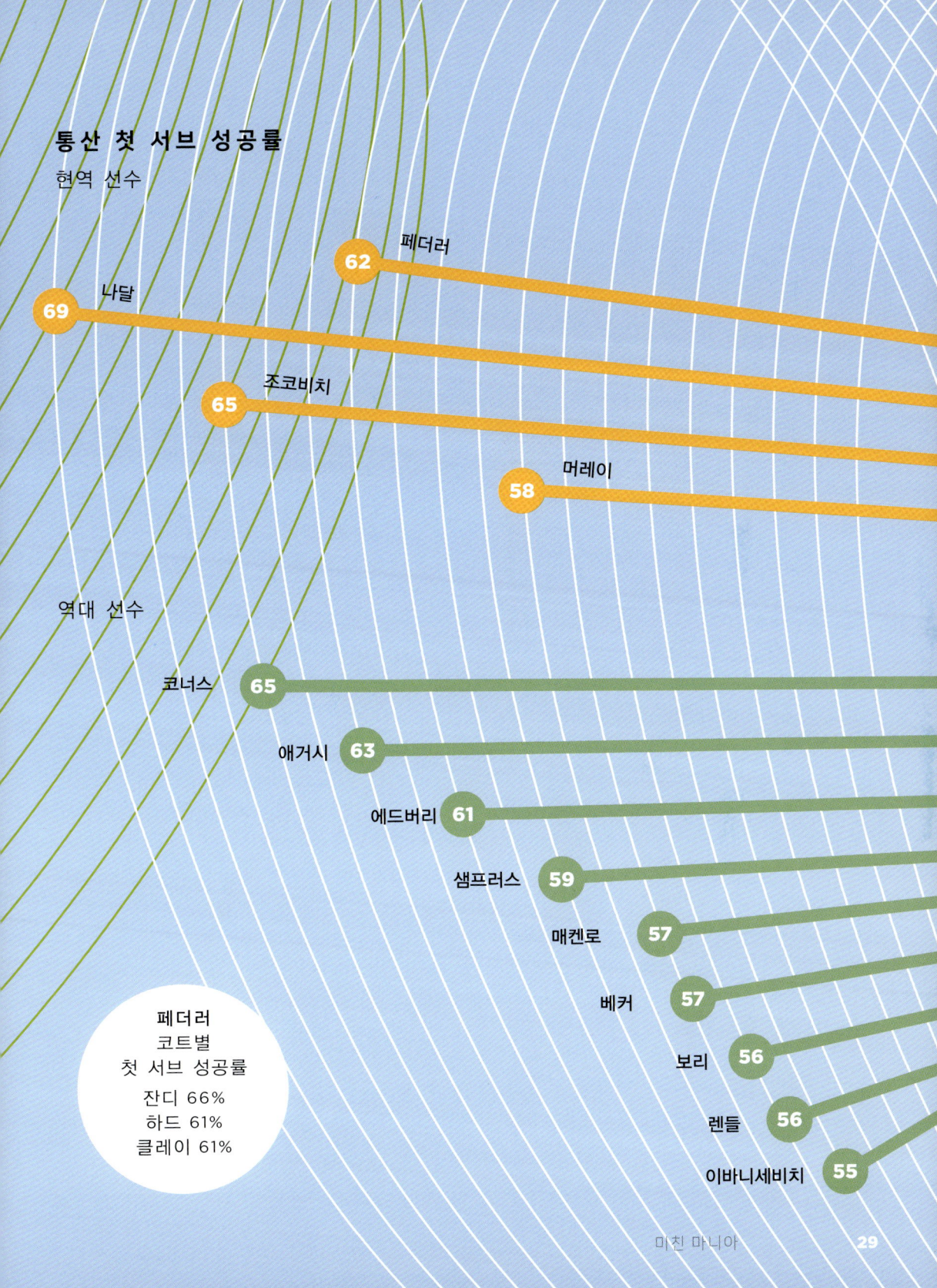

폰서 광고 영상을 찍는 도중 잠깐 쉬는 시간이었는데, 어떤 남자 스태프의 머리 위에 빈 병을 올려놓고 윌리엄 텔 스타일의 서브를 해서 병을 넘어뜨리는 영상이었다. 하지만 그 영상에 치밀한 편집이 들어갔다는 사실을 깨닫는 데에는 오랜 시간이 걸렸다. 페더러의 서브가 워낙 정확성이 높다는 '명성' 때문에 벌어진 해프닝이었다.

테니스라는 운동은 강력한 서브에 대한 집착이 있다. 물론 이해가 가지 않는 것은 아니다. 시속 240km, 때로는 250km로 날아가는 공에는 근원적인 무언가가 있다. 시속 263km의 기록을 보유한 호주의 샘 그로스Sam Groth와 같은 선수들에게 속도는 서브의 전부다. 하지만 페더러의 경우는 다르다. 물론 그의 서브가 느린 편이라는 건 아니다. 2015년 윔블던 대회에서 페더러의 첫 서브 평균 속도는 시속 190km를 기록했는데, 이는 이십 대 라이벌들의 서브를 능가하는 수치였다. 그렇다고 세컨 서브를 살살 넣는 것도 아니다. 엄청난 회전을 걸면서 와이드 방향으로 빠지는 슬라이스 서브를 넣거나 상대의 목까지 치솟아 오르는 서브를 넣는 것이다.

시속 210 km로 날아가는 에이스가 코트 뒤 벽면에 부딪치는 소리는 누구에게나 그렇듯이 페더러에게도 듣기 좋은 소리이다. 하지만 이런 소리가 거의 나지 않는 '부드러운' 에이스를 넣을 수 있는 선수는 과연 얼마나 있을까? 페더러의 가장 인상적인 에이스는 속도를 줄였을 때 나온 것들이다. 〈가디언〉의 분석에 따르면 페더러의 '슬로 모션 에이스'야말로 그의 '가장 빛나는 보석들'이라고 했다. 2009년 윔블던 결승에서 페더러는 50개의 에이스를 넣었는데, 이는 윔블던 결승 사상 최다 기록이었다. 그 중 대부분은 최대한 힘을 쏟아 부은 강력한 에이스였지만, 그렇지 않은 에이스도 상당수 있었다. 반드시 상대가 손도 못 댈 정도의 빠른 서브를 넣을 필요는 없다. 마인드 컨트롤을 통해 헛스윙을 유도하면 되는 것이다. "속도를 줄이면서 정확성을 더욱 기할 수 있게 되었고, '파블로프의 개' 효과 덕분에 상대의 예측에서 벗어날 수 있게 되었습니다." 오셰너시가 말했다. "페더러는 상대 선수를 한쪽 방향으로 치우치게 만듭니다. 리턴하는 입장에서 몸이 한쪽으로 기울면 반대편은 포기할 수 밖에 없게 되죠. 반대쪽으로 오는 서브를 받는 건 거의 불가능합니다. 로저는 느린 에이스에 능합니다. 하지만 게임 스코어가 30-30인 상황에서 이런 느린 에이스가 나왔다고 칩시다. 그건 그냥 나온게 아니에요. 게임 초반에 넣은 서브 방향을 통해 중요한 순간이 왔을 때 그 상황을 장악할 수 있도록 미리 준비했기에 가능한 겁니다."

●

▲ 바젤의
테니스 코트에서
보낸 유년 시절

로버트 페더러Robert Federer는 아들의 뒷덜미를 잡고 길가에 쌓인 눈더미 속으로 그의 머리를 집어넣었다. 주니어 대회를 마치고 알프스의 도로를 따라 돌아오는 길에 보조석에 앉은 로저는 자신의 경기에 대해 분노를 삭이지 못하던 참이었다. 로버트는 차를 세우고는 밖으로 나와서 아들에게 내리라고 말했다. 격분하고 있는 주니어 테니스 선수의 열기를 식히기에 차가운 눈 속에 집어넣는 것보다 더 좋은 방법이 있을까? 그 추운 겨울날, 페더러의 아버지는 아들이 투덜거리고, 욕하고, 소리지르고, 라켓을 집어던지는 일련의 행동에 대해 한계에 도달했다. "이제 그만 좀 할 수 없겠냐?" 로버트 페더러는 아들에게 소리치기 일쑤였다. "가서 뭐 좀 마시세요. 저는 그냥 내버려두라구요." 페더러는 이렇게 대답하곤 했다. 소년 시절에도 그랬고, 이제 십대에 접어들었지만 페더러는 여전히 테니스가 자신을 안에서부터 갉아 먹고 있는 것처럼 느꼈다.

그는 쉽게 격분하곤 했지만 그렇다고 해서 페더러를 바젤 출신의 '미니 존 매켄로의 화신'이라고 부르기에는 무리가 있다. 다른 사람, 특히 심판을 향해 분노를 표출했던 존 매켄로와는 달리 페더러의 분노는 주로 자기 자신을 향한 것이었다. 페더러는 끊임없이 자기 자신과 싸우고 있었다. 그는 어렸을 때부터 테니스 코트에서 완벽을 추구했다. 언젠가 페더러는 거미나 뱀, 스카이다이빙, 그리고 롤러코스터에 대한 두려움을 고백한 적이 있다. 하지만 그가 진심으로 혐오했던 것은 불완전함이었다. 그리고 그건 포인트를 따더라도 본인의 샷이 마음에 들지 않았을 때도 해당되는 것이었다.

그 후 시간이 지나고 감정 조절하는 법을 배운 후 그랜드슬램 대회에서 수차례 우승한 챔피언이 되자, 페더러는 다른 사람이 이성을 잃는 모습에 미소지을 수 있게 되었다. 그러한 순간은 자신의 예전 모습을 떠올리게 했다. 페더러의 기억에 의하면 그는 '미친 마니아'였고, 그의 행동은 '끔찍'했다. 스스로를 통제할 수 없었던 것이다. "라켓을 집어던지곤 했는데, 어찌나 심했는지 상상도 못할 겁니다." 페더러가 말했다. "연습을 하다가 쫓겨나곤 했어요. 당시에는 말도 많이 했었죠. 코트에서 소리도 질렀습니다." 페더러의 부모는 대회가 열리는 장소까지 운전해서 데려다주지 않

페더러는 세 살 때
처음 라켓을 잡았고,
네 살 때는 공을 서른
번까지 연속으로
받아칠 수 있었다.

미친 마니아

겠다고 아들을 협박했다. 그와 같이 있는 모습을 다른 사람이 보는 게 창피하다고 했다. 더 심하게 격분하는 상황이 관중들 앞에서 경기를 하는 도중에 나오기도 했다. "경기에서 한 번 지는 게 그렇게 큰 일이니?" 페더러의 어머니 리넷이 물었다. 로저의 대답은 분명했다. "당연하죠." 경기에 지는 날엔 눈물을 쏟았다. 페더러의 초창기 코치 중 한 명이었던 마들렌 베를로허Madeleine Bärlocher는 "로저는 어렸을 때 경기에서 지고 나면 심판 의자 뒤에 숨어서 10분 넘게 울곤 했었다"고 회상했다. 실제로 바젤에 있는 올드보이즈 테니스클럽에 가서 그의 이름을 딴 로저 페더러 코트에 서면 그가 화내는 소리가 들리는 듯하다. 로저 경기의 사운드 트랙과도 같았던 짧고 날카로운 스위스 – 독일어와 라켓 프레임이 부서지는 소리 말이다.

    1981년 8월 8일생인 페더러는 세 살 때 처음 라켓을 잡았고, 네 살 때는 공을 서른 번까지 연속으로 받아칠 수 있었다. 페더러의 가족앨범에는 어린 페더러가 클레이코트에서 나무 라켓을 들고 있는 사진이 있는데, 어린 나이에도 불구하고 포핸드 스트로크는 흠잡을 데가 없었다. 페더러가 처음 테니스를 시작한 곳은 바젤에 있는 사설 스포츠 클럽이었는데, 그 클럽의 회원권은 페더러의 부모가 다니던 제약회사 Ciba의 직원들에게 주어지는 부가혜택이었다. 로버트 페더러는 남아프리카공화국으로 몇 년간 파견 나가 있었을 때 회사 비서였던 리넷 듀란드Lynette Durand를 구내 식당에서 처음 만났고, 이들은 곧 사귀기 시작했다. 로버트가 리넷에게 테니스를 소개시켜줬고, 그들은 테니스코트에서 데이트를 즐기곤 했다. 둘 다 클럽내에서는 상당한 수준이었지만 리넷의 실력이 좀 더 뛰어났다. 스위스로 돌아온 그들은 결혼했고, 두 아이의 부모가 되었다. "남편과 저는 주말을 클럽에서 보냈어요. 로저는 그저 라켓을 들기만 하면 되는 환경이었죠. 우리는 틈날 때마다 로저와 공을 치려고 했습니다." 리넷이 말했다.

    테니스 역사상 가장 위대한 선수도 상투적이고 흔해 빠진 방법으로 테니스를 시작했다는 사실은 어찌보면 바람직하다고 할 수 있다. 페더러는 뮌헨슈타인 교외의 중산층 동네에 살고 있었는데, 오후 내내 차고 벽이나 부엌장에다 공을 치곤 했다. "엄마는 하루 종일 쾅쾅거리는 소리에 이골이 났었죠." 페더러가 말했다. 집안에서 공을 치는 날이면 뭔가가 부서져 나갔다. 테니스를 치지 않을 때에는 누나를 골탕 먹이는 게 취미였다. "로저는 제가 친구들이랑 있을 때 가까이 다가와 소리를 질렀고, 전화 통화를 할 때면 다른 전화의 수화기를 집어들곤 했어요. 걘 정말 작은 악마였어요." 언젠가 다이애나가 말했다.

    테니스코트에서는 야망에 찬 작은 악마였다. 그는 8살에 올드보이즈 테니스클럽에서 테니스를 치기 시작했다. 처음엔 베를로허의 지도를 받는 그룹에 들어갔으나 곧 체코 출신의 코치인 세플리 카코브스키Seppli Kacovsky에게 개인 레슨을 받았다. "로저가 항상 레

선수별 서브 최고 속도

• kph : kilometers per hour (시간당 킬로미터)
• mph : miles per hour (시간당 마일)

라파엘 나달
135mph/217kph (2010년 US 오픈)

로저 페더러
136mph/218kph (2007년 프랑스 오픈)

노박 조코비치
137mph/220kph (2007년 인디언 웰스 마스터스)

앤디 머레이
139mph/223kph (2011년 신시내티 마스터스)

샘 그로스 – 세계 최고 속도의 서브 기록 보유자
163mph/262kph

50mph   100mph

페라리 최고속도
217mph/349kph

페더러의 첫 토너먼트 경기는 그가 꿈꾸던 승리와는 거리가 멀었다. 스위스에서는 일명 '자전거'라고 불리는 스코어인 6-0, 6-0으로 진 것이다.

슨에 집중했었던 것은 아닙니다. 공을 몇 개 치고는 '빵! 이거면 윔블던 우승이다!'라고 소리지르기도 했어요. 어떤 공들은 바닥에 닿지도 않고 코트 뒤 담장을 직격하기도 했습니다. 그러면서 제게 세계 1위가 되겠다고 이야기하곤 했죠. 다른 많은 아이들도 그런 꿈을 가지고 있었지만 로저는 마치 손에 라켓을 쥐고 태어난 것 같았습니다. 천부적인 재능을 타고 났어요. 제 오랜 테니스 코치 인생에서 그처럼 재능 있는 선수는 처음이었습니다. 공을 어떻게 치라고 알려주면 바로 따라 했어요. 다른 아이들은 몇 시간이 걸리기도 했죠. 로저는 이미 그때부터 군계일학이었습니다." 카코브스키가 말했다.

페더러의 첫 토너먼트 경기는 그가 꿈꾸던 승리와는 거리가 멀었다. 스위스에서는 일명 '자전거'라고 불리는 스코어인 6-0, 6-0으로 진 것이다. 그는 당시 10살이었는데, 상대는 세 살 많은 레토 슈미들리Reto Schmidli라는 선수였다. 그는 나중에 바젤의 교통경찰이 되었다. 그 시합은 페더러 커리어를 통틀어 3세트짜리 경기에서 단 한 게임도 따내지 못한 유일한 경기가 되었다. 그날을 회상하는 슈미들리의 머릿속에는 두 개의 목소리가 끊임없이 싸우고 있었다. "어떤 목소리는 이렇게 속삭입니다. '바보같이 굴지마. 걔는 어린 애였어. 넌 나이가 많았잖아. 레토, 아무 것도 아니야. 잊어버리라구.' 어쩌면 그날 페더러를 상대할 수 있었던 건 행운이었던 것 같아요. 13살짜리면 누구나 이겼을 겁니다." 슈미들리가 말했다. "하지만 또 다른 목소리는 이렇게 말합니다. '그래, 하지만 로저 페더러잖아. 그것도 그냥 이긴게 아니라 6-0, 6-0으로 이겼다구.' 그날은 제가 로저를 자전거에 태워 집으로 보내 버린 날이었습니다."

그날 페더러는 친한 친구인 마르코 치우디넬리Marco Chiudinelli를 상대로 경기를 했을 때처럼 무척이나 감정적이 되어 눈물을 흘렸다. 그 둘이 경기를 할 때면 지고 있는 친구는 울었고, 다른 친구는 코트 체인지를 할 때 위로해 주는 식이었다. 그러다가 스코어가 바뀌면 역할도 바뀌었다. 위로를 해주던 친구는 울고, 울던 친구는 눈물을 멈추고 다른 친구의 어깨에 팔을 둘렀다. 페더러는 어린 시절부터 유머 감각이 있었기 때문에 이들은 눈물을 흘리다가도 웃곤 했다. 한번은 코트에서 경기가 곧 시작될 상황이었는데, 근처에 있는 나무에 올라가서 나뭇가지 사이에 숨기도 했다. 나무 위에서는 밑에 있는 코치들과 다른 선수들이 그를 찾는 혼란스러운 모습을 아주 잘 볼 수가 있었다. "로저는 정말 큰소리로 웃었어요. 그건 걔가 제일 좋아하는 장난 중 하나였습니다." 베를로허가 말했다. 그럼에도 불구하고 테니스를 배우는 시간은 즐거움의 눈물보다는 좌절의 눈물로 기억되는 순간이 더 많았다. 하지만 페더러는 낙담하지 않았다. 이는 본인뿐만 아니라 남자 테니스

▲ 페더러는 마이매미 마스터스의 오렌지 볼 주니어 대회에서 우승한 후 250 달러를 들여 머리를 염색하고 집으로 돌아갔다.

의 미래를 위해서도 다행스러운 일이었다. 그는 매일 학교를 마친 후 자전거를 타고 호주 출신의 코치 피터 카터Peter Carter의 레슨을 받으러 테니스코트로 향했다.

페더러가 운이 좋았던 건 피터 카터와의 만남뿐만이 아니었다. 지나치게 밀어붙이는 부모로 인해 상처받는 선수가 부지기수이지만 – 운동 선수보다 평판이 안 좋은 건 아역 배우의 부모 정도일 것이다. – 로버트와 리넷 페더러는 자기들이 이루지 못했던 꿈을 자식에게 강요하는 부모와는 거리가 멀었다. 어린 시절 페더러는 테니스에 집중하기 위해서 다른 모든 활동을 중단하지는 않았다. 축구를 비롯해 다른 운동도 했고, 피아노 레슨도 받았다. 일반학교에 등록해서 다니기도 했었는데, 초등학교 담임 선생님의 말에 의하면 그다지 성실한 편은 아니었다고 한다. "학급 내에서 로저의 자리가 전망이 너무 좋은게 문제였어요. 창 밖을 내다보며 백일몽에 빠지기 딱 좋았거든요." 테레사 피셔바허Theresa Fischbacher가 말했다.

부모 자식 간의 관계에서 그 경계가 허물어지기 시작하다가 결국 무너져 내리기 가장 쉬운 길은 부모 중 한 명이 테니스 영재의 코치가 되는 것이다. 그런 점에서 볼 때 로버트와 리넷에게는 별 문제가 없었다. 로버트가 테니스에 대해 조언하려고 하면, 로저는 아예 눈길조차 주지 않았다. 리넷에게는 정석대로 하지 않고 다양한 걸 시도해보고 싶어하는 아들의 욕구를 참아줄 만한 인내심이 없었다. 극성스런 부모와는 정반대인 리넷은 이렇게 말한 적이 있다. "부모의 지원과 가이드가 없다면 주니어 선수가 성공하기는 힘듭니다." 하지만 이 말이 곧 아이를 압박하는 부모를 의미하는 것은 아니었다. "하지만 부모는 자기 자식에게 너무 큰 야망을 가지면 안된다고 생각해요. 주니어 테니스 선수의 부모로서의 역할은 아이가 연습에 빠지지 않도록 하고, 경기에 같이 가주고, 동기부여를 해주고, 필요할 때 위로해주는 것이고, 무엇보다도 중요한 것은 아이가 테니스를 즐길 수 있도록 해주는 것입니다. 아이에서 어떤 식으로든 부담을 줘서는 안된다고 생각해요."

페더러의 부모는 다른 무엇보다도 아들의 분노를 조절하는 것에 신경을 썼다. "코트에서 바른 행동을 하지 않으면 상대에게 승리를 내주는 것과 다름이 없다고 생각했습니다. 그런 행동이 정말 우리를 속상하게 한다고 말해주었죠. 그리고는 '로저, 침착해. 흥분

에이스와 더블폴트

페더러는 듀스 코트(38%)보다 애드 코트(62%)에서 더 많은 에이스를 성공시킨다. 애드 코트에서 T존으로 넣은 에이스가 가장 많다. (전체 에이스의 40%)

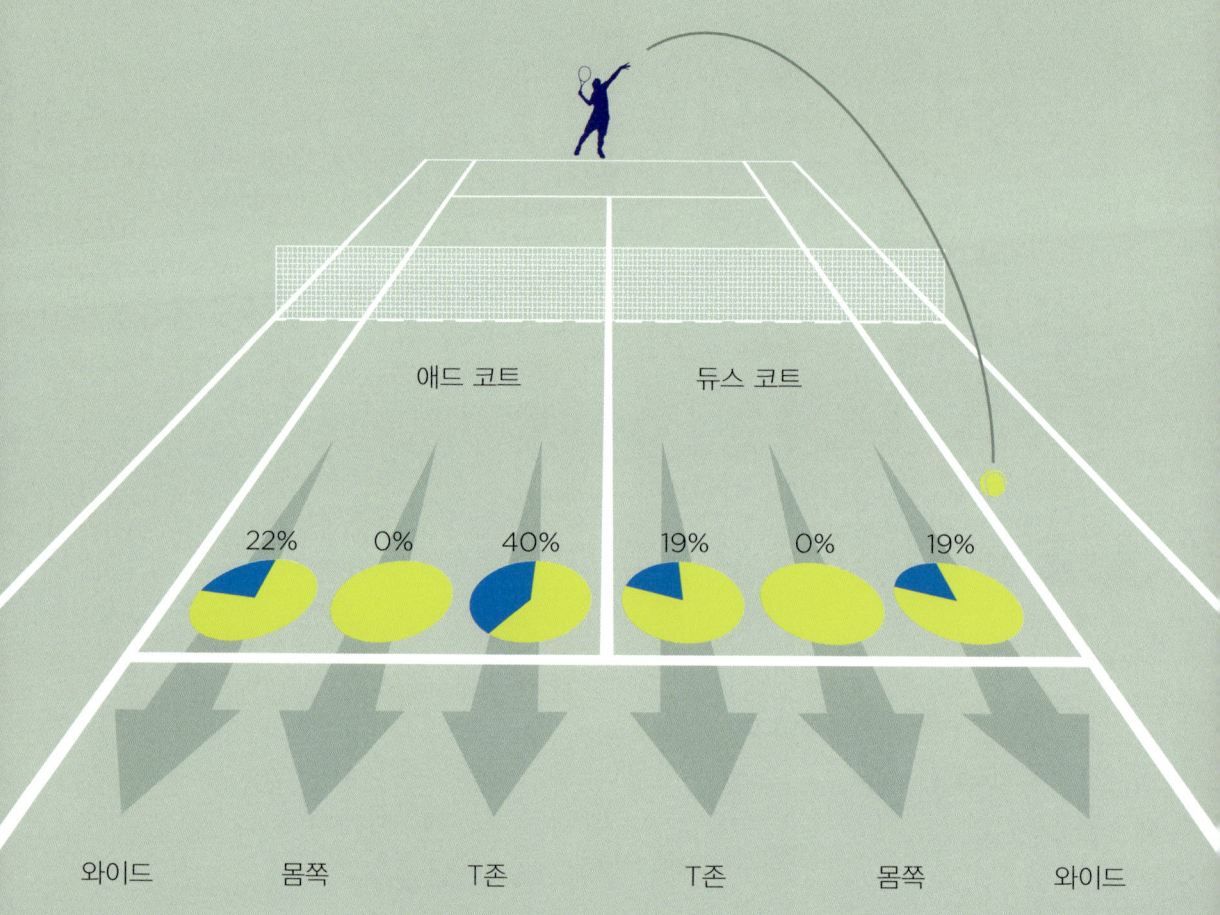

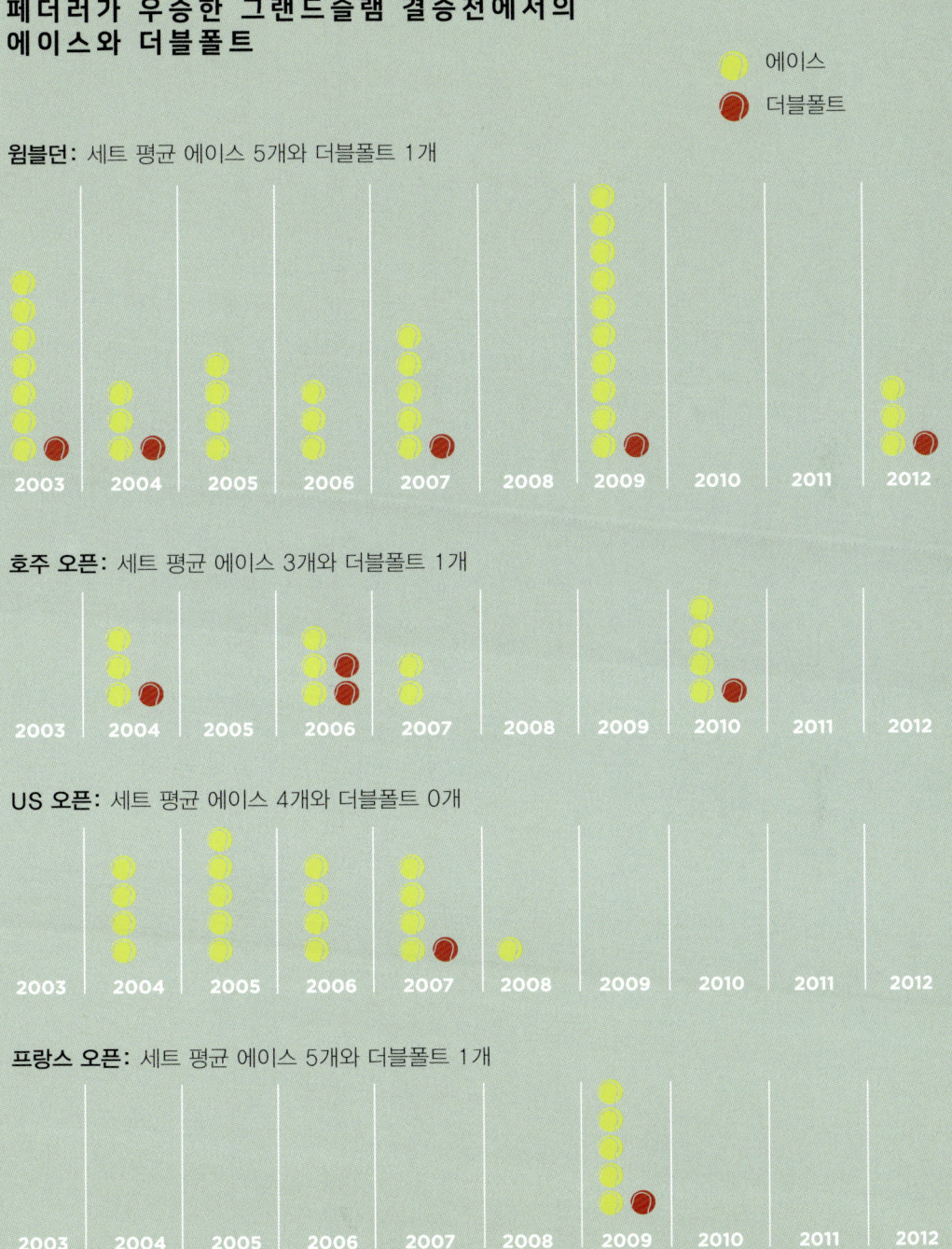

분하지 말고 마음을 추스러봐'라고 이야기하곤 했습니다." 리넷이 말했다. 테니스클럽에서 집으로 돌아오는 여정은 크게 둘로 나뉘었다. 첫 번째는 가족들이 언쟁하는 경우였는데, 로저의 아버지가 차를 세우고 밖으로 나와 로저의 머리를 눈 속에 집어넣었던 사건이 대표적이다. 또 한 가지는 가족들 모두 불편한 침묵에 잠기는 경우였다. 시간이 지나면서 리넷은 아들이 우는 이유가 그만큼 테니스를 중요하게 생각하기 때문이라는 사실을 이해하게 되었다. "로저의 눈물은 그 아이의 야망과 성공에 대한 결의를 보여주는 것이었습니다."

페더러 이전에는 스위스 출신의 그랜드슬램 남자 단식 챔피언이 없었다. 그렇다고 해서 스위스에 엘리트 테니스 역사가 없었던 것은 아니다. 마르크 로세Marc Rosset는 올림픽에서 금메달을 획득했을 뿐만 아니라 그랜드슬램 대회에서도 준결승까지 진출한 적이 있었고, 하인즈 귄타르트Heinz Günthardt와 야콥 흘라섹Jakob Hlasek은 모두 그랜드슬램 8강까지 진출했었다. 이는 페더러의 관점에서 봤을 때 이상적인 상황으로 생각될 수도 있다. 다른 스위스 선수들이 테니스 저변 확대에는 충분할 정도의 성과를 달성했지만, 최상의 성적을 거두지는 못했기 때문에 페더러에 대한 기대치가 견디기 힘들 정도로 높지는 않았던 것이다. 페더러는 어린 나이에 이미 최고 수준의 선수들과 함께 할 수 있었다. 페더러의 집에서 멀지 않은 곳에 있는 세인트 야콥스할레St. Jakobshalle경기장에서는 매년 ATP 투어 대회(바젤 오픈)가 열렸다. 페더러의 어머니는 그 대회 조직위원회에서 자원봉사자로 행정 업무를 도왔고, 페더러도 볼보이로 참가하기도 했다. 페더러가 세계적인 선수들의 공을 줍고, 수건을 건네 준 건 그 때만이 아니었다. 올드보이즈 테니스클럽에 걸려 있는 빛바랜 사진 속에는, 스위스 테니스 역사상 남녀 통틀어 처음으로 그랜드슬램 우승을 달성한 마르티나 힝기스Martina Hingis의 경기에서 볼보이를 하던 페더러의 모습이 분명히 남아있다. "우린 운이 좋았어요. 스위스는 시스템이 잘 갖춰져 있거든요. 아이가 재능을 보이면 그 연령대에서 가장 뛰어난 아이들과 같이 그 지역의 유능한 코치에게 훈련을 받습니다. 우리 동네 클럽에 좋은 코치들이 있었다는 것 역시 행운이었죠." 리넷이 말했다.

페더러는 열네 살이 되자 독단적인 결정을 내렸다. 테니스 선수로서 지속적으로 성장하기 위해 제네바 호숫가의 에퀴블렌Écublens에 있는 스위스 국립 테니스센터에 가서 훈련을 하기로 한 것이었다. 그의 부모는 이러한 결정을 아들로부터 직접 듣지 못했기 때문에 페더러가 테니스 잡지에서 인터뷰한 내용을 읽고서야 그 사실을 알게 되었다. "우리는 굉장히 가까운 가족이에요. 그렇지만 로저는 아주 어린 나이에 집을 떠나 테니스를 치겠다고 결정했습니다. 우리는 어떤 것도 강요한 적이 없어요. 본인 스스로 하도록 내버려

▶ 페더러는 자라면서 고향 바젤 인근의 세인트 야콥스할레에서 열리는 ATP 대회에 참가한 엘리트 선수들로부터 영감을 받았다.

두었습니다." 리넷이 말했다. "로저는 어릴때부터 중요한 결정을 스스로 내렸어요. 자기 자신을 위해서 어떻게 해야 하는지를 배운 건 그 아이의 성공에 가장 큰 열쇠가 되었습니다. 철저하게 독립적이 되는 법을 배웠지요."

그렇다 해도 훈련 장소를 바꾸는게 전혀 문제가 없는 것은 아니었다. 국립 테니스 센터가 있는 에퀴블렌은 스위스에서 프랑스어를 사용하는 지방이었기 때문에 페더러는 의사 소통에 어려움을 겪었다. 당시 그는 스위스–독일어와 영어만 할 줄 알았기 때문이다. 페더러는 같이 훈련했던 동료들 중에 '비열한' 아이들도 있었다고 했다. "저는 스위스–독일어를 썼기 때문에 다들 놀리곤 했죠." 테니스를 치지 않을 때는 민박집의 자기 방에 처박혀 혼자 시리얼을 먹었다. 그는 에퀴블렌에서 종종 '서러움'을 느꼈다고 했다. 일요일 저녁, 에퀴블렌으로 돌아가는 기차에 탑승하기 위해 부모의 차를 타고 바젤의 기차역으로 향하며 페더러는 눈물을 글썽이곤 했다. 에퀴블렌으로 옮긴 것이 부모의 강요에 의한 것이었다면, 페더러는 아마도 돌아가지 않겠다고 했을 것이다. 그러나 그 결정은 페더러 스스로 내린 것이었기 때문에 끝까지 지키려고 했다. 로저의 어머니는 아들이 단기간의 고생으로부터 얻은 것이 많다고 생각한다. "에퀴블렌에서의 시간은 그의 삶에 있어서 훌륭한 교훈이 되었습니다. 모든 것이 자기가 원하는 대로 되지는 않는다는 사실과 재능만으로는 아무 것도 할 수 없다는 것도 알게 되었지요. 노력 없이는 안되니까요. 그 곳에서의 시간이 로저에게 항상 유쾌하지만은 않았다는 걸 잘 압니다. 불행했던 날들도 많았죠. 하지만 그렇게 힘들었던 시간들은 다 그에게 도움이 되었어요. 누구나 올라갈 때가 있으면 내려갈 때도 있는 법인데, 그런 기복을 극복하는게 로저에게는 도전이었지만, 성숙한 인간으로 성장하는데 도움이 되었습니다."

에퀴블렌으로 옮기고 난 후 페더러의 테니스는 빠른 속도로 발전했다. 그러나 그의 감정 조절 능력은 그렇게 빨리 좋아지지 않았다. 에퀴블렌 이후 페더러는 비엘Biel에 있는 시설에서 훈련을 했는데, 페더러의 머리 속엔 아직도 그가 집어던진 라켓이 헬리콥터 날개처럼 회전하며 날아가 코트 뒤에 있던 새 커튼을 찢어버렸던 기억이 남아있다. 그는 벌로 일주일 동안 아침 7시에 일어나 화장실 청소를 하고 코트를 쓸었다.

페더러의 욱하는 성질은 국제 테니스투어에 참가하기 시작했을 당시에도 여전히 눈에 띄었다. "그에 대해 처음 들었을 때 한 성질한다는 이야기를 들었어요." 보리스 베커가 회상했다. "제 친구인 피터 룬드그렌Peter Lundgren과 통화하고 있었는데, 뭐하고 지내냐고 물어봤더니 '요새 엄청난 스위스 선수 하나를 가르치고 있어. 성질이 좀 있어서 라켓도 부러뜨리긴 하는데, 볼 하나는 엄청 잘 쳐'라고 하더군요. 그래서 페더러는 감정을 다스리는 법을 좀 배워야 하겠구나 하고 생각했습니다." 경기에서 지고 나면 라커룸에서 최소한

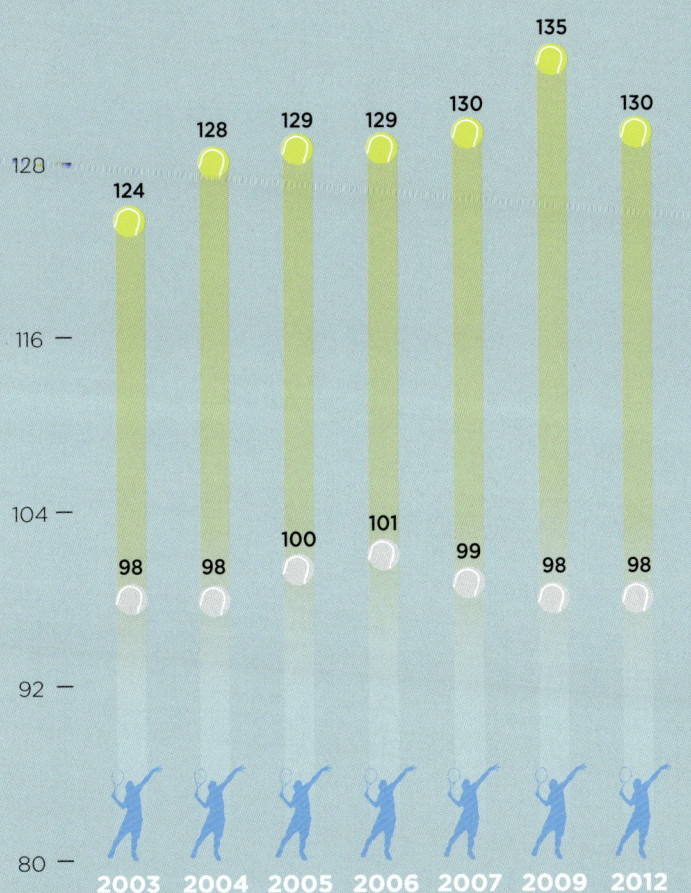

▶ 페더러의 포핸드 소리는 독특하다. 힘과 회전이 절묘하게 섞인 그의 포핸드 소리는 누구와도 다르다.

30분은 울었다. 그 때를 되돌아 보면 '좀 민망하다'고 페더러가 말했다.

팀 헨만의 말에 따르면, 여러 해 동안 페더러는 '마음의 평정'을 찾으려고 노력하는 선수였다. "페더러가 투어에 처음 참가했을 때 저와 에이전트가 같아서 그를 꽤 잘 알게 되었습니다. 연습도 여러 번 같이 했고, 그를 상대로 시합도 몇 번 했어요. 나중에 톱 10 안에 들고, 그랜드슬램 타이틀을 딸지도 모르겠다고 생각했습니다. 분명 엄청난 재능을 가지고 있긴 했지만, 올바른 기질이나 마음의 평정 같은 게 좀 부족했죠." 헨만이 말했다. "처음 몇 해 동안은 연습할 때 기복이 좀 있었습니다. 잘하는 날도 있었고, 그렇지 못한 날도 있었죠. 그 때는 페더러가 테니스 역사상 가장 훌륭한 선수가 될 거라고는 상상도 하지 못했어요. 지금은 물론 그런 선수라고 생각하지만요."

페더러는 자신이 심지가 약하다는 평판을 듣고 있다는 것을 알고 있었고, 그로 인해 한동안 심리학자의 도움을 받기도 했다. "사람들은 저를 두고 '정신력에 있어서만큼은 일등이 아니다'라고 합니다." 때때로 페더러가 경기에 최선을 다하는가에 대한 의문이 제기되기도 했다. 십대 시절 페더러는 스위스의 한 소규모 대회에서 최선을 다하지 않고 고의적으로 졌다는 비난을 받았고, 이는 지역 타블로이드 신문에 기사화되기도 했다. 또한 2002년에는 두바이의 하드코트 대회에 참가했었는데 역시 초반에 탈락하면서 최선을 다하지 않았다는 비난을 받았다. 실제로 그 대회의 주최측은 원래 선수가 받게 되어 있는 대회 참가비용을 페더러에게 지불하지 않았다. 페더러는 이러한 혐의에 엄청나게 분개했고, 다음 해 그 대회에 돌아와 우승을 차지했다. 페더러가 어떻게 행동을 해야 했을까? 감정을 너무 많이 드러내면 코트의 '악동'이라는 소리를 들었고, 감정 표출이 너무 적으면 '고의적으로 진다'는 비난을 받았으니 말이다.

연습이 뜻대로 되지 않는 날, 좌절감에 빠지지 않기 위한 방법 중 하나는 당시의 코치였던 피터 룬드그렌과 드라이브를 가는 것이었다. 이 스웨덴 코치는 메탈리카(미국의 헤비메탈 그룹 – 옮긴이)의 음악을 크게 틀고는 페더러에게 소리 지르면서 모두 쏟아내라고 했다. 밤이 되면 페더러는 엎드려서 베개에 머리를 찧다가 잠이 들곤 했는데, 그는 이를 '헤드뱅잉'이라 불렀다. 룬드그렌은 페더러를 '스트레스 덩어리'라고 부르기도 했다.

끓어오르는 분노를 품고서도 최고 기량의 테니스를 선보일 수 있는 선수는 극소수이다. 사실 그렇게 할 수 있는 선수는 딱 한 명뿐인데 바로 존 매켄로John McEnroe 다. 그런 매켄로조차도 분노로 인해 경기를 그르친 적도 있다. 1984년 이반 렌들Ivan Lendl 과의 프랑스 오픈 결승전을 돌이켜보자. 두 세트를 앞서가던 매켄로는 카메라맨의 헤드셋에서 나오는 소음에 흥분을 주체하지 못하고 5세트 만에 패하고 말았다. 결국 거의 모든 테니스 선수는 분노와 친구가 될 수 없음을 깨닫게 된다. 하지만 자신의 행동이 변해야 한다는 것을 아는 것과 치열한 경기 도중 실제로 행동으로 옮기는 것은 완전히 별개의 일이다. 페더러는 감정 조절에 성공했고, 이는 그랜드슬램 대회에서의 우승으로 이어졌다. 이것이 어떻게 가능했을까? 안타깝게도 그를 변화시킨 것은 어떤 비극적 사건이었다. 가장 끔찍하고도 처참했던 비극.

9,000개의 에이스

2015년에 페더러는 고란 이바니세비치, 이보 카를로비치, 그리고 앤디 로딕과 함께 9,000개 이상의 에이스를 기록한 선수 명단에 합류했다

경기당 평균 에이스

7.5 페더러

11 이바니세비치

11.5 로딕

19 카를로비치

2
모짜르트 대(對) 메탈리카

미국 작가 고(考) 데이비드 포스터 월러스의 표현을 빌자면,
베이스라인 플레이어가 대세인 시대에서 페더러의 고전적 경기 방식은
마치 '메탈리카 콘서트에서 모짜르트의 음악을 흥얼거리는 것'과 같다.

어느 여름날 자정 무렵, 로저 페더러는 길을 잃고 눈은 충혈된 상태로 슬픔에 겨워 울부짖으며 토론토의 거리를 달리고 있었다. 택시가 눈에 띄지 않았고, 호텔로 돌아가는 길도 알 수 없었기에 무작정 달렸다. 멈추고 싶지 않았다. 어쩌면 멈추려 해도 멈출 수 없었는지도 모른다. 1마일, 아니면 2, 3마일 정도를 달리고 나서야 호텔 로비로 돌아올 수 있었다. 페더러의 스물한 번째 생일 바로 전 주이자 2003년 윔블던에서의 첫 그랜드슬램 우승이 일 년도 채 남지 않았던 그 때, 그는 인생에서 처음으로 죽음과 마주했다. 그날 저녁 페더러는 당시 코치였던 피터 룬드그렌의 전화를 무시한 채 바에 앉아 있었다. 캐나다 마스터스 (현재의 로저스컵 마스터스 – 옮긴이)에서 복식 경기가 아직 남아 있었지만 단식에서는 이미 탈락한 상태였기에 코치와 이야기할 기분이 아니었다. 그렇지만 벨소리는 계속 울렸고 마침내 페더러가 전화를 받았을 때, 룬드그렌은 그의 친구이자 주니어 시절 코치였던 피터 카터가 신혼여행 차 방문한 남아프리카 공화국에서 사망했다는 소식을 전해주었다.

　　미국 작가 고(考) 데이비드 포스터 월러스의 표현을 빌자면, 베이스라인 플레이어가 대세인 시대에서 페더러의 고전적 경기 방식은 마치 '메탈리카 콘서트에서 모짜르트의 음악을 흥얼거리는 것'과 같다. 사람들은 페더러가 어떻게 그렇게 장엄하고 아름다운 테니스를 칠 수 있는지 끊임없이 묻는데, 이 질문에 대한 답은 세 가지이다. 첫 번째는 재능, 두 번째는 혹독한 훈련, 그리고 세 번째는 피터 카터다. 카터는 와인 생산지인 호주 아들레이드 바로사 벨리 출신의 전(全) 프로 테니스 선수였다. 테니스 선수로서 떠돌이 인생을 살던 그는 스위스 바젤에 있는 올드보이즈 테니스클럽에 정착했다. 카터가 없었으면 로저 페더러는 진정한 로저 페더러가 되지 못했을 것이다. 테니스에 대한 열정도 덜 했을 것이며, 지금과 같은 서브앤발리를 소화하지도 못했을 것이다.

▶ 페더러는 역대 윔블던 주니어 대회와 시니어 대회에서 모두 우승한 네 명의 선수 중 하나이다.

"절반은 엉뚱하게 날아가 버리고, 슬라이스는 높고, 중심을 벗어나면 보폭이 너무 크고, 몸 한가운데로 볼이 올 때 때 왼쪽으로 움직이지도 않잖아."
이 말에 카터는 대꾸했다.
"맞아. 하지만 분명 훌륭한 선수가 될 거야, 안 그래?"

카터가 아니었으면 그렇게 날카로운 원핸드 백핸드를 구사하지 못했을 것이고, 어쩌면 원핸드 백핸드 자체를 고수하지 않았을 수도 있다. 또한 '현대식 복고풍', 즉 현대식 터치가 가미된 고전적인 스타일의 테니스를 선보이지 못했을지도 모른다.

페더러가 구사하고 있는 거의 모든 테크닉은 카터로부터 나온 것이라고 할 수 있다. 카터의 죽음 이후 그의 부모인 밥과 다이애나는 페더러의 플레이에서 세상을 떠난 아들의 흔적을 보며 위로를 받았다. 페더러가 서브앤발리를 하고, 백핸드 슬라이스를 치거나 다양한 샷을 구사할 때면, 카터의 부모는 피터가 그런 식으로 플레이했었다는 걸 기억한다. "로저의 테니스를 보면 피터의 경기 방식을 볼 수 있어요. 저만 그렇게 이야기하는 게 아닙니다." 밥 카터가 말했다. "피터가 로저의 인생에 영향을 끼쳤다는 건 아주 자랑스러운 일입니다. 물론 로저 또한 자랑스럽죠. 피터는 로저에게 테니스를 가르쳤을 뿐만 아니라 그의 성격 형성에도 큰 영향을 주었어요. 그들은 정말 좋은 친구였죠. 로저와 피터가 그렇게 좋은 관계였다는 건 정말 감사한 일이지만, 한편으로는 슬프기도 합니다."

페더러는 소년 시절 매일 카터와 함께 했다. "피터가 제게 해준 모든 것에 대해 아무리 감사를 해도 지나치지 않습니다. 그가 첫 번째 코치는 아니었지만, 처음으로 진정한 의미에서의 코치였어요. 그는 저를 잘 알았고, 저의 경기도 잘 파악하고 있었으며, 제게 뭐가 필요한지도 알고 있었습니다." 카터의 커리어 최고 랭킹은 세계 173위였고, 통산 상금은 70,000달러를 조금 넘었다. (요즘 시대엔 그랜드슬램 대회에서 한 두 라운드만 이기면 단숨에 넘어 설 수 있는 금액이다). 카터의 오랜 친구이자 같은 호주 출신인 대런 카힐Darren Cahill은 카터가 바젤처럼 모든 것이 느리게 진행되는 곳에 정착을 했다는 사실에 놀라움을 감추지 못했다. 그렇지만 바로 그곳에서 카터와 페더러가 만났던 것이다. 밥 카터에 의하면 페더러가 아홉 살에서 열 살 가량 되었을 때 피터가 집으로 전화를 해서 "어린애 하나를 가르치고 있는데, '아주 특별한' 선수가 될 잠재력이 있다"고 이야기했다.

그로부터 몇 년이 지나 페더러가 열세 살이 되었을 때, 카힐은 카터를 만나러 바젤을 방문해 코치와 제자의 훈련 과정을 보게 되었다. 그가 본 페더러는 '빠른 팔과 강력한 포핸드, 그리고 볼에 대한 감각'을 지니고 있었지만 완벽과는 거리가 멀었다. 그는 같은 나이대의 선수 중에서는 호주의 레이튼 휴이트Leyton Hewitt가 가장 유망하다고 생각했다. 추후 카힐이 카터에게 이렇게 말했다. "피터, 저 백핸드 좀 봐. 볼 아래로 버스도 지나가겠어. 절반은 엉뚱하게 날아가 버리고, 슬라이스는 높고, 중심을 벗어나면 보폭이 너무 크

▲ 페더러가 '나의 첫 진정한 코치'라고 부르는 피터 카터와 함께

고, 몸 한가운데로 볼이 올 때 왼쪽으로 움직이지도 않잖아." 이 말에 카터는 대꾸했다. "맞아. 하지만 분명 훌륭한 선수가 될 거야, 안 그래?"

카터는 페더러와 보낸 시간 중 많은 부분을 백핸드에 투자했다. 소년 시절 페더러는 백핸드를 '장악'해서 플랫으로 치거나 톱스핀을 넣기에는 스스로가 너무나 '약하다'고 느꼈기 때문에 어쩔 수 없이 슬라이스를 선택할 수 밖에 없었다. 실제로 페더러는 슬라이스를 아주 좋아하게 되었다. 다른 코치였다면 페더러에게 백핸드를 칠 때 두 손으로 라켓을 잡으라고 했을 수 있을 것이다. 만약 그랬더라면 진정한 로저 페더러는 역사 속으로 사라졌을지도 모른다. 그러나 그것은 카터의 접근 방식이 아니었다. 그는 페더러의 백핸드를 적당히 손본 다음 원핸드 백핸드를 유지하도록 훈련시켰다. 나쁘진 않았지만 완벽하게 다듬으려면 갈 길이 멀었고, 지속적인 개선을 통해 발전시켜야 했다. 카터는 그의 어린 제자에게 원핸드 백핸드 외에도 많은 것을 가르쳤다. 페더러는 스스로의 성격 형성에 있어 '호주인 특유의 유머'를 지닌 이 '차분한' 코치로부터 많은 영향을 받았다고 고백했으며, 수년 후에는 호주인의 특성이 '나의 DNA에 박혀 있다'고 했다. "직업 윤리는 호주인들이 매우 중요하게 여기는 가치입니다. 저는 어릴 때부터 이러한 직업 윤리로부터 많은 것

모짜르트 대(對) 메탈리카 49

모짜르트 대(對) 메탈리카

▲ 페더러는 커리어 내내 백핸드 훈련을 엄청나게 해왔다.

을 배웠습니다. 피터는 제 성격 형성 전반에 걸쳐 아주 중요한 역할을 했어요. 그는 유명한 사람과 유명하지 않은 사람 모두를 존중하도록 가르쳐 주었죠. 부모님과 마찬가지로 제 가치관 형성에 도움을 주었어요. 저희 부모님과 피터는 사이가 아주 좋았습니다. 저희 가족 모두 피터와 가까웠어요."

열네 살이 된 페더러가 에퀴블렌Écublens에서 훈련을 시작하면서 카터와의 관계는 두세 시즌 동안 중단되었다. 하지만 페더러가 비엘Biel에 있는 훈련 기관으로 옮기고, 장래가 촉망되는 페더러와의 친분을 이유로 스위스 테니스연맹이 카터를 고용했기에 그들의 사제관계는 재개될 수 있었다. 피터 룬드그렌이 페더러의 커리어에 개입하게 된 것 역시 비엘에서였다. 룬드그렌은 페더러가 윔블던에서 처음 우승했을 때 선수관계자석에 앉아 있었던 바로 그 코치였다. 윔블던 주니어 단식과 복식을 동시에 우승했던 1998년은 페더러가 주니어 선수로서 두각을 나타냈던 해였다. US 오픈 주니어 단식에서도 결승까지 갔었던 그 해에 세계 주니어 랭킹 1위에 올라섰던 것이다. 주니어 윔블던 대회에서 우승하고 며칠 후, 페더러는 열여섯의 나이로 생애 첫 ATP 월드 투어에 출전하게 되었다. 스위스의 슈타드Gstaad에서 열린 클레이코트 대회에 와일드카드(랭킹과 상관 없이 대회 주 페더러는 룬드그렌과 그렇게까지 친밀한 관계는 아니었지만, 이 스웨덴 출신의 코치가 자신의 커리어에 박차를 가해줄 수 있을 것이라고 결론을 내렸다. 그럼에도 불구하고 페더러는 카터가 곁에 있기를 간절히 바랐기 때문에 강력하게 로비를 했고, 그 결과 카터를 첫 외국인 출신 스위스 데이비스컵 주장으로 앉히는 데 성공했다.

측에서 부여하는 출전권 – 옮긴이)를 받아서 출전한 것이었다. 페더러는 1라운드에서 아르헨티나의 루카스 아놀드 커Lucas Arnold Ker에게 패했다. 1998년 와일드카드로 출전한 4개 대회 가운데 프랑스의 툴루즈Toulouse에서 열린 대회에서, 페더러는 프랑스의 기욤 라우Guillaume Raoux를 상대로 ATP 첫 승을 신고했을 뿐만 아니라 8강까지 진출했다. 그 해 바젤 대회에서는 안드레 애거시와 처음으로 경기를 했지만 크게 지고 말았다. 다음 해 페더러는 좀 더 빡빡한 스케줄을 소화했고, 처음으로 ATP 세계 랭킹 100위 내로 진입하면서 명함을 내밀기 시작했다. 이는 아주 시기적절한 일이었다. 페더러의 부모는 그가 지속적으로 세계 랭킹 400위 언저리에서 맴돌 경우 더 이상 경제적 지원을 하지 않겠다고 선언했기 때문이다.

페더러는 프로선수로서의 첫 걸음을 내딛을 수 있도록 이끌어줄 코치가 필요하게 되었나. 카디?이니면 룬드그렌? 페더러의 결정은 그를 아는 거의 모든 이들을 놀라게 했지만 그 중에서도 카터만큼 충격을 받은 사람은 없었을 것이다. 카터는 최선을 다해 숨기려고 했으나, 선택받지 못했다는 사실에 대한 실망감을 감추지는 못했다. 그는 룬드그렌에 비해 최고 수준의 테니스에 대한 경험이 부족했다. 룬드그렌은 선수 시절 세계 랭킹 25위 이내로 진입했고, 피트 샘프러스, 안드레 애거시, 매츠 빌랜더Mats Wilander, 이반 렌들같은 톱랭커를 상대로 이기기도 했으며, 페더러가 동경하는 경기 스타일을 가지고 있던 칠레 출신의 마르셀로 리오스Marcelo Ríos의 코치로 일하기도 했다. 카터와의 우정을 고려할 때 그런 결정을 내리는 것은 쉽지 않았을 것이다. 하지만 분명한 건 페더러가 개인적인 친분 때문에 자신의 미래를 망치는 일을 하지는 않을 것이라는 사실이었다. 페더러는 룬드그렌과 그렇게까지 친밀한 관계는 아니었지만, 이 스웨덴 출신의 코치가 자신의 커리어에 박차를 가해줄 수 있을 것이라고 결론지었다. 그럼에도 불구하고 페더러는 카터가 곁에 있기를 간절히 바랐기 때문에 강력하게 로비를 했고, 그 결과 카터를 첫 외국인 출신 스위스 데이비스컵 주장으로 앉히는 데 성공했다.

남아프리카 공화국 출신의 어머니를 둔 페더러는 카터에게 아내 실비아를 사파리에 데려가라고 추천했다. 그 사파리는 일년 전에 결혼한 카터 커플이 연기했던 신혼여행이었는데, 이 부부는 실비아의 호지킨병Hodgkin's disease(림프절에 발생하는 악성종양 – 옮긴이) 때문에 받고 있던 항암치료가 끝나기를 기다리고 있었던 것이다. 7월 31일 카터 부부는 실비아의 생일을 자축했고, 그 다음 날인 2002년 8월 1일 서로 다른 차량을 타고 크루거 국립공원Kruger National Park 인근 도로를 달렸다. 카터는 가이드가 운전하는 랜드로버에

모짜르트 대(對) 메탈리카

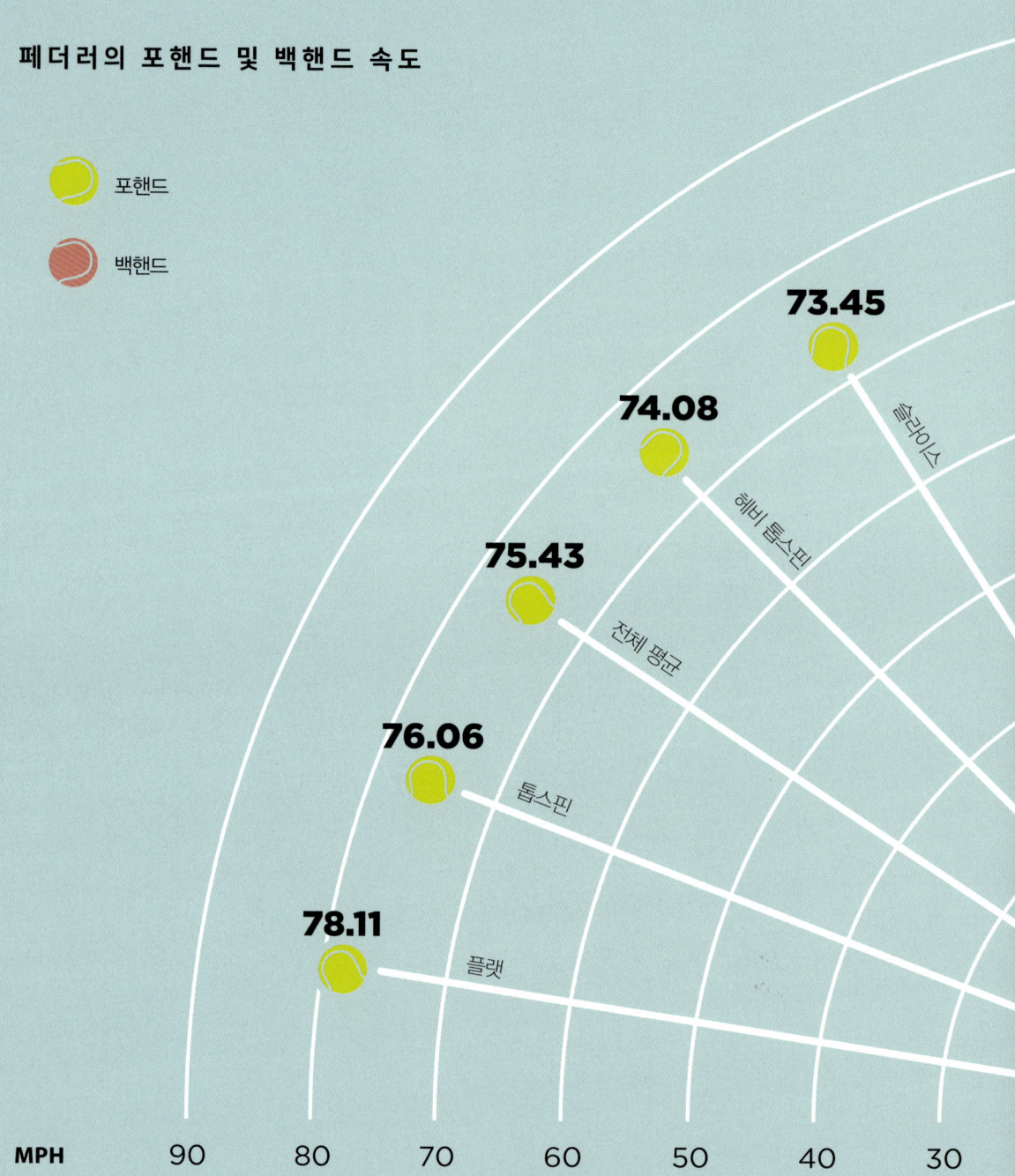

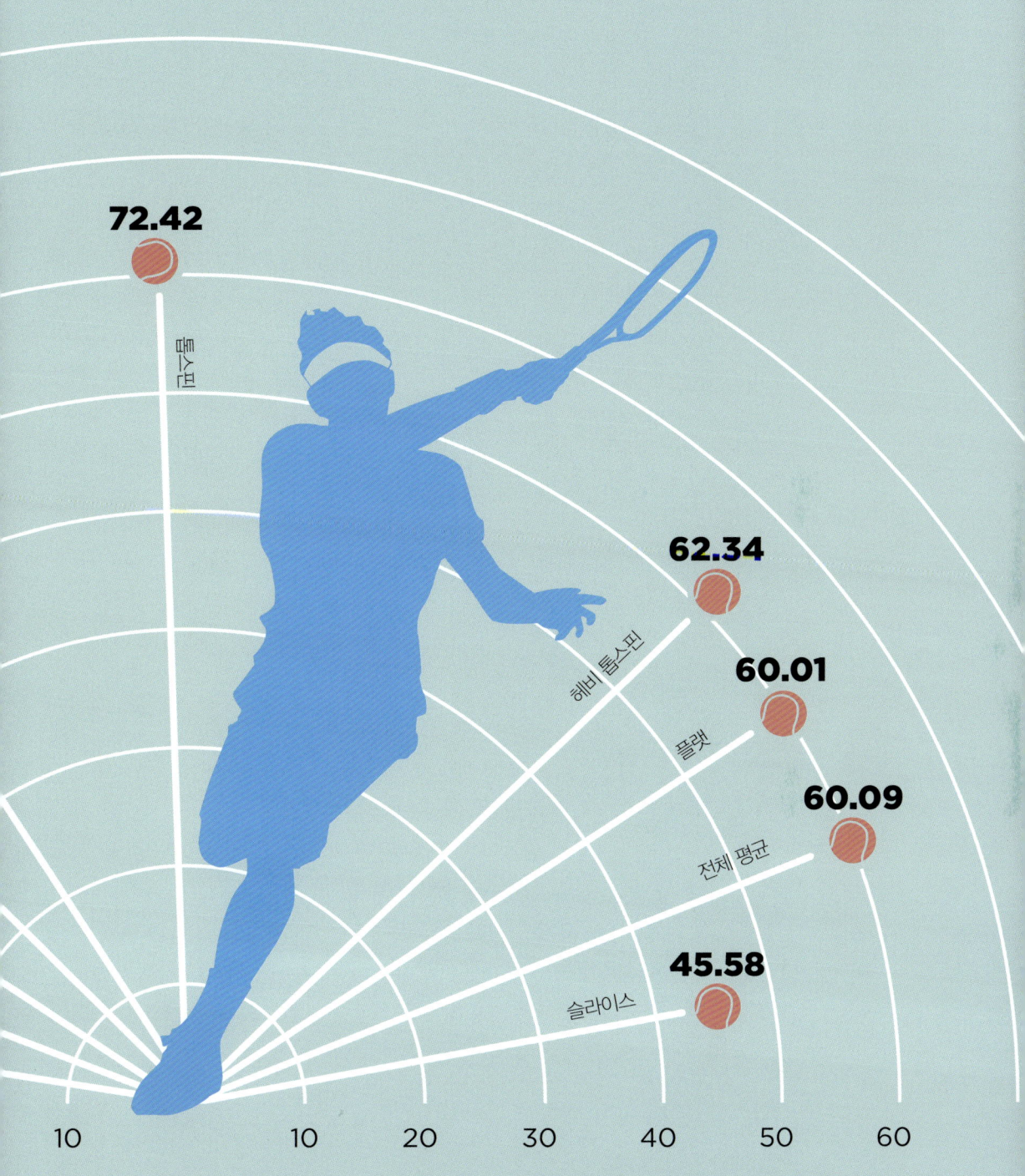

모짜르트 대(對) 메탈리카

타고 있었고, 실비아는 그 뒤에 있는 차에 타고 이동하고 있었다. 반대편에서 달려오던 미니버스가 시야에 들어오자, 카터를 태우고 가던 랜드로버는 정면충돌을 피하기 위해 방향을 확 틀었고, 그 결과 둑을 굴러서 뒤집힌 채로 강에 빠지고 말았다. 경찰 보고서에 따르면 카터와 가이드는 현장에서 즉사했다. 토론토의 밤을 가로지르며 달린 후 호텔 방으로 돌아온 페더러로서는 도저히 받아들일 수 없는 소식이었다.

●

    로저 페더러가 한 손으로 치는 백핸드가 무엇을 의미하는지 생각해보라. 그것은 자연스러움의 미학, 땀과 노동, 그리고 발전에 대한 갈망일 것이다. 그러나 바로 그 점에서 이 백핸드는 가장 아름답고 가장 영예로운 모순으로 느껴지기도 한다.
    관중들은 페더러 경기의 미학에 심취할 수 있다. 하지만 스스로의 경기에 대한 페더러의 생각은 시간이 지나면서 점차 바뀌었다. 처음 ATP 투어에 출전할 당시에는 가장 고전적이고, 가장 멋있는 샷을 치는데 지나치게 신경을 썼다. 영리한 샷보다는 기술적으로 어렵고 화려한 샷을 선호했기에 경기가 마치 묘기 대행진으로 전락할 우려가 있을 정도였다. 그는 경기를 이기는 것 못지않게 하이라이트에 들어갈 만한 샷을 치는데 노력을 기울였다. 백핸드에만 그렇게 신경을 쓴 것이 아니라 자신의 경기 모든 부분에 있어서 그런 식으로 주의를 기울였던 것이다. 가장 아름다운 샷을 보고 싶어하는 관중들의 기대로 인한 압박감 때문에 놓친 경기가 얼마나 많았을까? 피터 룬드그렌의 말에 의하면 페더러는 꽤 오랫동안 스스로를 '예술가'로 간주했다. 그리고 자신의 시합이 녹화된 비디오를 다시 돌려보는 것을 즐겼다. "처음 프로테니스 투어에 합류했을 때 저는 제가 투어에 굉장히 특별한 무언가를 보탰다고 생각했고, 그래서 그것을 과시하고 싶었습니다. 관중들을 즐겁게 해줘야 한다는 생각이 너무나 강했고, 이는 시합에서 패인으로 작용했죠." 페더러는 이렇게 고백하기도 했다. 다행히 그는 더 이상 이런 생각을 고집하지 않는다. 〈뉴요커〉와의 인터뷰에서는 "저는 구식 스타일로 원핸드 백핸드를 치는데, 사람들이 이 백핸드샷을 좋아해주니 행복할 뿐입니다"라고 말하며 그의 예술적인 테니스가 팬들에게 인정받는 사실에 감사했다. 그렇다고 해서 페더러가 경기를 이기는 것보다 스타일에 더 신경을 쓴다는 의미는 아니다. 그가 의도적으로 우아하게 보이거나 고전적으로 보이도록 노력하는 것이 아니라 그의 테니스가 마침 '빈티지vintage 스타일' 일 뿐인 것이다. 가장 중요한 점은 백핸드와 더불어 경기의 다른 모든 요소들이 상대 선수를 이기는데 어떤 식으로 도움을 주느냐이다. 선택권이 주어진다면 그는 언제나 브래드 길버트Brad Gilbert(승리를 위해 화려하지는 않지만 전략적인 테니스를 구사한 선수 - 옮긴이) 방식대로, 아름답게 지는 것보다는 추하게 이기는 쪽을 택할 것이다. 그의 경기가 아름답다고 찬사를 받을 수 있는 것은 그동안 워낙 많은 경기에서 이겼기 때문이다.

페더러의 경기를 보고 있노라면 마치 플란넬 바지를 입고 나무 라켓으로 테니스를 치던 오래 전 흑백필름 시절로 돌아간 것 같은 기분이 든다. 그와 동시에 현대 테니스에는 예술적인 면과 지략, 그리고 영혼이 결여된 느낌도 받게 된다. 하지만 가장 중요한 것은 페더러의 '빈티지 스타일'이 모던 스타일을 진압하고 승리했다는 점이다. 페더러는 원핸드 백핸드로 이를 증명해 보였다. 누가 라켓을 두손으로 잡아야 한다고 했던가? 2015년 롤랑가로스Roland Garros에서 즉흥적으로 쳤던 샷을 제외한다면, 페더러의 투핸드 백핸드 샷을 기억할 수 있는 사람이 있을까? 전통적이라는 것이 반드시 약하고 무기력하며 쉽게 휘둘린다는 것을 의미하지는 않는다.

페더러가 상대를 짓밟는 순간 그의 백핸드는 더욱 더 매혹적으로 느껴진다. 그 백핸드는 그가 그동안 기울인 노력의 결정체라는 사실에 감동하는 것이다. 존 매켄로John McEnroe는 언젠가 페더러를 '가장 완벽한 선수'라고 칭했다. 페더러에 관한 신화의 중심에는 "재능이 너무 뛰어나서 시합에 최선을 다할 필요가 없었다"거나 "그의 테니스 테크닉과 성공은 쉽게 얻어진 것이다"와 같은 이야기들이 있다. 프랑스의 한 테니스 칼럼니스트는 그 이야기에 혹해서 페더러의 경기를 '다시 반복될 수 없는 기적'이라고 명명했다. 그러나 진실은, 예술성과 세련됨의 이면에 그의 숨겨진 노력이 수반되어 있다는 사실이다.

처음 프로 테니스 대회에 모습을 드러냈을 때부터 페더러의 포핸드는 위협적이었고, 그의 서브앤발리 또한 상대를 압박할 수 있는 기술이었다. 물론 이들은 지속적인 개선을 통해 더욱 강력한 무기가 되었다. 그러나 다른 무엇보다도, 한때 페더러의 유일한 약점이라고도 불렸던 백핸드샷의 개선은 괄목할 만했다. 실제로 페더러도 백핸드에 지속적으로 특별한 노력을 기울여 왔다고 했다. 그는 피터 카터를 비롯한 그의 코치들뿐만 아니라, 자신의 백핸드를 집중 공략해서 궁극적으로는 원핸드 백핸드의 개선에 기여한 모든 상대 선수들에게도 감사했다. 특히 라파엘 나달은 페더러의 백핸드를 향해 수도 없이 샷을 날려 극도의 압박을 가했다. 나달의 자서전을 읽어보면 그가 2008년 윔블던 결승에서 (나달이 6-4, 6-4, 6-7(5-7), 6-7(8-10), 9-7로 우승 - 옮긴이) 페더러를 상대로 어떤 전술을 썼는지 알 수 있다. 그 경기에서 나달은 집중력이 떨어졌을 때와 흥분해서 판단력을 잃었을 때에만 페더러의 포핸드 쪽으로 공을 쳤고, 그 외에는 모든 공을 페더러의 백핸드 방향으로 보냈다. 그런데 그건 그나마 잔디 코트였다. 클레이코트에서는, 채찍과 같은 나달의 톱스핀 포핸드가 더욱 튀어 올라 페더러는 그가 정말 싫어하는 어깨와 귀 높이 사

윔블던 주니어 대회 우승으로부터 시니어 대회 우승까지 걸린 기간

페더러는 윔블던 주니어 대회와 시니어 대회에서 모두 우승한 몇 안되는 선수들 중 하나이다.

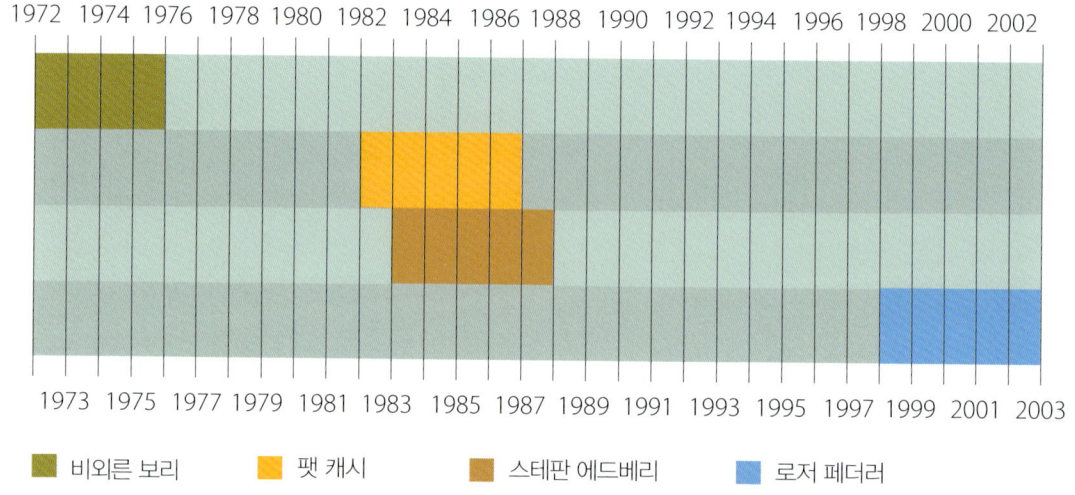

■ 비외른 보리 ■ 팻 캐시 ■ 스테판 에드베리 ■ 로저 페더러

이에서 백핸드를 칠 수 밖에 없었다.

    토니 나달은 페더러의 백핸드가 지독한 노력의 산물임을 잘 알고 있다. "로저의 백핸드는 분명히 향상되었고, 이는 라파엘의 경기 방식에 맞춰 적응한 것이라 생각합니다. 클레이코트뿐만 아니라 하드나 잔디를 포함한 다른 어떤 코트에서건 라파엘은 로저의 백핸드를 공략합니다. 백핸드 쪽으로 서너 번 연속 공을 보낸다면, 그 포인트는 라파엘이 가져가는 경우가 많았습니다. 하지만 이건 처음 몇 경기에서나 가능했죠. 그렇게 몇 차례 라파엘과 시합을 가진 후 로저는 경기 방식을 바꿨습니다. 코트 안쪽으로 더 들어왔지요. 그리고는 모든 것이 달라졌습니다. 로저는 분명히 '내 백핸드는 아직 멀었어'라고 생각했을 겁니다. 그래서 더욱 개선하려고 했고, 실제로 그의 백핸드는 좋아졌습니다."

    원핸드 백핸드는 페더러의 슬라이스를 보다 공격적으로 만들었다. "로저는 세계 최고의 슬라이스를 구사하는데, 이는 특히 서브 리턴 시에 가장 빛을 발합니다." 리샤르 가스케Richard Gasquet가 말했다. 페더러처럼 원핸드 백핸드를 구사하는 가스케는 주니어 시절 '베이비 페더러'라는 별칭으로 불렸었다. "제 백핸드와 로저의 백핸드의 가장 큰 차이점은 슬라이스에 있습니다. 그는 천부적이에요. 볼에 대한 감각이 정말 탁월하죠." 테니스 비디오그래픽 분석가인 존 얀델John Yandell에 의하면 페더러의 백핸드 슬라이스는 초당 90회에 달하는 스핀을 생성한다. 이는 테니스 역사상 가장 높은 수치이며, 심지어 나달과 페더러 자신의 포핸드조차도 능가한다. 존 매켄로의 분석에 따르면 페더러의 슬라이스는 상대방을 불안에 빠뜨린다. "페더러는 상대가 불안정하게 느끼면서 다음 샷을 예측하지 못하길 바라는 겁니다." 팀 헨만은 페더러의 백핸드 슬라이스가 랠리의 페이스를 조절할 수 있기 때문에 무척 효과적이라고 했다. 페더러는 슬라이스를 사용해 랠리 속도를 떨어뜨릴 수 있고, 또 갑자기 플랫이나 톱스핀을 쳐서 속도를 다시 확 올릴 수도 있다. "그 말인 즉슨, 다음 샷의 위력을 배가시킬 수 있다는 뜻입니다."

어린 시절 페더러는 다른 어떤 샷보다 슬라이스 치는 것을 즐겼지만, 지금은 그것만으로는 부족하다는 사실을 인식하고 있다. 원핸드 백핸드를 구사하는 선수라면 위기를 벗어나기 위해서 슬라이스라는 안전한 선택의 유혹에서 벗어나 플랫이나 헤비 톱스핀으로 공격해야 한다는 사실 또한 잘 알고 있다. 페더러를 높이 평가해야 하는 이유 중 하나는 자신의 백핸드가 공격을 당할 때 드러나는 그의 완강함 때문이다. 그는 결코 물러서지 않는다. 비록 허공으로 날리는 공이 나올지언정 자신의 자리를 지키며 꿋꿋이 풀스윙을 하는 것이다. "원핸드 백핸드 선수에게는 슬라이스를 치는 것이 너무나 자연스럽기 때문에 공격적인 자세를 견지하도록 스스로에게 상기시켜 주어야 합니다." 페더러는 말했다.

페더러는 자신의 샷이 예측 가능한 상황이 되는 위험을 무릅쓰지 않는다. 상대방은 언제나 다음 샷이 어디로 날아올 것인가 추측하기 마련이다. "여러가지 샷을 선택할 수 있는 상황을 만들어야 상대방에게 위협적인 선수가 될 수 있습니다. 계속 같은 샷을 고집해서는 안되죠. 경기 초반에 다양한 샷을 보여줘야지만 중요한 순간에서 상대방은 제 공이 어디로 올지 알 수 없게 됩니다. 저는 백핸드로 슬라이스와 톱스핀, 그리고 플랫을 모두 칠 수 있고 최대한 섞어서 치려고 합니다. 하지만 일관성이나 자신감을 높이기 위해서는 한 가지 샷을 연속해서 칠 줄도 알아야 합니다"라고 페더러가 말했다.

페더러가 연습 중에 투핸드 백핸드를 시도해본 건 다행스러운 일이다. 다른 선수들이 어떻게 치는지 알아보려고 해 본 것이다. 그는 투핸드 백핸드가 일단 불편했고, 동작에 제한을 준다는 느낌도 받았다. 그래도 그 시도 덕분에 원핸드 백핸드가 주는 자유로움을 다시 한번 깨닫게 되었다. 자타공인 역대 최고의 테니스 코치인 닉 볼리티에리Nick Bollettieri는 페더러가 투핸드 백핸드를 구사했다면 거의 무적이었을 것이라고 확신했다. 하지만 그의 의견에 동의하지 않는 사람들도 있었다. 페더러가 만일 두 손을 다 사용해서 백핸드를 쳤다면, 그의 감각적인 플레이가 희석되고, 지금처럼 다양한 샷을 구사하지는 못했을 것이라는 말이다. 테니스 분석가 크레이그 오세너시는 이렇게 말했다. "페더러가

투핸드 백핸드를 구사했다면 그렇게 많은 그랜드슬램 대회에서 우승하지는 못했을 겁니다. 역사상 최고의 발리를 구사했던 선수들을 살펴보면 한 가지 공통 분모가 있는데, 그것은 바로 원핸드 백핸드입니다. 발리를 하기 위해 네트 앞으로 달려올 때는 그립을 제대로 잡고 있는 것이 가장 중요한데, 원핸드 백핸드 선수는 첫 발리를 할 때 그립에 신경을 쓸 필요가 없고, 라켓의 각도를 제대로 잡기도 훨씬 수월합니다. 변하지 않기 때문이죠. 물론 페더러는 애거시처럼 코트 뒤에서 백핸드를 후려치지는 않습니다. 하지만 로저의 백핸드가 훨씬 우수합니다."

페더러의 백핸드가 매혹적인 이유 중 하나는 유망주들이 페더러에게서 배우려고 하지 않는 거의 유일한 테크닉이라는 점이다. 어린 선수들은 페더러의 서브, 포핸드 그리고 코트에서 미끄러지는 방법까지 흉내내려고 한다. 그러나 페더러의 원핸드 백핸드를 그대로 따라 하려는 주니어 선수는 거의 찾아볼 수 없다. 모두 투핸드 백핸드다. 가스케는 다음과 같이 말했다. "사실 약간 놀라긴 했어요. 하지만 테니스를 잘 치고 싶고, 지속적으로 경기 능력을 향상시키고 싶은 주니어 선수 입장에서는 투핸드 백핸드를 치는 것이 더 쉽습니다. 원핸드 백핸드가 보기에는 좋고 보다 감각적으로 칠 수도 있긴 하죠. 하지만 결국 사라질 겁니다. 유망주 중에서 원핸드 백핸드를 구사하는 선수는 한 명도 없거든요."

페더러도 말했듯이 원핸드 백핸드의 미래는 불투명하다.

●

피터 룬드그렌으로부터 피터 카터의 사망 소속을 들은 그날, 페더러는 처음으로 죽음과 대면하였다. 그와 가까운 누구도 세상을 떠난 적이 없었기에 장례식에 참석해 본 적도 없었다. 토론토에서 지독하게 슬펐던 그날 밤, 호텔방으로 돌아온 페더러는 친구들에게 전화해 소식을 전했다. 그날 저녁 통화했던 한 친구는 페더러가 '회복 불능'인 것처럼 들렸다고 회상했다.

페더러가 경기 중 감정 조절하는 방법을 어떻게 배웠는지에 대해서는 몇 가지 견해가 있다. 그 중 하나는 마라트 사핀Marat Safin과 부서진 라켓, 그리고 이탈리아 TV방송으로 이루어진, 로마에서의 격렬했던 어느 날 밤의 일이다. 포로 이탈리코Foro Italico에서 열린 2001년 로마 마스터스 대회 2회전을 마치고 라커룸으로 돌아온 페더러는 엔돌핀과 아드레날린이 여전히 솟구치고 있는 상태였다. 라커룸에는 TV가 켜져 있었다. 페더러는 그가 마지막 세트 타이브레이크를 어떻게 이겼는지에 대한 이야기가 나올 것으로 기대했다.

◀ 페더러는 원핸드 백핸드가 주는 자유를 선호한다.

1ST MATCH ATP 투어 첫 경기
1998년 스위스 슈타드에서 열린
클레이코트 대회에 와일드카드로 출전했으나
아르헨티나의 루카스 아놀드 커에게
한 세트도 따지 못하고 패했다.

1ST FINAL 첫 결승 진출
2000년 프랑스 마르세이유에 열린
실내 하드코트 대회에서 결승에 진출했으나
스위스의 마르크 로세에게 패했다.

1ST TITLE 첫 우승
2001년 이탈리아의 밀라노에서 열린 실내 카펫코트
대회 결승에서 프랑스의 줄리앙 부테를 누르고 생애
첫 ATP 대회 우승을 차지했다.

▲ 페더러는 언제나 백핸드 슬라이스를 즐겨왔다.

하지만 이탈리아 방송은 시합 도중에 두 선수가 라켓을 부수던 모습을 집중적으로 조명했다. 페더러는 깜짝 놀랐고, 그 감정은 곧 창피함으로 바뀌었다. TV에서 자신이 라켓을 부수는 장면을 본 바로 그 순간, 페더러가 이러한 분노와 폭력적인 행동에 종지부를 찍기로 결심했다는 것이 한 가지 설이다. 하지만 카터의 비극적인 죽음이 페더러가 테니스에 임하는 자세를 바꾸었다는 쪽이 훨씬 더 설득력이 있다. 이후 얼마 동안 페더러의 테니스는 무너져 내렸다. 그는 검은 암밴드를 하고 남아공 출신의 웨인 페레이라Wayne Ferreira와 함께 복식 경기에 임했다. 이들이 8강에서 호주의 조슈아 이글Joshua Eagle-샌던 스톨Sandon Stolle 조에게 진 것은 어찌보면 당연했다. 그 해 여름, 페더러는 단식에서도 실망스러운 실적을 내고 있었다. 프랑스 오픈, 윔블던, 그리고 토론토 마스터스에서는 1라운드에 고배를 마셨고, 카터의 죽음 이후에 참가했던 신시내티 마스터스와 롱아일랜드 대회에서도 조기에 탈락했다. 그는 테니스가 정말로 사소하게 느껴지기도 했지만, 그의 재능을 십분 발휘하기 위해서는 테니스에 전념해야 한다는 사실도 깨달았다. 페더러의 어머니 리넷은 이렇게 말했다. "카터의 사망은 페더러가 겪은 첫 번째 죽음이었고, 그에게는 실로 엄청난 충격이었습니다. 하지만 그 사건으로 로저는 더 강해졌어요."

바젤에서 있었던 카터의 장례식에 참석했던 한 문상객은 다음과 같이 말했다. "로저를 위로할 수 없었어요. 그는 장례식이 거행되기 전부터 울기 시작해서 식이 끝나고 난 뒤에도 눈물을 그칠 줄 몰랐죠. 저는 로저와 같은 일행 속에 있었는데, 로저가 감정 조절

> "어떤 샷들은 정말로 경이로울 지경입니다. 그런 심한 압박감 속에서 나오는 게 신기할 정도이지요. 하지만 페더러는 계속해서 그런 샷을 만들어 냅니다. 그게 바로 로저 페더러입니다. 그는 아마도 테니스 역사상 가장 뛰어난 재능을 지닌 선수일 겁니다."

을 하지 못하고 우는 모습을 보고 우린 다 같이 웃어 버리고 말았습니다." 나중에 페더러도 이를 인정했다. "그 사건은 테니스 시합에서 진 것과는 비교할 수 없는 일이었어요. 저는 가급적 그렇게 슬픈 순간은 피하려고 합니다. 카터의 장례식은 제가 참석한 첫 번째 장례식이었습니다. 장례식에 참석했던 것이 제게 도움이 되었다고 말할 수는 없지만 마음속에서나마 피터와 다시 가까이 있을 수 있었고, 공식적으로 작별인사를 할 수 있었습니다. 지금은 많이 좋아졌습니다. 특히 테니스에 관해서는요."

얼마 지나지 않아 페더러 주변 사람들은 그의 변화를 알아 보기 시작했다. 2002년에 페더러는 시즌 파이널 대회에 참석할 수 있는 자격을 얻게 되었다. 처음으로 여덟 명의 선수 명단에 든 것이다. "피터의 죽음은 로저에게 경각심을 불러일으켰습니다. 최고의 테니스 선수가 되기 위해서는 코트에서 평정을 잃지 말아야 한다는 사실을 깨달았다고 생각합니다." 밥 카터는 말했다.

다음 해 여름, 생애 첫 그랜드슬램 대회 우승(2003년 윔블던 대회 – 옮긴이)을 달성한 페더러는 카터를 떠올렸다. "피터가 여기 있었으면 우리는 신나게 파티를 했었을 겁니다. 어디에선가 저의 우승을 지켜보았길 바랍니다." 그리고 몇 주 후 멜버른에서 개최된 데이비스컵에서 스위스는 호주와 맞붙었다. 그 대회는 페더러가 레이튼 휴이트를 만나 다 이긴 경기를 놓친 대회로 기억되지만 (2003년 데이비스컵 준결승 4단식에서 휴이트가 5-7, 2-6, 7-6(4), 7-5, 6-1 로 페더러에게 승리 – 옮긴이), 코트 밖에서는 더 중요한 만남이 있었다. 페더러는 카터의 부모와 만나 카터에 관해 이야기를 나누었다. 그 때 밥이 페더러에게 이렇게 말했다. "로저 이 친구야, 자네가 할 수 있는 최선을 다하게. 피터는 자네가 최고라고 생각했었네. 자네가 아주 특별한 선수가 될 거라 생각했었다고." 매년 호주 오픈이 열릴 때면 페더러는 카터의 부모를 게스트로 초대한다. 밥 카터에 의하면 비행기표, 호텔, 차량을 비롯한 모든 비용을 페더러가 부담한다. 카터의 부모는 페더러의 선수관계자석에서 그의 경기를 관전한다. 그리고 경기가 없을 때면 같이 옛일을 떠올리며 회상에 잠긴다.

2014년부터 2년 간 페더러의 코치였던 스테판 에드베리Stefan Edberg는 현역 시절, 가장 격앙된 상황에서도 냉정한 태도를 잃지 않는 것으로 유명했다. 그는 테니스 선수의 '마음을 훈련'시키는 것이 종종 필요하다고 믿었다. "코트에서의 태도를 바꾸는 것은 시간이 걸립니다. 로저는 코트에서 감정을 드러내곤 했지만 침착해지기 위해 스스로 훈련했습니다. 나이가 들수록 테니스가 수많은 요소로 이루어진 복잡한 운동임을 알게 되고, 마인트 컨트롤의 중요성도 깨닫게 됩니다."

이제는 페더러의 감정 조절이 워낙 뛰어나기 때문에 그에게 '미친 마니아'라고 불리던 시절이 있었다는 것은 상상하기 힘들다. "과거의 로저는 분명 멘탈에 문제가 있었지만 이제는 압박감에 훌륭하게 대처하게 되었어요. 어떤 샷들은 정말로 경이로울 지경입니다. 그런 심한 압박감 속에서 나오는 게 신기할 정도이지요. 하지만 페더러는 계속해서 그런 샷을 만들어 냅니다. 그게 바로 로저 페더러입니다. 그는 아마도 테니스 역사상 가장 뛰어난 재능을 지닌 선수일 겁니다. 그리고 그는 자신의 재능을 끊임없이 증명해 왔고요. 하지만 그 재능을 제대로 발휘하기 위해서 마인드 컨트롤에 엄청난 노력을 기울였고, 그 결과 정신적으로 훨씬 더 강해졌습니다." 전 윔블던 챔피언인 고란 이바니세비치Goran Ivanišević의 말이다.

최근 존 매켄로는 페더러를 가리켜 '극도로 평온한 상태'에 있다고 했고, 지미 코너스Jimmy Connors는 '맥박이 뛰고 있는지' 의심스러울 때가 있다고 말했다. 윔블던 결승전이 시작되기 5분 전 라커룸에 들어간 앤디 로딕Andy Roddick은 시즌이 끝나고 연습 경기를 준비할 때처럼 침착한 모습의 페더러를 볼 수 있었다. 센터코트에 들어가서도 감정 조절은 계속되었다. 지는 경우에도 페더러는 빠른 속도로 패배를 받아들인다. 전 테니스선수이자 현재 방송인으로 활약하고 있는 메리 카릴로Mary Carillo는 페더러를 가리켜 '병적으로 낙관적'이라고 했다. 페더러의 전 코치였던 호세 히구에라스José Higueras도 같은 의견이었다. "정말 인상 깊었던 점은 지고 난 다음 패배감에서 빠르게 벗어나는 능력이었습니다. 2008년 프랑스 오픈 결승전에서 나달을 상대로 겨우 네 게임밖에 따내지 못했을 때, 로저보다 제가 더 화가 났었던 것 같아요. 그 해 윔블던 결승에서조차 나달에게 졌을 때는 로저가 너무나 안쓰러웠지요. 그 해 여름 로저는 최고의 기량일 때 나달에게 패배했지만 좌절하지 않았습니다. 결국 그 해 US 오픈에서 우승했죠."

그렇게 페더러는 누구보다도 점잖은 테니스 선수가 되었고, 비외른 보리 이후 가장 침착하면서도 냉정한 선수의 표본이 되었다. 그러나 페더러가 불 같은 존재에서 얼음과 같은 존재로 바뀌었다고 해도 아무런 감정없이 멍한 상태로 테니스를 치는 것은 아니다. 그의 영혼은 소진되지 않았다. 지나치게 단순화하거나 미화해서도 안된다. 페더러는 그렇게 간단히 설명하기에는 너무나도 복잡하고 흥미로운 존재다. 그는 감정적인 면을 모두 배제시킨게 아니라 감정을 조절할 수 있도록 스스로를 훈련시켰다. 분노는 여전히 존재하지만 아주 깊은 곳에 묻어 버린 것이다.

우리는 페더러에게도 감정이라는 것이 있고, 다른 사람들처럼 그 역시 경기를 할 때 심리적인 도전에 직면한다는 사실을 기억할 필요가 있다. 때때로 코트에서 그가 눈물을

▶ 페더러가 경기 도중에 감정을 드러내는 경우는 이제 거의 볼 수 없다.

모짜르트 대(對) 메탈리카

보일 때나 '훔 옛츠트Chum jetz' (독일어), '컴온C'mon'(영어) 또는 '알레Allez'(프랑스어)와 같이 다양한 언어로 스스로를 격려할 때 그의 감정을 엿볼 수 있고, 코트 밖에서는 호텔 방 베개에 머리를 찧으며 감정을 표출하기도 한다. 그리고 '도쿄 악몽'의 밤도 빼놓을 수 없다. 이는 페더러의 테니스 인생에서 가장 끔찍했던 경험 중 하나였는데, 일본의 한 호텔에서 자다 깬 페더러는 두려움에 떨면서 동시에 혼란스러운 상태였다. "아마 악몽을 꾸었었나 봅니다. 침대에서 뛰어 내려와 쇼크 상태로 비명을 질렀어요. 제가 어디에 있는 건지도 모르는 채 뛰어 다니다가 딱딱하고 날카로운 침대 모서리에 부딪혔어요. 다행히 미르카Mirka가 곁에 있었습니다. 제가 내는 소리를 듣고 잠에서 깬 거였죠. 미르카는 저를 붙잡고는 진정하라고 말했어요." 페더러가 말했다. "미르카가 그 자리에 없었다면 무슨 일이 벌어졌을지 모르겠습니다. 그 순간엔 정말 무서웠어요. 처음 있는 일이었거든요. 그런 일이 다시는 벌어지지 않기를 바랄 뿐입니다."

당시 연인이었고, 현재는 그의 아내이자 아이들의 엄마인 미르카는 그날 밤 악몽의 원인에 대해서 페더러와 다른 의견을 내놓았다. 페더러는 악몽을 꾼 이유가 그날 저녁 식사 때 사케 폭탄주를 마셨기 때문이라고 생각했던 반면, 미르카는 페더러가 테니스를 너무 많이 쳐서 심신이 안정되지 않았었기 때문이라고 믿었다. 미르카 쪽의 주장이 페더러의 일본식 칵테일 주장보다는 더 신빙성이 있어 보인다. 이 에피소드는 현대 테니스 선수들이 받고 있는 심리적 중압감을 잘 보여주는 사례이다. 새벽 2시에 도쿄에서 일어난 이 사건은 페더러가 역대 어떤 테니스 선수보다도 천하무적으로 군림했던 그의 전성기인 2004년에서 2007년 사이에 벌어졌다. 그렇게 뛰어난 성적을 거두고 있음에도 불구하고 그에 대한 기대치는 점점 더 커져만 갔고, 페더러는 사람들의 그런 기대치를 '괴물'이라고 부르게 되었다. 페더러가 이 괴물을 길들이는데 성공한 건 정말 놀라운 일이다.

그렇지만 페더러의 오랜 라이벌들은 그가 다른 사람들과 마찬가지로 감정이 있고 전투적인 경쟁심도 지니고 있다는 사실을 상기시켜 준다. 그는 춤을 출 수도 있지만 싸울 수도 있다. "페더러가 싸움꾼이 아니라고 해서 그런 마인드가 전혀 없다고 생각하면 오산입니다. 불타는 갈망 없이는 그렇게 많은 그랜드슬램에서 우승할 수 없습니다." 앤디 로딕이 말했다.

지난 10여년간의 그랜드슬램 시상식 사진을 보면, 페더러는 오히려 가장 감정적인 선수처럼 보일 수도 있다. 페더러는 영화관이나 극장에서 울기도 하지만 – 실제로 그는 2015년 US 오픈 기간 동안 가족과 함께 '네버랜드를 찾아서'라는 브로드웨이 쇼를 보면서 눈물을 흘렸다 – 테니스야말로 그를 가장 감정적으로 전율케 한다. 그랜드슬램에서 처음으로 우승한 다음날, 페더러는 윔블던 빌리지에 렌트한 집에서 아침식사를 하며 신문

▲ 윔블던 첫 우승 직후의 페더러. 승리 후에는 무척 감정적인 모습을 보여 주기도 한다.

을 보고 있었다. 그는 영국 신문들을 훑으면서 자신이 금색 트로피를 들고 있는 사진보다 눈물을 흘리고 있는 사진을 더 많이 보았다. 페더러가 바젤로 돌아와서 어린 시절 코치였던 마들렌 베를로허를 우연히 만났을 때 그녀는 이렇게 말했다. "너는 경기에 지면 울곤 했는데, 이제는 이기고 나면 우는구나." 그날 오후 센터코트에서 흘렸던 눈물은 그가 결코 원한 것이 아니었다. 그 역시 텔레비전을 지켜보고 있는 수백만 명이 어떻게 생각할 지 잘 알고 있었다. 하지만 그도 어쩔 수 없어서 우는 것일 뿐이다. 행복의 눈물일 수도 있지만, 그동안의 노력이 보상받았다는 안도의 눈물이기도 한 것이다.

2006년 호주 오픈 우승 시상식에서 테니스 전설 로드 레이버 Rod Laver가 트로피를 수여했을 때에도 페더러는 감정이 격해져 눈물을 보였다. 2009년 호주 오픈 결승에서 라파엘 나달에게 졌을 때와 같이 패배를 당한 경우에 눈물을 흘리기도 했다. 로드레이버 아레나 Rod Laver Arena(호주 오픈 주경기장 – 옮긴이)에서 거행된 시상식에서 소감을 말하던 중 말을 잇지 못했고, 나달의 위로를 받으면서 관중들에게 고백했다. '아, 너무 힘드네요.(God, it's killing me)' 2014년 윔블던 챔피언십 결승에서 노박 조코비치에게 패했을 때에도 페더러의 뺨엔 한 줄기 눈물이 흘러내렸다.

페더러는 시합이 끝나고 난 후에는 감정을 드러내는 것을 주저하지 않지만, 경기가 진행 중일 때에는 완벽하게 자신의 감정을 제어할 수 있는 능력을 가지고 있다. 감정이 자신을 조종하도록 내버려 두지 않는 것이다. 페더러가 앤디 머레이처럼 손가락 마디에 피가 맺힐 때까지 라켓에 주먹질을 하는 일은 결코 없을 것이다. 머레이나 조코비치가 하듯이 선수관계자석을 향해 고함을 치지도 않을 것이다. 페더러의 옛 모습이 다시 수면 위로 나오는 경우는 극히 드물다. 그런데 그 드문 경우가 2009년 마이애미 마스터스 준결승 조코비치와의 경기 중에 나왔다. 페더러는 라켓을 하드코트 바닥에 힘껏 내리친 다음, 부서진 라켓을 자기 의자 쪽으로 휙 던져 버렸다. 테니스 선수들이 라켓을 부수는 것은 흔한 일이고 그다지 특별할 것도 없다. 하지만 이 부서진 라켓은 세계적인 뉴스거리가 되었다.

모짜르트 대(對) 메탈리카 69

3
리틀 피트

"낮은 공이든 높은 공이든 가리지 않아요. 스핀이나 플랫도 자유자재로 구사합니다. 그의 포핸드가 그렇게 위력적인 이유는 코트 어디에서나 위너를 칠 수 있기 때문입니다. 이만하면 안전하겠다고 느낄 수 있는 곳이 없어요."

"**로**저가 포핸드를 제대로 치면 상대 선수는 숨을 쉴 수가 없습니다. 한 박자 빠르게 계속해서 날려대니 도저히 따라갈 틈이 없어요. 포핸드로 쉴 새 없이 밀어붙입니다. 멈추질 않아요." 리샤르 가스케는 말했다. 피트 샘프러스는 페더러의 포핸드를 '지난 10년 간 테니스에서 볼 수 있었던 최고의 샷'이라 평하며, 다음과 같이 덧붙였다. "로저가 승기를 잡으면 그의 포핸드는 더욱 더 강해집니다. 빠른 속도로 스핀을 넣어서 강하게 치니까요. 물론 원하면 플랫으로 칠 수도 있습니다. 당연한 말이겠지만 로저는 포핸드에 굉장한 자신감을 가지고 있어요. 항상 뛰어난 테크닉을 가지고 있었지만 지속적인 개선을 통해 정말로 훌륭한 샷을 만들어낸 겁니다."

페더러의 포핸드에서 나는 소리는 무척 독특하다. 힘과 스핀이 결합해서 누구의 포핸드와도 다른 소리가 나는 것이다. 또한 다양하다는 특징도 빼놓을 수 없다. 비디오 분석가인 존 얀델은 페더러가 최소한 27개의 다른 포핸드를 구사한다는 것을 발견했다. 다른 어떤 선수보다도 훨씬 다양한 샷을 치는 것이다. 토니 나달은 페더러의 포핸드가 '세계 최고'라 확신한다. 자기 조카의 포핸드보다 더 훌륭하다고 생각하는 것이다. "로저의 포핸드 컨트롤 능력은 정말 탁월합니다. 낮은 공이든 높은 공이든 가리지 않아요. 스핀이나 플랫도 자유자재로 구사합니다. 그의 포핸드가 그렇게 위력적인 이유는 코트 어디에서나 위너를 칠 수 있기 때문입니다. 이만하면 안전하겠다고 느낄 수 있는 곳이 없어요."

하지만 이렇게 다양한 샷이 페더러에게 항상 도움이 되었던 것만은 아니다. 신인 시절에는 어떤 샷을 선택해야 할지 갈피를 못 잡기도 했다. 한정된 샷을 가진 선수들은 상황에 따라 어떤 샷을 구사할지가 확고한 반면, 페더러의 경우에는 선택의 폭이 너무나 넓었기 때문에 결정이 어려웠다. 느린 공이 네트 너머로 날아올 때면 그의 머리 속에는 잠재적으로 칠 수 있는 샷들이 하나둘씩 스쳐가는 것이다. "제가 칠 수 있는 샷이 다양하다

▶ 피트 샘프러스는 페더러가 '사악한 포핸드'를 친다고 했다.

는 게 문제였어요. 느린 공이 날아오면 '이걸 어떻게 받을까'하고 고민하는 거죠. 한정된 샷으로 경기를 하는 경우에는 상황에 따른 샷이 이미 정해져 있으니 그냥 치기면 하면 됩니다. 하지만 제 경우에는 옵션이 많았던 게 오히려 문제였어요. 상황에 맞는 샷과 또 그에 걸맞는 전술을 선택하는 법을 배워야만 했거든요." 존 매켄로가 언급했듯이 페더러에게는 너무나 많은 선택 상황이 오히려 혼란을 초래했던 것이다. 페더러에게 필요했던 것은 게임의 질서와 짜임새, 그리고 리듬이었다. 그가 서브를 할 때 일정한 패턴이 존재하듯이 그의 경기는 모든 부분이 패턴화되어 있다.

애널리스트 크레이그 오세너시의 분석에 따르면 페더러가 백핸드를 칠 상황에서 포핸드로 돌려 치는 데에는 세 가지 이유가 있다. "첫 번째는 공의 속도입니다. 더 빠른 공을 보내서 상대방을 심리적으로 위축시키는 거죠. 이건 마치 '권총을 내려 놓고 소총을 잡는 것'이라 할 수 있어요. 두 번째 이유는 타겟 구간이 넓어진다는 점입니다. 포핸드로 돌아서면 코트를 넓게 쓸 수 있어서 공을 보낼 곳이 많아지는 거죠. 세 번째는 완벽한 위장이 가능하기 때문입니다. 로저가 백핸드에서 돌려 치는 포핸드를 프레임 단위로 분석해보면, 상대 선수는 공의 방향에 대해 갈피를 잡지 못한 채 스플릿 스텝을 밟고 있는 걸 볼 수 있습니다. 페더러의 라켓이 공에 닿는 순간까지도 모르는 거죠. 결국 상대방의 반응 시간이 줄어드는 겁니다."

오세너시는 대부분의 테니스 선수들이 오픈 코트에 대한 환상에 빠진다고 주장한다. 계속해서 빈 공간에 가능한 빨리 공을 보내려고 하지만, 상대방이 이를 커버할 수 있을 거라는 생각은 하지 못한다. 반대로 페더러는 상대 선수의 뒤쪽을 공략하는 걸 즐긴다. 상대방을 불안정한 상태로 만드는 전략인 것이다. "로저의 테니스를 여러 해 동안, 특히 슬로 모션으로 분석해 보면, 그가 상대 선수의 뒤쪽으로 공을 치는 걸 많이 보게 됩니다. 코트가 열린 것처럼 보이더라도 대개의 경우

◀ 페더러가 당시 코치였던
피터 룬드그렌이 지켜보는
가운데 포핸드를 연습하고 있다.

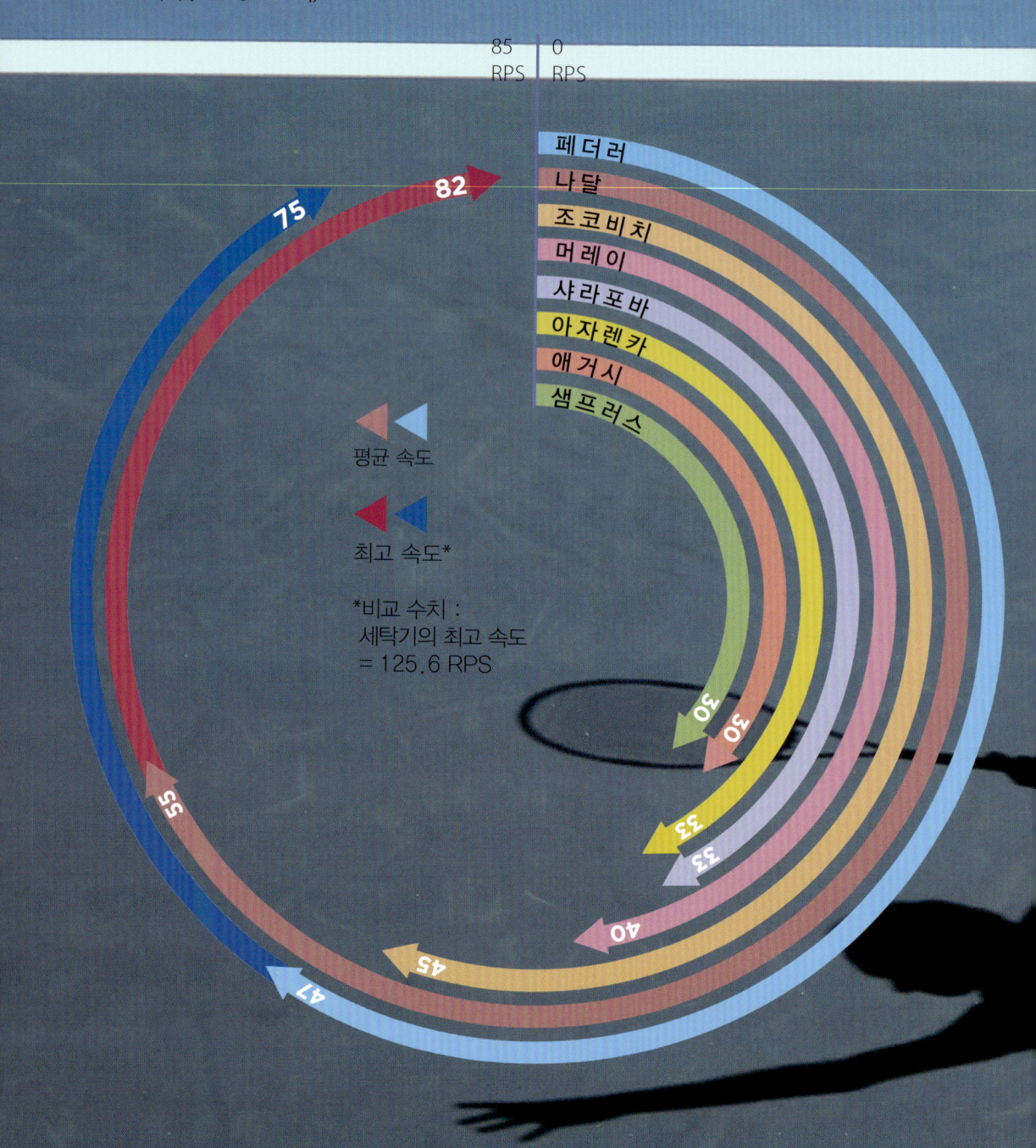

젊고, 광적이며, 거칠다. 게다가 꽁지머리까지 하고 있다. 이는 바젤의 허름한 술집에서(만약 그런 곳이 바젤에 있다면) 자주 볼 수 있는 단골 손님을 묘사하는 것이 아니다. 그것은 2001년 윔블던 챔피언십에서 방년 19세였던 로저 페더러의 모습이다.

공이 날아오는 데 1초 이상 걸리기 때문에 상대방은 충분히 그 공을 받아칠 수 있습니다. 로저의 접근 방식은 다릅니다. 상대 선수는 로저가 공을 치는 지점에서 아주 가까운 곳에 자리 잡고 있을 수 있지만, 본인의 뒤쪽에 떨어지는 공을 받기 위해서는 일단 멈췄다가 몇 걸음 이동한 다음, 다시 자세를 잡고 팔과 다리가 준비 동작에 들어가야 하는데, 이게 결코 쉽지 않은 일이죠."

페더러는 보통 처음 두세 번, 때로는 그 이상의 샷을 상대방의 뒤쪽으로 보내면서 코트 반대편에 커다란 구멍을 만드는데, 이 구멍은 결코 환상이 아니다. "페더러가 자신의 포핸드로 상대방의 포핸드 쪽을 공격하는 경우도 종종 있는데, 대개 별 소득이 없습니다. 그의 포핸드는 대개 상대 선수의 백핸드로 향하게 되고, 반대편에 생기는 구멍으로 포핸드 위너를 날리는 거죠." 오세너시가 말했다. 페더러는 종종 상대 선수를 '백핸드 우리' 속에 가두어 버리는 전략을 사용한다. "로저가 상대의 백핸드 쪽으로 포핸드를 네다섯 개 연속으로 치면 그걸 백핸드로 받아칠 수 있는 선수가 몇이나 있겠습니까? 그건 마치 '우리에 가둬서 나오지 못하게 하겠다'는 메시지를 상대방에게 보내는 겁니다."

가스케가 말했듯이 페더러의 포핸드는 끊임없이 폭격을 가한다.

●

젊고, 광적이며, 거칠다. 게다가 꽁지머리까지 하고 있다. 이는 바젤의 허름한 술집에서(만약 그런 곳이 바젤에 있다면) 자주 볼 수 있는 단골 손님을 묘사하는 것이 아니다. 그것은 2001년 윔블던 챔피언십에서 방년 19세의 로저 페더러가 미래의 챔피언으로 자리매김을 하던 때의 모습이다. 그는 상대 선수에 대해 엄청난 경외심을 가지고 있었다. 샘프러스는 당시 전대미문의 윔블던 7회 우승을 달성했을 뿐만 아니라, 올잉글랜드클럽에서 31연승의 기록을 세우고 있던 중이었다. "대진표가 나왔을 때 '맙소사, 16강에서 피트 [샘프러스]와 만날 수도 있겠네'라는 생각이 들었습니다. 약간 스트레스를 받았죠. 하지만 그건 기분 좋은 스트레스였어요. 센터코트에서의 첫 경기였고, 저의 영웅과 맞붙게 된 거죠." 페더러는 말했다.

테니스 호사가들이 모인 곳에서는 다른 세대를 대표하는 레전드급의 선수들끼리 경기를 하면 어떤 결과가 나올지에 대한 토론이 끊이지 않는다. 비록 전성기 때의 만남은 아니었지만, 페더러와 샘프러스는 실제로 경기를 가졌기 때문에 궁금증은 사라진다.

포핸드와 백핸드

페더러의 포핸드 위너와 백핸드 위너 중 어떤 것이 더 많은가?
그리고 범실이 더 많은 것은?

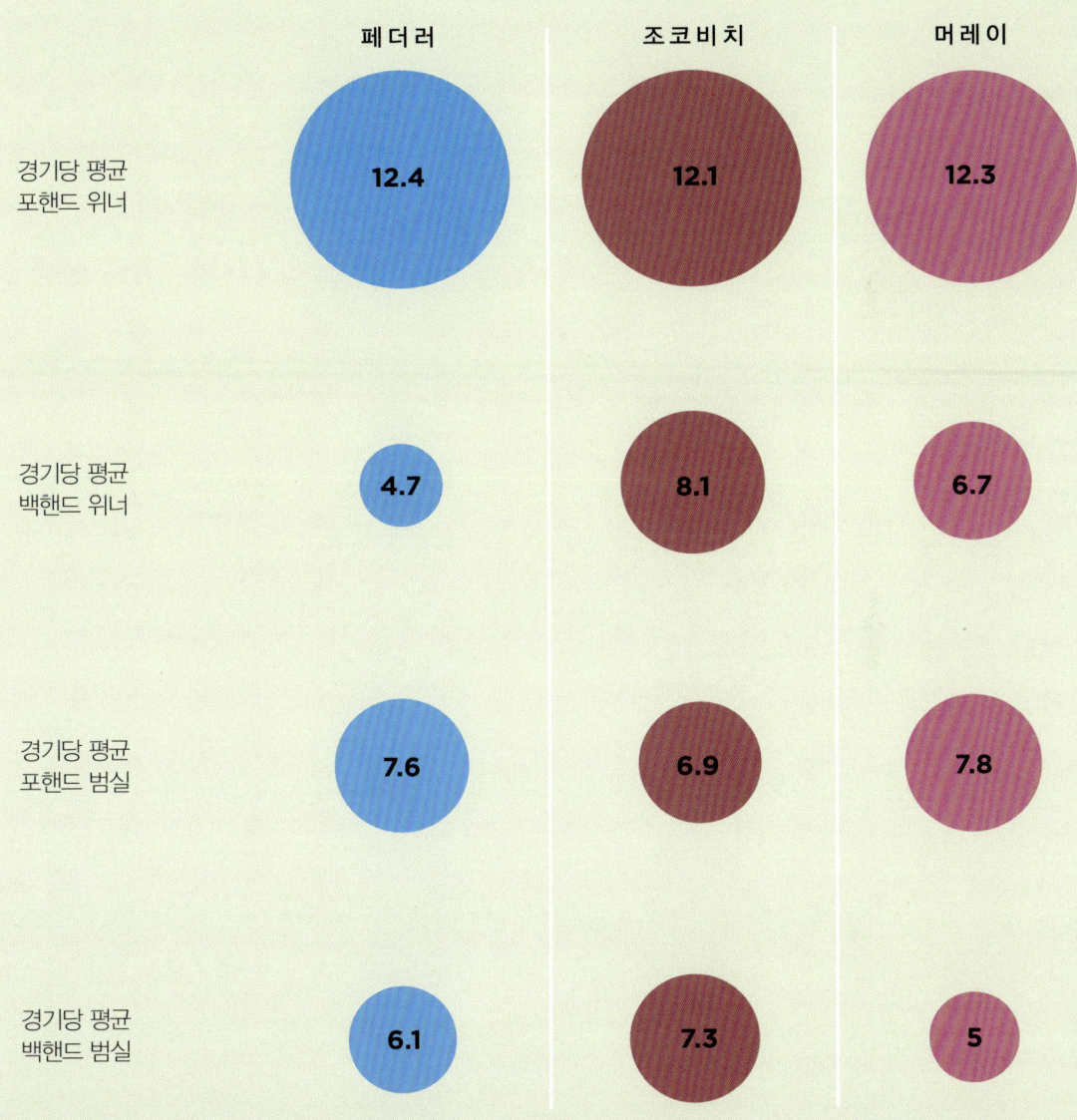

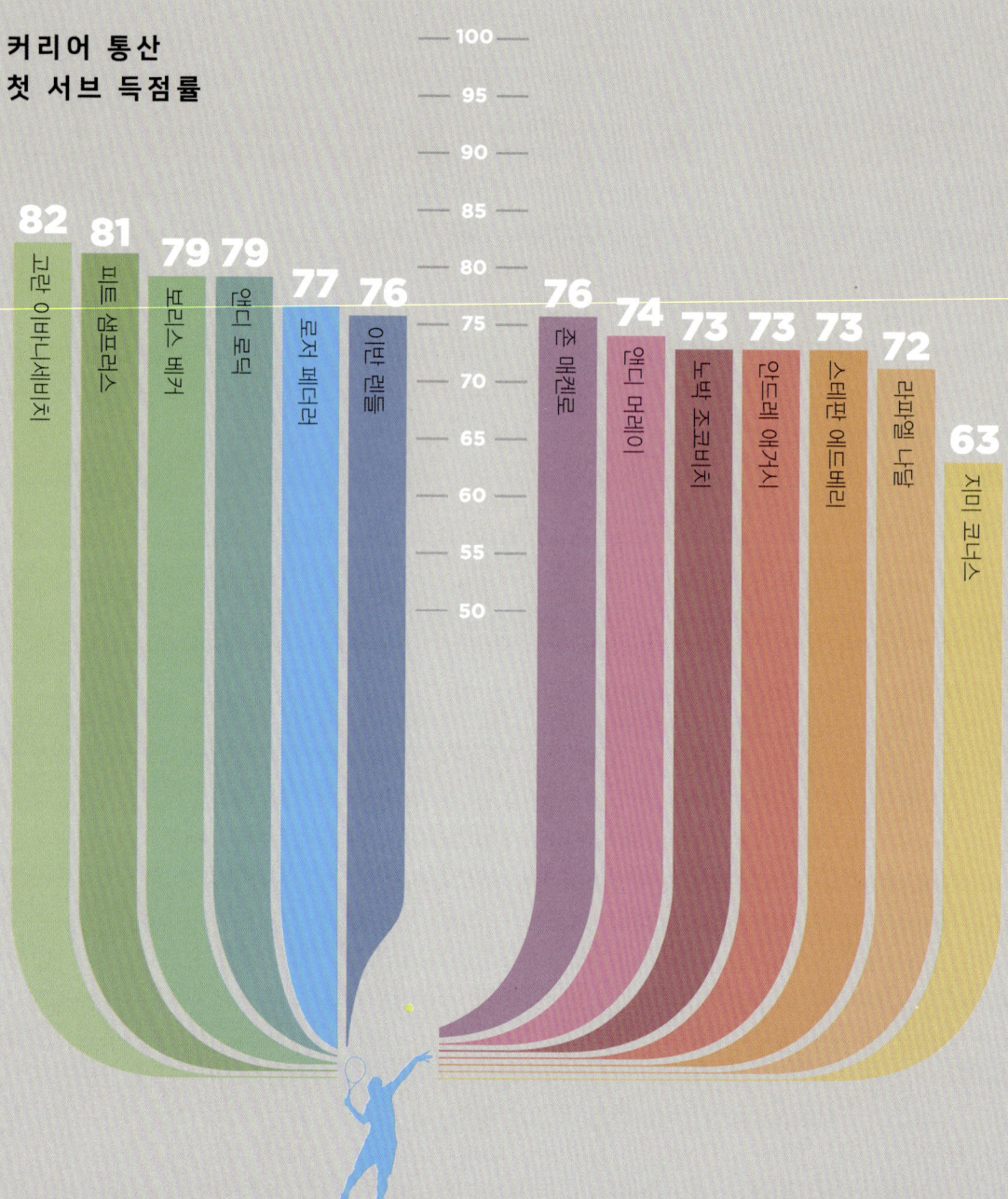

▶ 페더러와 샘프러스는 2001년 윔블던 챔피언십 16강전에서 단 한차례 맞붙었다.

샘프러스는 2001년 이후로도 그랜드슬램 타이틀을 획득했지만 – 그는 그 다음 해 (2002년) US 오픈 우승으로 당시 최고의 기록인 그랜드슬램 14회 우승을 달성했다 – 자신의 최고 기량이던 시절은 아니었고, 페더러 역시 미완의 상태였다. 페더러의 또 다른 우상이었던 보리스 베커가 그날 방송 부스에 있었는데, 그가 해설을 맡았던 이 경기는 그랜드슬램 역사에서 가장 자주 분석된 16강전 경기였다. "부스에 앉아 정말 가까이서 시합을 봤습니다. 페더러의 경기를 본 건 처음이었는데, 정말 감탄을 그칠 수가 없었어요." 베커가 말했다.

주니어 선수 시절 페더러는 '리틀 피트'라는 별명으로 불리곤 했다. 둘 다 훌륭한 서브와 파괴적인 포핸드를 가지고 있었지만, 페더러의 테니스가 보다 다차원적이기 때문에 두 선수 간의 직접적인 비교는 어렵다. 페더러와의 경기에서 패배한 후 샘프러스는 더 이상 윔블던에서 우승하지 못했다. 그는 그날 센터코트에서의 경기를 '로저 시대의 개막'이라고 했다. "저는 그날 로저가 위대한 선수로의 길목에 서 있다는 느낌을 받았습니다." 샘프러스가 말했다. "제 입장에서는 실망스러운 결과였지만, 로저는 이길 자격이 충분했어요. 이미 모든 샷을 다 갖추고 있었고, 그 샷들을 잘 조합하기만 하면 됐던 거죠. 돌이켜 보면 그 경기는 마치 '왕위 계승식' 같은 것이었다고 생각됩니다. 로저가 자신의 게임을 풀어 나가는 방법을 깨닫고, 더욱 뛰어난 선수로 거듭나기에는 한두 해가 더 걸렸지만요. 로저가 저를 상대로 거둔 승리는 마치 전조(前兆)와도 같았습니다. 그의 샷을 모두 볼 수 있었어요. 서브도 잘하고, 움직임도 좋고, 모든 면에서 흠잡을 데가 없었죠. 하지만 그의 테니스가 어디까지 발전할 수 있을지는 아무도 알 수 없었습니다. 자신의 경기 방식이 완전히 자리 잡고, 세계 최고의 선수가 되는 데에는 그로부터 시간이 좀 걸렸습니다. 정신력과 체력이 관건이었죠. 이 두 가지가 해결되자 거칠 것이 없었습니다." 샘프러스와의 5세트 경기 승리로 페더러는 처음 윔블던 8강에 올랐지만, 영국의 팀 헨만에게 패했다. 여기에는 부상도 한 가지 원인이긴 했다.

샘프러스는 은퇴 후 페더러와 더욱 가까워졌다. 그들은 문자를 주고 받는 사이였고, 페더러가 2006년 US 오픈에서 우승했을 때에는 샘프러스로부터 축하 전화를 받기도 했다. 다음 해 봄 캘리포니아의 하드코트 대회인 인디안 웰스 마스터스를 앞두고 페더러는 샘프러스에게 같이 연습하자고 했다. 샘프러스는 이 제안에 기꺼이 응했고, 둘은 샘프러스의 집에 있는 코트에서 만났다. "몇 시간 같이 공을 쳤고, 게임도 하고, 실전 훈련도 좀 했습니다. 그리고 세대 간의 차이에 대해서도 이야기했죠." 샘프러스가 말했다. 하지만 그 둘 사이가 정말 가까워진 건 2007 시즌이 끝나고 아시아 미니 투어를 할 때였다.(페더러와 샘프러스는 2007년 서울과 동남아시아 등에서 이벤트 경기를 벌였다 – 옮긴이) 투어 초반 어느 날 저녁, 페더러는 샘프러스에게 '같이 나가서 저녁 먹고 놀다 오자'고 했다. 그 때부터 그 둘 사이에 진정한 우정이 싹텄다고 샘프러스는 기억한다. "그 전까지만 해도 저는 로저를 잘 몰랐습니다. 첫날은 우리 둘 다 조금 서먹해서 어떻게 행동해야 할지 잘 몰랐던 것 같아요. 하지만 그 단계를 넘기고 나서부터는 정말 좋았습니다. 서로 비슷한 점이 꽤 많았거든요."

그렇지만 두 사람의 성격이 아주 비슷한 것은 아니었다. "로저는 조금 장난꾸러기 같습니다. 많은 사람들은 로저의 그런 면을 잘 몰라요. 코트에서는 굉장히 진지하고, 시합 때의 표정이 남아있는 채로 TV스튜디오나 기자 회견장으로 갑니다. 하지만 카메라와 마이크가 꺼지고 나면 정말 유쾌한 모습으로 바뀌죠. 짓궂은 장난도 잘 치고, 웃는 걸 좋아해요. 같이 있으면 편하고 어떤 면으로 보나 좋은 사람입니다. 아시아 투어를 같이 할 때, 전 그가 마치 고등학생 같이 행동한다고 느꼈어요. 약간 민망한 말이긴 한데, 로저는 다가 와서 귀에 대고 바람을 훅 불거나 소리를 지르기도 해요. 좀 실없는 이야기인 것 같지만 그가 얼마나 밝고 유쾌하며 겸손한 태도를 가지고 있는지 알 수 있을 겁니다. 정말 좋은 친구죠."

이 우정은 페더러에게도 무척 소중하다. 테니스에 대한 페더러의 생각, 그가 느낄 수 있는 감정이나 경험을 샘프러스만큼 잘 이해할 수 있는 사람이 있을까? 페더러 이전에 가장 많은 그랜드슬램 단식 우승 기록을 보유했었고, 세계 랭킹 1위 자리를 가장 오랫동안 유지했던 선수가 바로 샘프러스였다. 게다가 두 선수 모두 폴 아나콘Paul Annacone을 코치로 기용했었다는 공통점도 있다. 그 후 또 다른 기회에 로스앤젤레스에 갔을 때 페더러와 샘프러스는 함께 저녁 식사를 한 후 LA 레이커스LA Lakers의 경기를 보러 갔다. "그냥 남자 둘이 농구 경기를 같이 보러 간 거였어요. 테니스에서 잠깐 벗어나 보는 것도 로저에게 도움이 될 거라고 생각했거든요." 샘프러스가 말했다. 둘 사이에 어색한 기운이 돌았

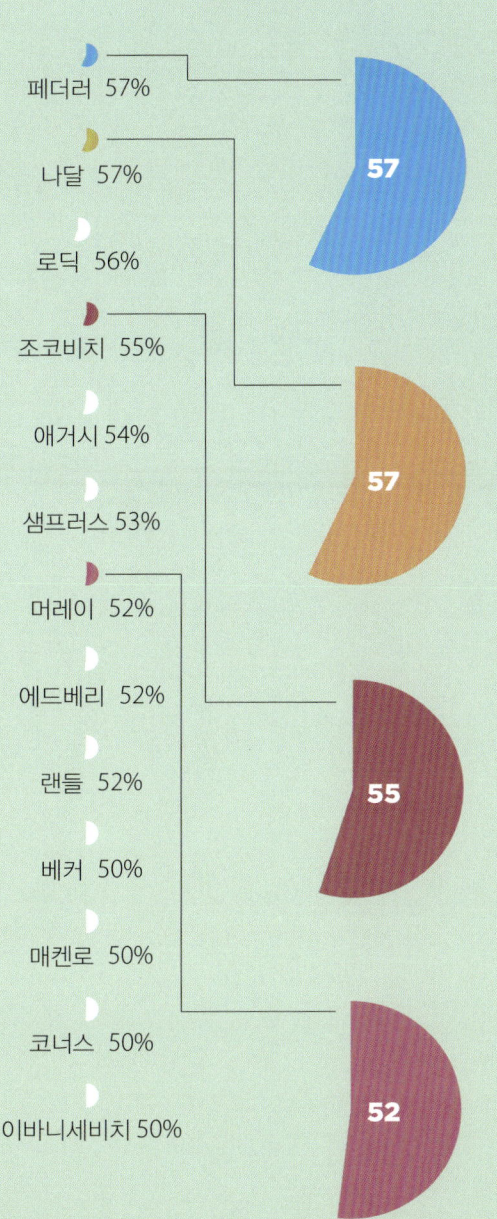
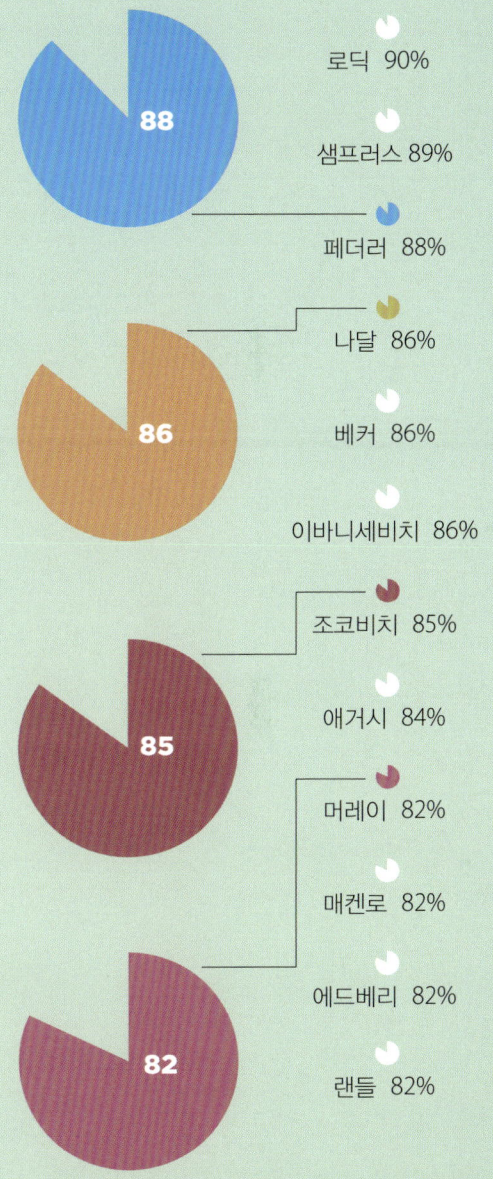

타이브레이크

페더러는 아서 애쉬에 이어 ATP 역사상
두 번째로 높은 타이브레이크 승률을 보유하고 있다.

64.8

63.1

62.8

61.6

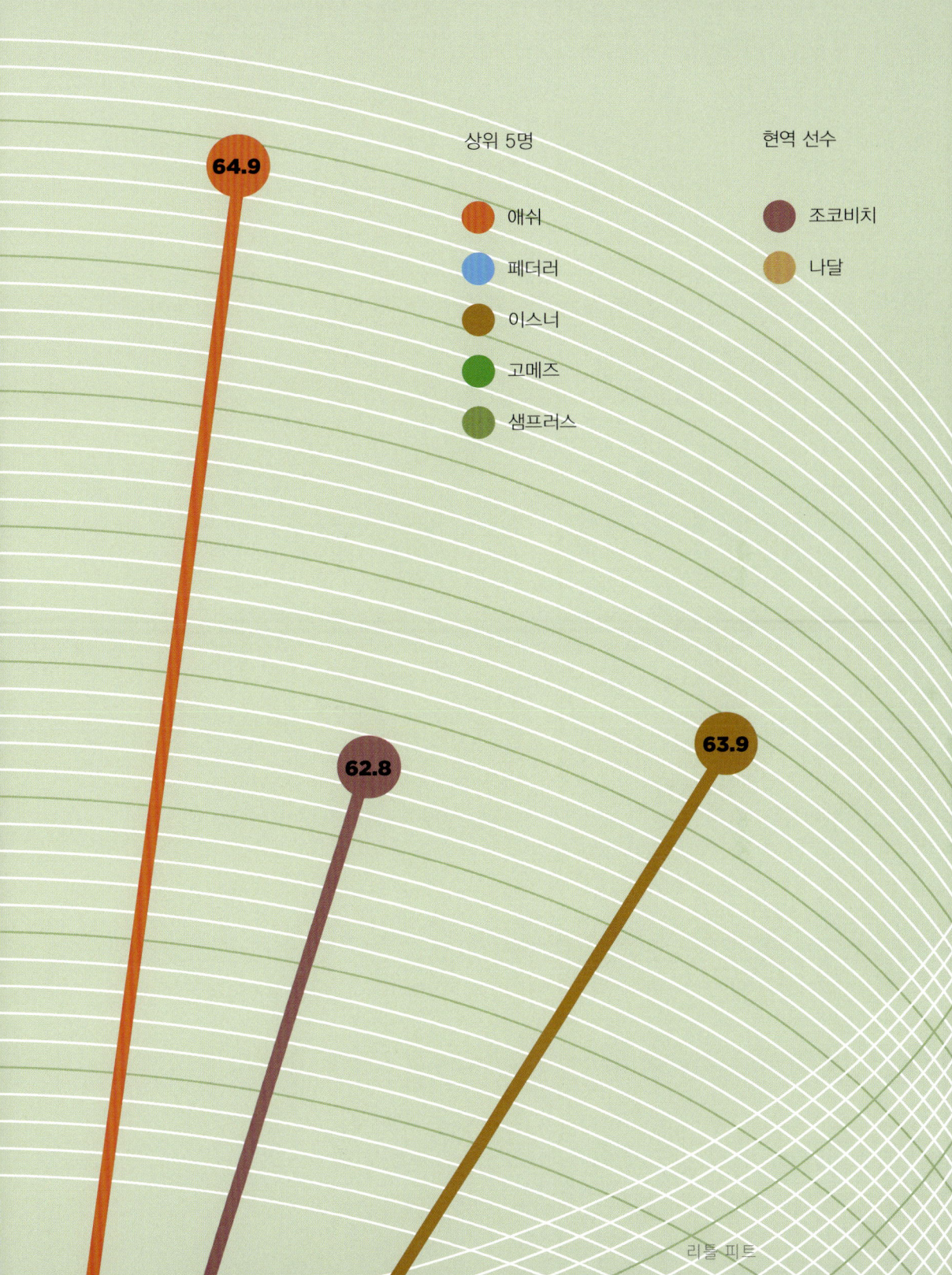

▲ 샘프러스는 페더러에게 패배했던 그 경기를 '로저 시대의 개막'이었다고 본다.

던 유일한 때는 샘프러스가 누가 역사상 가장 위대한 테니스 선수인가 하는 주제를 꺼냈을 때였다. "로저는 그 대화 내내 몹시 불편해 했어요. 자신이 얼마나 훌륭한 선수인지 이야기하는게 편하지 않았던 거죠."

페더러의 샘프러스에 대한 예찬도 만만치 않다. 그리고 이건 언론에 하는 사탕발림이 아니다. 페더러는 샘프러스와 함께 코트에 있을 때 인기스타에 반한 팬의 마음이었다고 고백한 적이 있다. "피트와 연습할 때면 저는 아직도 그의 존재감과 그가 이룬 성취, 그리고 그가 저에게 지니는 의미를 떨칠 수가 없습니다. 그의 게임에 최면이 걸린 것 같아요. 연습 코트에서 함께 하는 것만으로도 제게는 너무나 특별한 시간입니다. 그래서 공에

▲ 페더러가 샘프러스와의 경기에서 승리한 후 관중들을 향해 손키스를 보내고 있다.

만 집중하기가 어려울 때도 있어요. 피트와 같이 공을 치고 있다니! 이건 마치 꿈처럼 느껴집니다. 그의 게임과 그가 치는 공에는 다른 선수들과 연습할 때와는 다른 뭔가 특별한 게 있어요. 같이 연습하는 시간은 정말 믿을 수 없을 정도로 행복합니다." 페더러의 그런 고백을 전해 들은 샘프러스도 무척 흥분해서 화답했다. "정말 기분 좋군요. 전 단지 제 공이나 제대로 치면서 그가 훈련하는데 도움이 되길 바랐을 뿐이었거든요."

4
속삭이는 듯한 움직임

페더러가 최고 수준의 경기력을 보일 때에는
마치 '공중에서 떠다니거나 코트 위를 활공'하는 것 같다고
느끼는 건 전 세계 랭킹 1위였던 짐 쿠리어만이 아니다.

로저 페더러는 테니스 선수 중에서 가장 조용한 발을 가지고 있다. 그가 코트에서 움직이는 소리는 거의 정적에 가깝다. 페더러의 가벼운 움직임을 감상하려면 TV의 볼륨을 최대로 높이고, 눈을 감은 상태로 페더러 쪽 코트의 소리에 집중해보라. 잔디나 클레이코트에서는 다른 선수들의 발소리도 그다지 크지 않기 때문에 큰 차이를 느끼지 못할 수도 있다. 하지만 상대 선수가 베이스 라인을 따라 쿵쿵거리며 뛰어다니고, 끼익거리는 소리를 내는 하드코트에서는 그 차이가 극명해진다. 페더러의 우아하고 예술적인 발놀림에는 감탄을 그칠 수 없지만, 동시에 그가 자신의 발 사이즈보다 큰 치수의 신발을 신는다는 사실은 우리를 놀라게 한다. 그는 발에 테이핑을 하고 양말을 두 켤레 겹쳐 신기 때문에 추가적인 공간이 필요하다. 꼭 맞는 운동화라면 불편할 수 밖에 없을 것이다.

페더러가 최고 수준의 경기력을 보일 때는 마치 '공중에서 떠다니거나 코트 위를 활공'하는 것 같다고 느끼는 건 전 세계 랭킹 1위였던 짐 쿠리어Jim Courier만이 아니다. 코치로서 뿐만 아니라 낙하산부대원으로도 일했던 경험이 있는 닉 볼리티에리는 페더러가 '속삭이듯 움직인다'고 표현했고, 존 매켄로는 페더러를 저명한 발레리노 미하일 바르시니코프Mikhail Baryshnikov에 비유하기도 했다. 크로아티아 출신의 선수였던 이반 루비치치Ivan Ljubičić(페더러의 2017시즌 현 코치 - 옮긴이)는 2015년 윔블던 챔피언십 경기를 본 후 〈뉴욕 타임스〉에 "아! 로저가 또 발레를 하는구나!"라고 썼다. 풋워크 전문가인 데이비드 베일리David Bailey는 테니스 선수의 움직임을 열다섯 가지 동작으로 분류했는데, 페더러를 제외하면 이들 동작을 모두 사용하는 선수는 찾아보기 힘들다고 한다. "로저의 움직임은 가르치기 힘들고 따라 하기도 힘들지만, 보기에는 정말 아름답습니다." 베일리가 말했다.

2015년 시즌이 시작되기 전 두바이 훈련캠프에서 페더러의 연습파트너였던 호주의

▶ 페더러의 움직임을 보면 마치 코트에서 떠다니는 것 같다.

타나시 코키나키스Thanasi Kokkinakis는 페더러의 움직임이 상대방의 반응 시간을 훔쳐 간다고 했다. "로저의 움직임은 상상을 초월합니다. 상대방이 반응할 수 있는 시간을 너무 많이 빼앗아 가죠. 랠리를 한다고 생각하는 순간, 어느새 앞으로 나와 빠른 템포로 받아쳐 버리거든요. 그래서 로저를 상대로 경기를 하는 건 정말 힘듭니다. 움직임은 모두에게 중요하지만, 페더러의 게임에서는 가장 근본적인 요소입니다. 상대방의 시간을 빼앗는다는 건 정말 중요한 겁니다. 상대방이 그를 움직이도록 하기 이전에 로저가 상대방을 움직이게 만든다는 말이거든요."

●

사람들은 페더러의 몸에는 땀샘이 없다는 말을 하기도 한다. 실제로 그는 다른 일부 선수들처럼 한 포인트가 끝날 때마다 땀 닦을 수건을 달라고 요청하지는 않는다. 그렇지만 그도 간혹, 더운 날 글라인드본Glyndebourne의 오페라에 온 신사처럼, 이마의 땀을 수건으로 톡톡 쳐서 닦아 내기도 한다(잉글랜드의 이스트 서섹스East Sussex에 있는 글라인드본 오페라의 드레스코드는 남녀 공히 정식 이브닝 드레스[남자의 경우 나비넥타이와 디너자켓을 의미]이다 – 옮긴이). 또 다른 허구 같은 이야기는 라파엘 나달도 믿는 이야기라고 알려져 있는데, 페더러가 '축복 받은 기형적인 인간'이라 테니스를 치기 위해 체력적인 부분에서 많은 노력을 기울이지 않아도 된다는 소문이다. 그 두 괴담은 결국 같은 내용이라 할 수 있는데, 페더러가 다른 선수들처럼 각고의 노력을 기울일 필요가 없는 존재라는 뜻이다. 마치 프로 스포츠에서 유일하게 생존한 아마추어 같은(다 같이 노력하는 프로 스포츠 세계에서 그에 걸맞지 않은 '아마추어적'인 존재라는 뜻 – 옮긴이).

"테니스는 반복적으로 근육에 스트레스를 가하기 때문에 이에 대처하기 위한 몸을 만들어야 합니다. 하지만 페더러는 테니스를 치기 위한 최적의 몸을 타고난 것처럼 보여요. 그의 몸과 DNA는 테니스를 위해 진화한 것 같아요. 그가 저처럼 열심히 훈련하지는 않는다고 하는 사람들도 있습니다. 그런 말이 사실인지는 저도 알 수 없지만, 그럴 수도 있다고 생각해요." 나달이 그의 자서전에서 말했다. 나달이 페더러의 체력 훈련에 관해 누구와 대화를 나누었는지는 분명치 않지만 아마도 페더러의 체력 담당 코치인 피에르 파가니니Pierre Paganini는 아닐 것이다. 삭발머리를 한 이 사려 깊은 스위스 출신 트레이너는 에퀴블렌의 국립테니스센터에서 페더러와 처음 만났다. 파가니니는 페더러가 그다지 힘들이지 않고 수많은 대회에서 우승했다는 이야기를 자주 들어왔다고 했다. "발레를 보러 간다고 생각해 보세요. 아름답고, 조화롭고, 우아하죠. 하지만 쉬운 동작처럼 보인다고 해서 발레리나들이 노력하지 않는다고 생각하나요? 당연히 그들은 연습에 연습을 거듭합니다. 코트 위의 예술가라고 할 수 있는 로저도 마찬가지입니다. 그런 수준의 창의력을 표현하는 챔피언이 되기 위해서 그는 엄청나게 훈련을 합니다. 그렇지 않고서는 불가능한 일이지요." 파가니니가 말했다.

파가니니는 2000년 페더러의 팀에 합류했다. 그는 페더러가 체력적으로 완성된 상태가 아님에도 불구하고 그런 수준의 테니스를 칠 수 있었던 것은 그의 뛰어난 재능 덕분이라고 생각했다. 그는 즉시 작업에 착수했다. 물론 며칠이나 몇 주 만에 몸이 바뀔 수 있는 것이 아니었기에, 그 작업은 페더러가 첫 그랜드슬램 단식 타이틀을 거머쥘 때까지 수년간 계속되었다. 페더러는 2001년 윔블던 챔피언십 16강에서 피트 샘프러스에게 거둔 승리를 통해 그에게 그랜드슬램 대회에서 우승할 수 있는 잠재력이 있다는 것을 보여줬다. 하지만 2주간의 대회 기간 동안 7번의 승리를 통해 우승컵을 거머쥘 정도의 체력이 뒷받침되기 위해서는 2년이라는 기간이 더 소요되었다. "로저는 많은 것을 해낼 수 있는 능력이 있습니다. 정교하게 잘 조화된 움직임은 믿을 수 없을 정도이지요. 그의 경기 방식은 아주 다채롭기 때문에 더욱 많은 것을 시도할 수 있습니다. 다양한 기술을 가지고

▼ 페더러는 '코트 위의 예술가 같다'고 그의 피트니스 트레이너는 말한다.

경기당 평균 이동 거리(km)

데이타 출처: 2015년 그랜드슬램 4개 대회 기록

- 호주 오픈
- 프랑스 오픈
- 윔블던
- US 오픈

- 로저 페더러
- 라파엘 나달
- 노박 조코비치
- 앤디 머레이

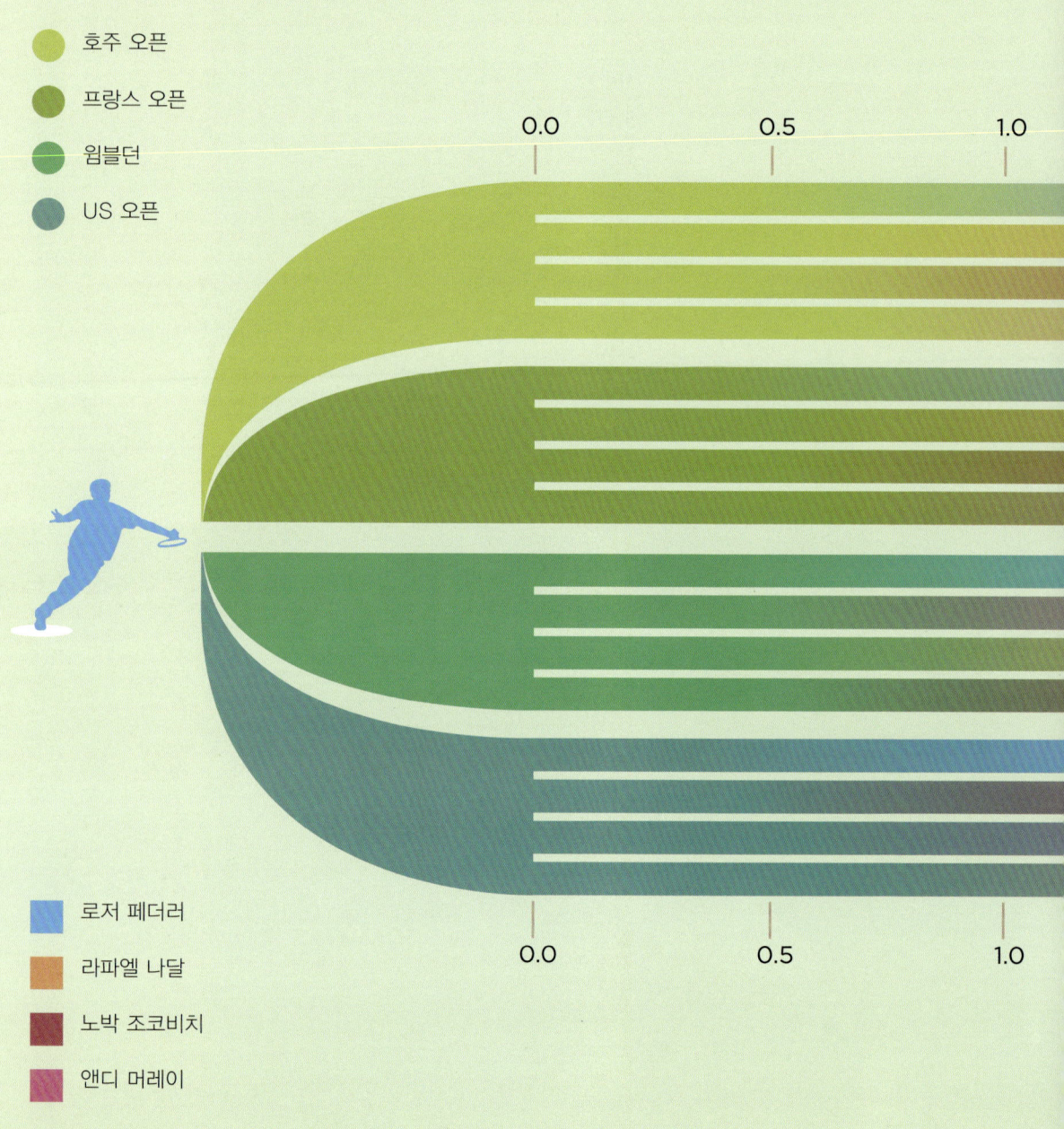

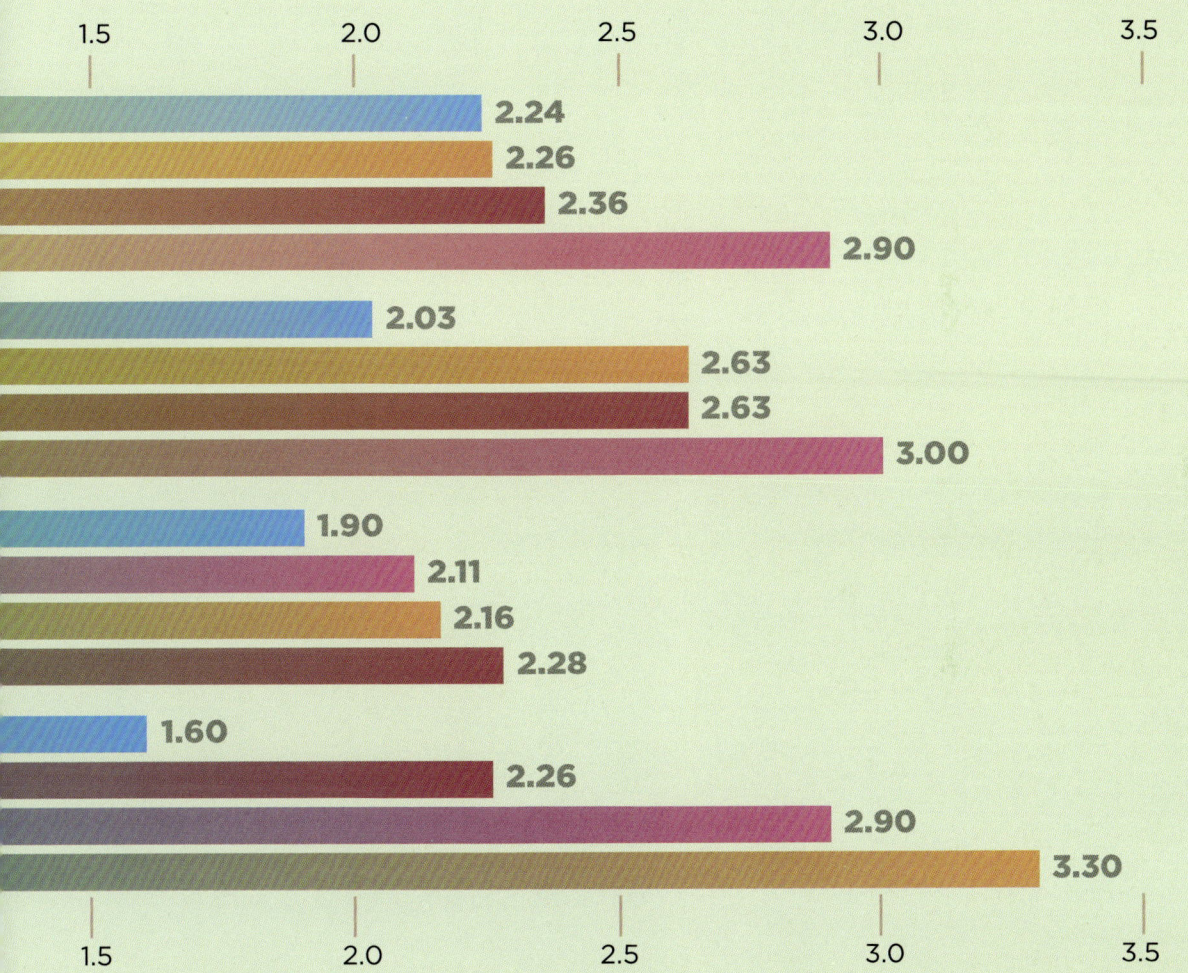

속삭이는 듯한 움직임

있으면 풋워크 또한 다양할 수 밖에 없어요. 로저가 코트 위를 활공하는 듯한 모습을 보세요. 그는 정말 대단한 잠재력을 가지고 있기 때문에 이 모든 것을 해낼 수 있죠. 경기에 대한 감각도 정말 좋아요. 감각이 좋으면 창의적인 경기를 할 수 있죠. 어릴 때부터 그런 식으로 게임을 할 수 있도록 움직이는 법을 배워야 영리하고 지능적인 선수가 되는 겁니다." 파가니니는 말했다.

재능과 예술성만으로는 현대 테니스에서 살아남을 수 없다. 19세기 빅토리아 시대 가든 파티에서 시작된 테니스는 이제 살벌한 스포츠가 되었다. 한 시즌 동안 페더러는 80경기 이상을 소화해야 했다. 어떤 시즌에는 90 경기 이상을 치러야 했고, 2006년에는 무려 97경기에 달했다. 극도의 무더위 속에서 경기를 치러야 하기도 한다. 호주 오픈에서 더위 때문에 선수들이 어지러워하거나 실신하는 경우도 있다는 것은 잘 알려진 사실이다. 날씨가 선선한 런던 같은 곳에서조차 선수들의 의지는 시험대에 오르기도 한다. 2009년 윔블던 결승전에서 페더러는 앤디 로딕을 상대로 승리를 거두었다. 5세트를 16-14로 마무리하기까지 센터코트에서 무려 4시간이 넘도록 경기를 펼쳤다. 그래도 그 결승전은 전년도에 비하면 30분 단축된 경기였다. 페더러가 나달에게 패했던 2008년 윔블던 결승전은

▼ 페더러는 컨디셔닝 프로그램을 통해 순발력과 스피드, 그리고 지구력을 키운다.

"몇 시간 동안 경기를 해야 하고, 일년에 70-80 경기를 소화해 낼 수 있어야 하거든요. 마라톤 선수는 아니지만 80 경기라는 긴 레이스를 치를 준비가 되어 있어야 하는데, 이게 쉽지 않은 일이죠. 이 80경기 내내 순발력을 유지해야 합니다."

우천으로 연기된 시간을 빼더라도 무려 4시간 48분이나 소요되었다. 같은 경기장에서 펼쳐진 2012년 올림픽 테니스 준결승에서 페더러가 아르헨티나의 후안 마틴 델 포트로Juan Martin del Potro를 꺾는 데에는 거의 네 시간 반이 걸렸다. 그 경기는 3세트 경기(2세트를 선취하는 선수가 승리하는 경기 - 옮긴이) 중에서 최장 시간 소요 경기로 기록되었는데, 마지막 3세트는 19-17이 되어서야 끝날 수 있었다.

"테니스 선수는 지구력뿐만 아니라 순발력과 스피드 그리고 가속력까지 겸비해야 합니다. 몇 시간 동안 경기를 해야 하고, 일년에 70-80 경기를 소화해 낼 수 있어야 하거든요. 마라톤 선수는 아니지만 80경기라는 긴 레이스를 치를 준비가 되어 있어야 하는데, 이게 쉽지 않은 일이죠. 이 80경기 내내 순발력을 유지해야 합니다. 테니스에서는 먼 거리를 뛰지 않기 때문에 반사신경과 순발력이 정말 중요합니다. 멈췄다 뛰었다를 수도 없이 반복해야 하고, 이를 여러 종류의 코트에서 해야 하는 겁니다. 경기 때만 하면 되는 것이 아니고 거의 매일 한다고 봐야 해요. 연습 세션 때 하는 것도 포함시켜야 하니까요." 파가니니가 말했다.

아마추어 로저 (테니스를 치기 위해 체력적인 부분에서 많은 노력을 하지 않아도 된다는 인식이 있는 선수 - 옮긴이)의 이미지는 그가 다른 선수들처럼 자신의 훈련 방법을 공개하지 않으면서 더 강해졌다. 노박 조코비치는 시합을 위한 최상의 몸 만들기에 관한 책을 썼다. 여기서 그는 글루텐, 젖당, 설탕을 포함한 몸에 해로운 모든 것들을 식단에서 제하고, 마누카꿀 mānuka honey(뉴질랜드 특산물로 벌이 마누카 나무의 넥타를 먹고 만들어내는 꿀 - 옮긴이)과 감초차를 추가하면서 자신의 몸이 어떻게 변화되었는지 공개했다. 앤디 머레이는 마이애미에 있는 프리시즌 트레이닝 장소를 공개하고 테니스 기자들이 사진을 찍는 동안만큼은 그들과 사우스 비치South Beach의 해변을 같이 달리기도 했다. 나달은 몸을 만들기 위해 시행하는 체력 훈련 과정을 완전히 공개한다. 반면 페더러는 에이전트를 통해 체력 훈련을 공개하지는 않지만, 그렇다고 해서 그가 비밀주의라는 것은 아니다. "사람들은 로저가 얼마나 혹독하게 훈련을 하는지에 대해서는 별로 언급하지 않는다"고 팀 헨만이 지적했다. 만약 당신이 페더러가 음악을 크게 틀고 웨이트 트레이닝을 하는 장면을 엿보고 싶다면 파가니니의 도움이 필요할 것이다. 과거 페더러는 트랜스 음악(전자 음악의 일종으로 반복되는 비트와 약동하는 멜로디가 특징 - 옮긴이)이나 다른 종류의 전자 음악, 아니면 메탈리카나 AC/DC(호주의 하드 록 밴드 - 옮긴이)와 같은 헤비메탈 음악을 들으면서 운동을 하곤 했다. 또한 그는 경기 중에 지속적으로 요구되는 '짧은 시간 동안의 폭발적 움직

속삭이는 듯한 움직임

◀ 스위스 데이비스컵 주장이자 페더러 팀의 오랜 멤버인 세버린 루티와 함께.

임'을 위해 인터벌 트레이닝도 시행한다.

페더러와 나달이 외관상으로는 전혀 다른 몸을 가진 것처럼 보이지만, 사실 그들은 같은 키(185cm)에 같은 체중(85kg)이다. 분명 페더러가 나달같은 이두박근을 지녔던 적은 없다. 그렇다면 나달이 말한대로 페더러의 날씬한 상체와 강한 다리가 테니스를 치기 위한 완벽한 체형인 것일까? 페더러의 부모는 모두 키가 그다지 큰 편은 아니다. 그런 면에서 페더러가 테니스에 이상적이라고 할 수 있는 신장(身長)을 지니게 된 것은 무척 행운이다. 현대의 테니스는 거인들의 시대라고 한다. 고개를 숙이지 않고도 문지방을 지날 수 있을 정도의 키를 지닌 사람은 테니스를 계속 해야 할지 고민해야 하는 것이다. 그렇지만 작금의 테니스가 골리앗이 장악한 시대라고 부르는 것은 지나친 과장이다. 남자 테니스 황금기를 이끌고 있는 선수들을 살펴보라. 노박 조코비치는 188cm로 페더러나 나달보다 조금 더 크고, 앤디 머레이는 191cm로 넷 중 가장 크다. 그러나 이들 어느 누구도 농구 선수처럼 보이지는 않는다. 조코비치는 78kg으로 넷 중 가장 가볍고, 머레이는 84kg이다. 페더러가 지금보다 더 크고, 더 무겁고, 더 긴 팔을 가지고 있었다면 그의 서브는 약간 더 세졌을 지도 모른다. 하지만 현재 페더러의 서브도 결코 힘이 부족하지 않다. 또한 큰 키에는 반대급부가 따라온다는 점을 간과해서는 안된다. 페더러의 키가 2m였다면, 그의 테니스에서 가장 중요한 부분을 차지하고 있다고 할 수 있는 '지금과 같은 움직임'은 불가능했을 것이다.

"로저가 테니스에 이상적인 체격을 가지고 있는지를 묻는다면 대답하기 곤란합니다. 로저와 전혀 다른 몸을 가지고 있으면서 수많은 대회를 우승한 나달도 있습니다. 또 피트 샘프러스를 비롯한 다른 수많은 챔피언들도 로저와 전혀 다른 몸을 가지고 있고요. 가장 중요한 것은 본인의 현재 모습과 자신이 지향하는 모습, 그리고 본인이 지닌 신체적 능력 간의 조화가 필요하다는 것입니다. 로저의 경우에는 이 세 가지가 모두 조화를 이루고 있어요. 스스로의 모습에 충실하는게 중요하거든요." 파가니니는 말했다.

페더러가 다른 테니스 선수들과 가장 다른 점은 "몸에 그다지 스트레스를 주지 않는 것"이라고 팀 헨만은 말했다. "로저의 몸을 보세요. 굉장히 민첩하고 균형 감각이 뛰어납니다. 다른 톱랭커들과 달리 스텝이 가볍기 때문에 나달이나 머레이처럼 몸에 스트레스를 주지 않는 것이죠."

2015년 윔블던 챔피언십에서 페더러의 1라운드 첫 경기는 통계적으로 매우 큰 의미를 지닌다. 이것은 페더러의 신체 회복력과 부상으로부터 스스로를 보호하는 능력을 나타내는 수치였다. 이로 인해 페더러는 그랜드슬램 대회 63회 연속 출전 기록을 세웠는데, 이는 남녀 통틀어 최고 기록이었고, 일본의 아이 수기야마^{Ai Sugiyama}의 62회 기록을 깬 것

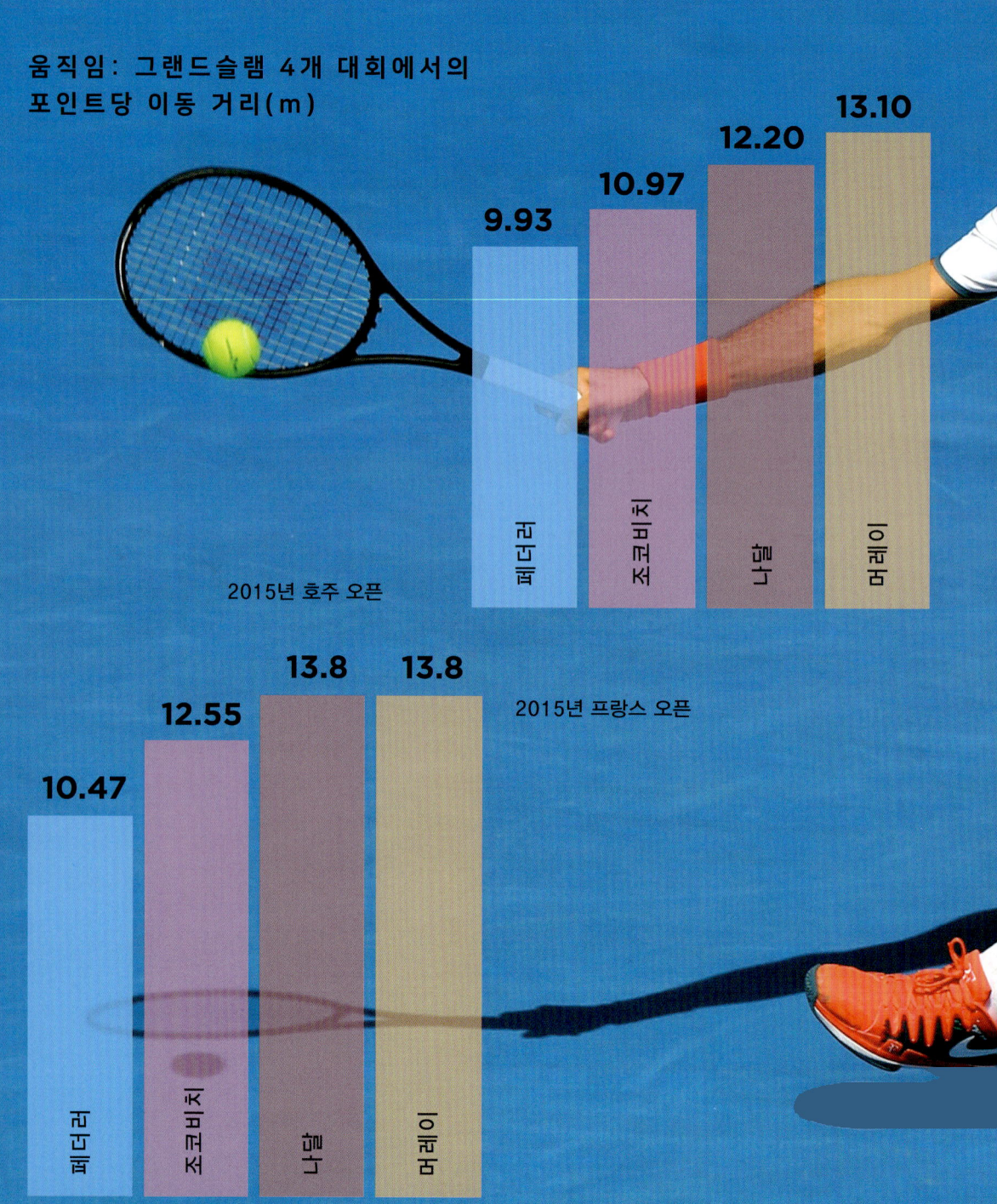

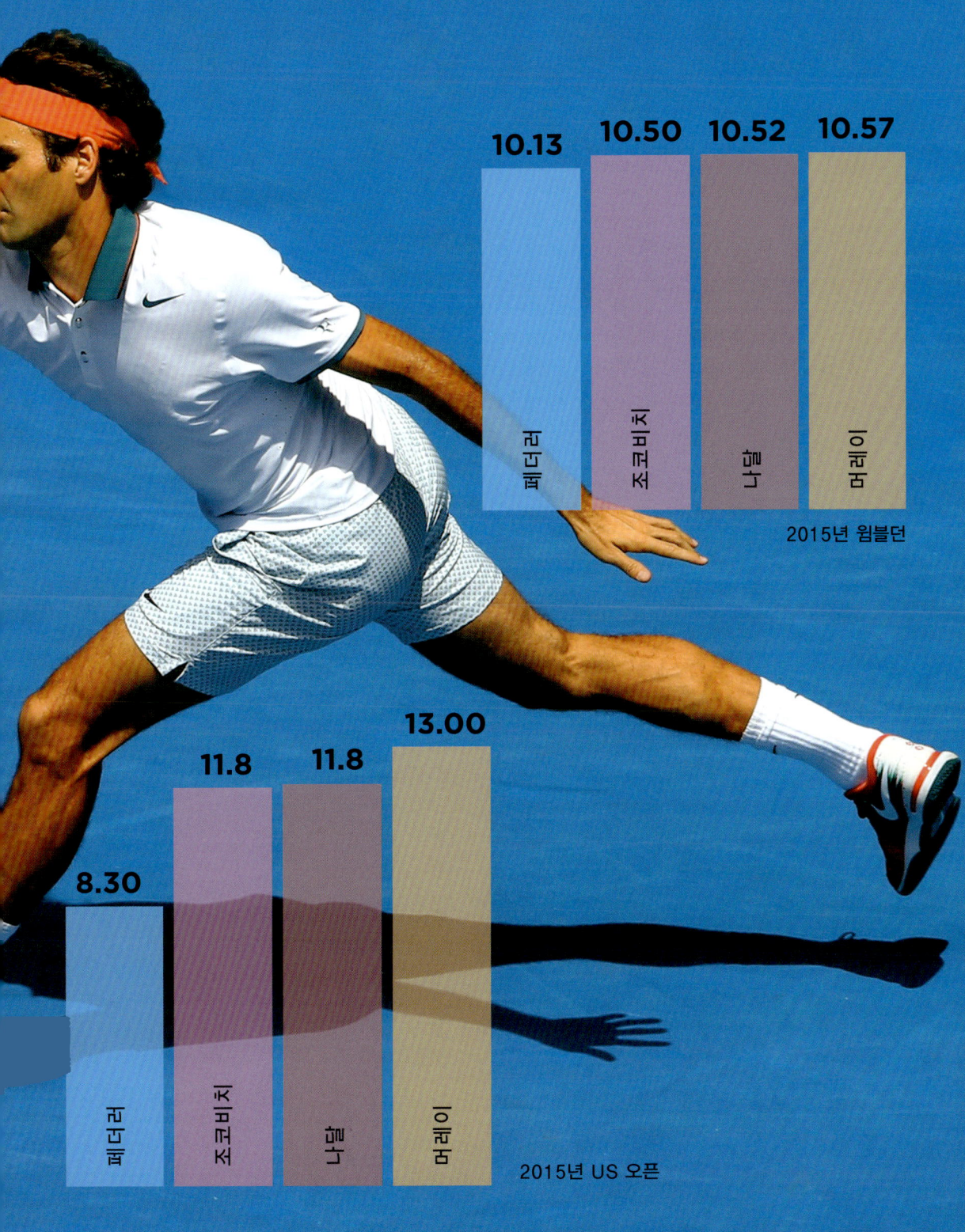

> "가장 중요한 사실은,
> 로저는 집중해야 할 때는
> 집중하고 긴장을 풀어야 할
> 때에는 긴장을 풀 수 있는
> 능력이 있다는 겁니다.
> 그는 육체적으로나 정신적으로
> 꼭 필요한 만큼의 에너지를
> 쓰는데 아주 뛰어납니다.
> 상황에 맞게 훈련을 하는 거죠."

이었다. 남자 선수 중에서는 남아프리카 공화국 출신의 웨인 페레이라와, 페더러의 2014-15년 코치였던 스테판 에드베리가 54회 연속 출전으로 페더러의 뒤를 잇고 있다. 페더러는 2015년 US 오픈에 출전하면서 스스로가 세웠던 기록을 다시 경신했다. (2016년 호주 오픈을 마지막으로 65회 연속 출전 기록은 중단됨 - 옮긴이)

이 책을 쓰고 있는 현재 페더러가 가지고 있는 또 하나의 놀라운 기록은, 그는 일단 시작한 경기에서는 기권을 한 적이 단 한 번도 없었다는 것이다. 대회 중간에 기권을 한 경우는 세 번 있었는데, 그 중 마지막은 2014년 말 런던에서 열린 ATP 월드 투어 파이널에서 허리 부상으로 조코비치와의 결승전을 포기한 것이었다. 나달은 페더러처럼 부상에서 자유롭기를 간절히 바란다. 그는 "(페더러를 제외한) 우리는 통증을 달고 사는 것에 익숙해져야 하고, 발이나 어깨, 다리가 견디지를 못하기 때문에 강제로 휴식기간을 가져야 한다"고 했다. 나달의 긴 부재는 주로 무릎 부상으로 인한 것이었고, 머레이는 손목과 허리 부상 때문에 그랜드슬램 대회에 불참한 적이 있다. 조코비치 역시 글루텐이 포함된 식단을 유지했을 당시에는 신체적 이상을 호소하기도 했다. 주니어 시절 조코비치는 무더위를 싫어하는 것으로 유명했고, 호흡 곤란이 오기도 했다. 아마도 이들 세 선수는 스스로의 정신력 강화를 목적으로 식이요법과 체력유지에 대해 더 언급하는 것일지도 모른다.

페더러가 장기간 심각한 부상이 없었던 것은 분명 운이 좋았던 면도 있지만 그게 전부는 아니다. 파가니니에 의하면 페더러는 필요한 만큼의 에너지만 쓸 수 있는 능력이 있다. 그는 열심히 훈련하는 것과 지나치게 훈련하는 것을 구분할 줄 알고, 탈진할 때까지 스스로를 밀어붙이지 않는다. "가장 중요한 사실은, 로저는 집중해야 할 때는 집중하고 긴장을 풀어야 할 때에는 긴장을 풀 수 있는 능력이 있다는 겁니다. 그는 육체적으로나 정신적으로 꼭 필요한 만큼의 에너지를 쓰는데 아주 뛰어납니다. 상황에 맞게 훈련을 하는 거죠. 열심히 훈련하는 것은 물론 중요합니다. 하지만 언제 열심히 훈련해야 하는지, 언제 쉬어야 하는지, 얼마나 오랫동안 훈련하고, 얼마나 오랫동안 쉬어야 하는지를 아는 것은 별개의 문제입니다. 적절한 시기에, 적절한 에너지를 사용해, 적절한 훈련을 했을 때 그 효과가 극대화될 수 있어요." 파가니니는 말했다.

아무리 사소해 보이는 것도 무시하면 안되는 법이다. "인생에서든 스포츠에서든, 사소하고 세부적인 것 하나하나를 지나치지 않고 다 합치면 그 양은 엄청나게 됩니다." 파가니니는 덧붙였다. 그 세부적인 것에는 페더러의 수면과 식이요법도 포함된다. 페더

▲ 페더러는 경기가 있는 날 아침에는 주로 포리지와 베리를 먹는다.

러의 이상적인 수면 시간은 10시간이다. 그보다 적게 자는 경우에는 아침에 일어나 '너무 피곤하다'고 느낄 수도 있다. 페더러는 경기가 있는 날 아침에는 주로 포리지(곡물과 귀리 등을 잘게 빻은 다음 물과 우유를 넣어 끓인 죽 요리 – 옮긴이)와 베리를 먹는다. 때로는 크루아상 한 접시를 먹기도 한다. 사실 페더러는 아침식사를 많이 하는 스타일은 아니다. 그는 점심과 저녁식사를 더 중요시 하지만, 프로 선수에게 아침 식사가 중요하다는 사실은 인지하고 있다. 젊은 시절의 페더러는 까탈스러운 채식주의자였다. 전 코치 피터 룬드그렌은 페더러가 레스토랑에서 주문하는 음식은 딱 두 가지 밖에 없었다고 한다. 그 두 가지는 고르곤졸라 치즈 소스의 뇨끼와 토마토 소스의 파스타였다. 그의 식습관이 바뀌게 된 계기는 스위스 데이비스컵 팀과 같이 저녁식사를 하러 간 스테이크하우스에서 쌀요리를 주문했을 때였다. 팀의 최고참 중 하나였던 마르크 로세는 종업원에게 부탁해 페더러에

속삭이는 듯한 움직임

최장 시간 경기

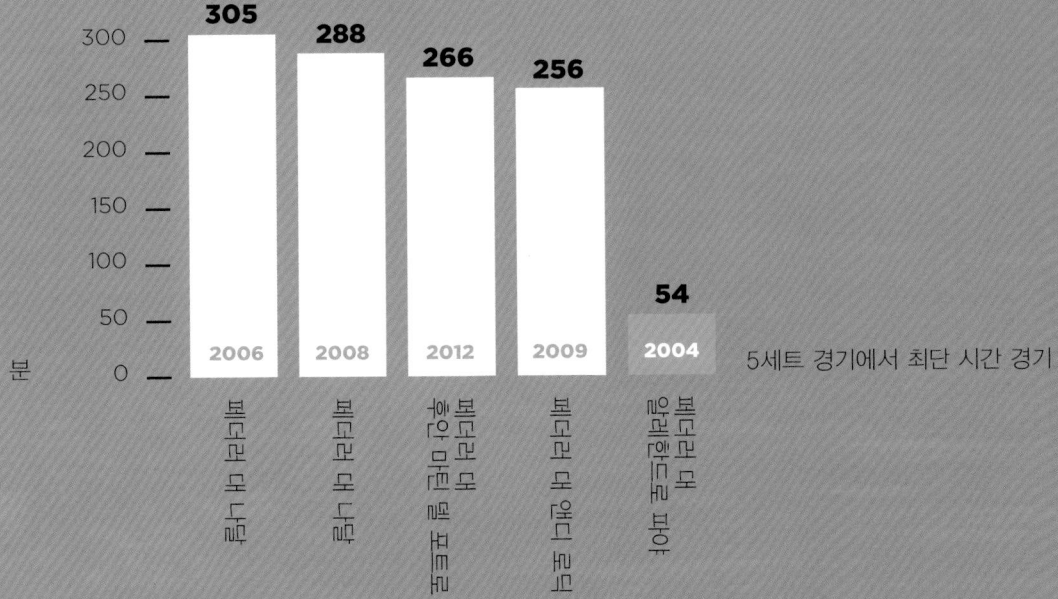

05:05 2006년 로마 마스터스 결승에서 페더러는 라파엘 나달에게 5세트 접전 끝에 패했다.

04:48 2008년 윔블던 결승에서 페더러가 라파엘 나달에게 5세트만에 패했던 이 경기는 비로 인해 중단되었었고, 4시간 48분이 소요되어 윔블던 결승 최장 시간 경기로 기록되었다.

04:26 올잉글랜드클럽에서 벌어진 2012년 올림픽 준결승에서 페더러는 후안 마틴 델 포트로에게 4시간 26분만에 승리를 거두었다. 이 경기는 1968년에 테니스가 프로화된 이후 가장 길었던 3세트 경기 (2세트 선취)로 기록되었다.

04:16 2009년 윔블던 결승에서 페더러가 앤디 로딕를 상대로 승리를 거둔 이 경기는 5세트 게임 스코어가 16-14였고, 총 77 게임이 진행되어 윔블던 결승 역사상 가장 많은 게임이 치러진 경기로 기록되었다.

00:54 페더러가 5세트 시합(3세트 선취)을 가장 짧은 시간에 끝낸 기록은 2004년 윔블던 2라운드에서 콜롬비아의 알레한드로 파야를 상대로 54분 만에 이긴 경기였다.

게 여덟 가지 다른 종류의 고기를 모두 맛보도록 했다. 이날의 식사는 페더러가 육식주의자로 돌아설 수 있는 계기가 되었다. 지금의 페더러는 모험을 즐기는 미식가에 가깝지만 대부분의 테니스 선수들이 그렇듯 그의 식사는 파스타인 경우가 많다. "지속적으로 여행을 해야 하는 상태에서는 안전한 쪽으로 기우는 게 당연한 거죠. 파스타는 언제나 안전한 선택입니다."

테니스 선수들은 림프절이 붓는 감염 질환인 단핵구증에 걸리는 것을 두려워하는데, 이로 인해 선수 생명이 끝나기도 하기 때문이다. 페더러의 경우, 선수 생활에 종지부를 찍지는 않았지만 이 질환은 2008년 내내 그의 체력과 건강에 지대한 영향을 끼쳤다. 바로 그 해, 호주 오픈 준결승에서 조코비치에게 패하고, 나달과의 프랑스 오픈 결승에서는 단 네 게임 밖에 따지 못했으며, 5년 연속 우승했던 윔블던 결승에서조차 나달에게 패했던 것이다. 페더러는 자신이 얼마 동안 질환을 앓았는지는 기억하지 못했지만 20일 정도 훈련을 중단했던 것 같다고 했다. 만일 그의 주치의들이 그가 단핵구증에 걸린 것을 알고 있었다면, 그 해 호주 오픈 참가는 강력하게 만류했을 것이다.

페더러가 한 번도 부상을 당하지 않았던 것은 아니다. 그건 아마도 불가능할 것이다. 정도의 차이는 있겠지만 테니스 선수라면 누구나 질병이나 부상을 겪을 수 밖에 없으며, 이는 페더러와 같이 신체 조건을 최적화시키기 위해 노력하는 선수도 예외는 아니다. 그러나 이 책이 쓰여지고 있는 현재까지 페더러는 나달이나 머레이와는 달리 테니스 선수로서의 생명을 연장하기 위해 어떤 수술도 받은 적이 없다(페더러는 2016년 조코비치와의 호주 오픈 4강전을 마친 다음 날 쌍둥이 아이들의 목욕을 준비하다가 좌측 무릎 반월판이 파열되는 부상으로 그 해 2월 3일 스위스에서 무릎 관절경 수술을 받았다 – 옮긴이). 그것은 전 테니스 선수 마이클 창Michael Chang의 말을 빌자면, "페더러가 얼마나 열심히 훈련을 하는지 뿐만 아니라 어떻게 (부상을 당하지 않도록) 경기를 운영하는지를 보여주는 것"이기도 하다. 그럼에도 불구하고 2013년에는 허리 부상으로 고생을 했고, 그로 인해 성적이 들쭉날쭉했기 때문에 일부에서는 페더러의 은퇴를 섣불리 점치기도 했다. 허리 부상은 2014년 말 재발했으며, 페더러는 그 해 테니스 시즌 마지막 공식 경기였던 ATP 월드 투어 파이널 대회 결승전을 포기해야만 했다. "천 번도 넘는 경기를 치렀는데 부상이 전혀 없을 수는 없습니다." 파가니니가 말했다.

▶ 삼십대 중반의 나이에도 불구하고 페더러는 훌륭한 체력을 유지하고 있다.

페더러 대 머레이

2012년 런던 올림픽 테니스 결승전에서
두 선수가 친 모든 공의 위치별 빈도를 표시한 지도

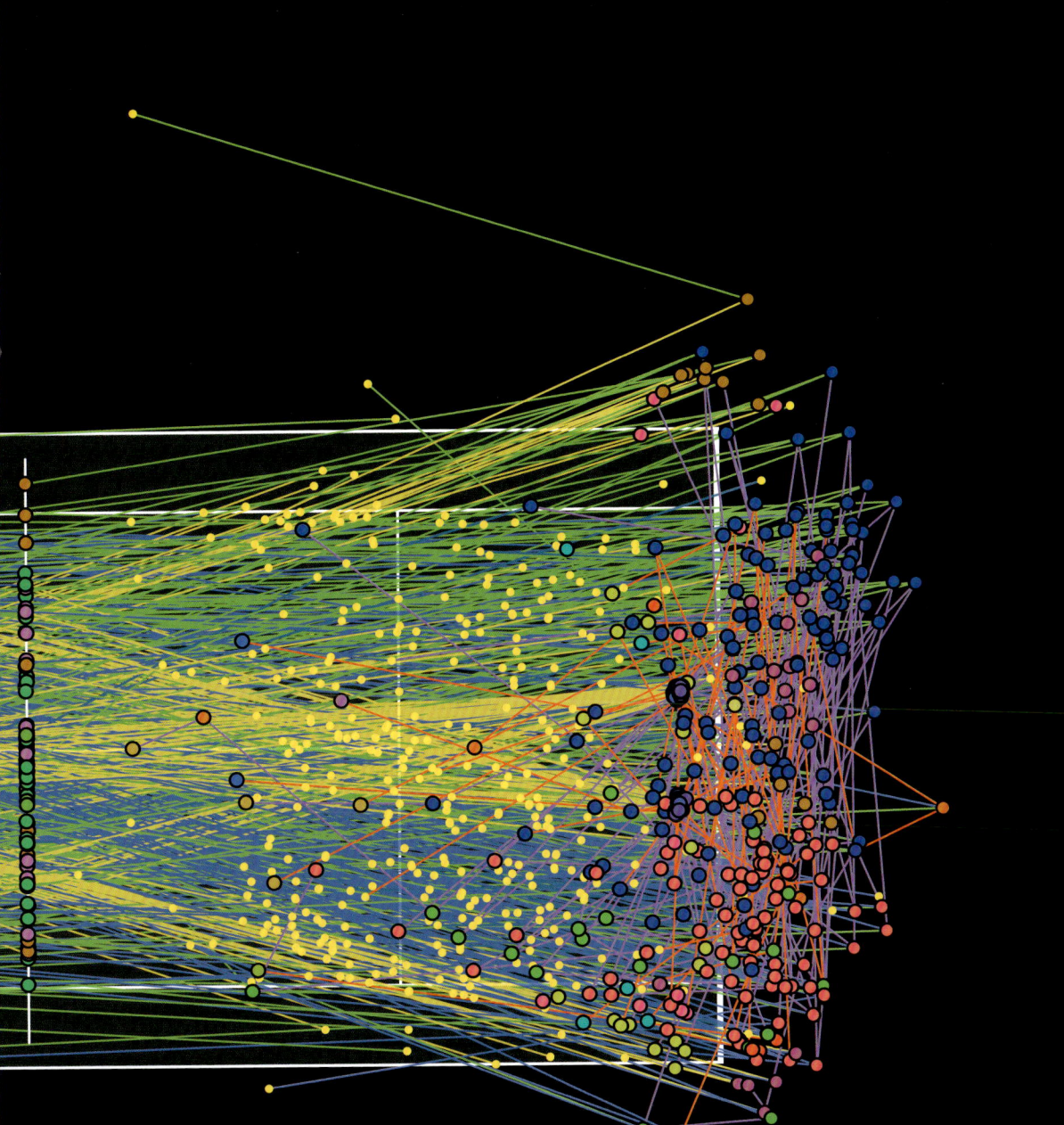

5
줄을 팽팽히 매고

그랜드슬램의 매 경기마다 페더러는 여덟 자루 내지 아홉 자루의 라켓을 준비한다. 라켓 스트링도 그가 직접 텐션을 선택하는데, 컨트롤을 위해서는 텐션을 높이고 파워를 위해서는 낮추게 된다. 페더러의 문자 메시지에는 그의 고민이 담겨 있다. 0.5kg의 차이로 승패가 갈릴 수도 있기 때문이다.

대회 기간 로저 페더러는 주로 저녁 식사 후 문자 메시지를 작성한다. 라켓 스트링거(라켓의 스트링을 전문적으로 매는 사람)에게 보내는 메시지인데, 다음날 경기에 사용할 스트링의 텐션을 알려주는 것이다. 텐션은 킬로그램을 단위로 사용하고 자신이 원하는 샷을 구사하는 데 있어 결정적인 역할을 한다. 이렇게 텐션을 매번 메시지로 보내는 것은 페더러의 꼼꼼한 성격을 보여주는 단면이기도 하다. 그랜드슬램의 매 경기마다 페더러는 여덟 자루 내지 아홉 자루의 라켓을 준비한다. 라켓 스트링도 그가 직접 텐션을 선택하는데, 컨트롤을 위해서는 텐션을 높이고 파워를 위해서는 낮추게 된다. 문자 메시지에는 그의 고민이 담겨 있다. 0.5 kg의 차이로 승패가 갈릴 수도 있기 때문이다. "로저는 메시지를 보내기 전에 스스로에게 질문을 할 거예요. '이 텐션으로 줄을 매면 공이 어떻게 날아갈까?'라고요." 네이트 퍼거슨Nate Ferguson이 말했다. P1 또는 프라이어러티Priority 1이라는 이름으로 불리는 퍼거슨의 회사는 지난 10년 넘게 페더러의 라켓을 관리해오고 있다.

"공이 얼마나 날아가는지는 코트 표면의 재질, 고도, 그리고 공의 제조업체에 따라 달라집니다. 어떤 때는 공이 빨리 팽창하는데 그러면 공의 속도가 느려지거나 먹힌 공이 되죠. 또한 경기 당일의 상황, 즉 상대 선수와 날씨도 중요합니다. 기온이 올라가면 공은 더 빨리 날아갑니다. 또한 고도가 높아지고 대기 밀도가 낮을수록 공이 더 빠르죠. 이러한 요인들로 인해 공이 무겁게 느껴지기도 하고, 가볍게 느껴지기도 하는 겁니다. 그리고 페더러는 이들 조건을 모두 고려해서 텐션을 결정하게 됩니다." 퍼거슨이 말했다.

페더러와 퍼거슨은 수년 동안 함께 했는데, 이들 두 사람의 사이가 업무 관계를 떠나 우정으로까지 발전하게 된 건 어찌 보면 당연한 일이다. 그는 라켓이 없으면 아무 것도 할 수 없고, 이는 그가 비행기를 탈 때마다 더 확실히 깨닫게 되는 중요한 사실이다. 전

▶ 페더러는 세부 사항에도 신경을 쓴다.

리턴 게임 승률

현역 선수

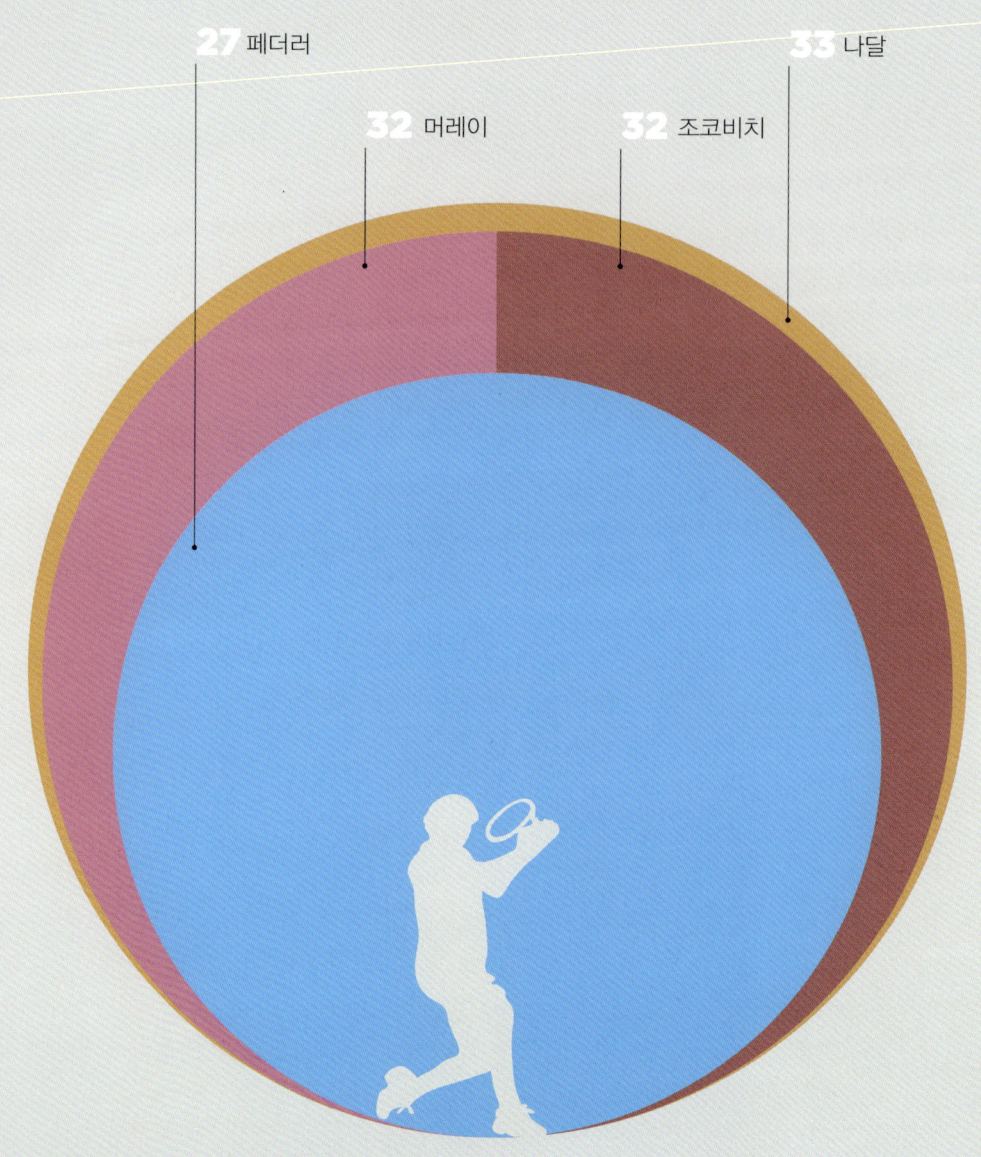

27 페더러
32 머레이
32 조코비치
33 나달

역대 챔피언

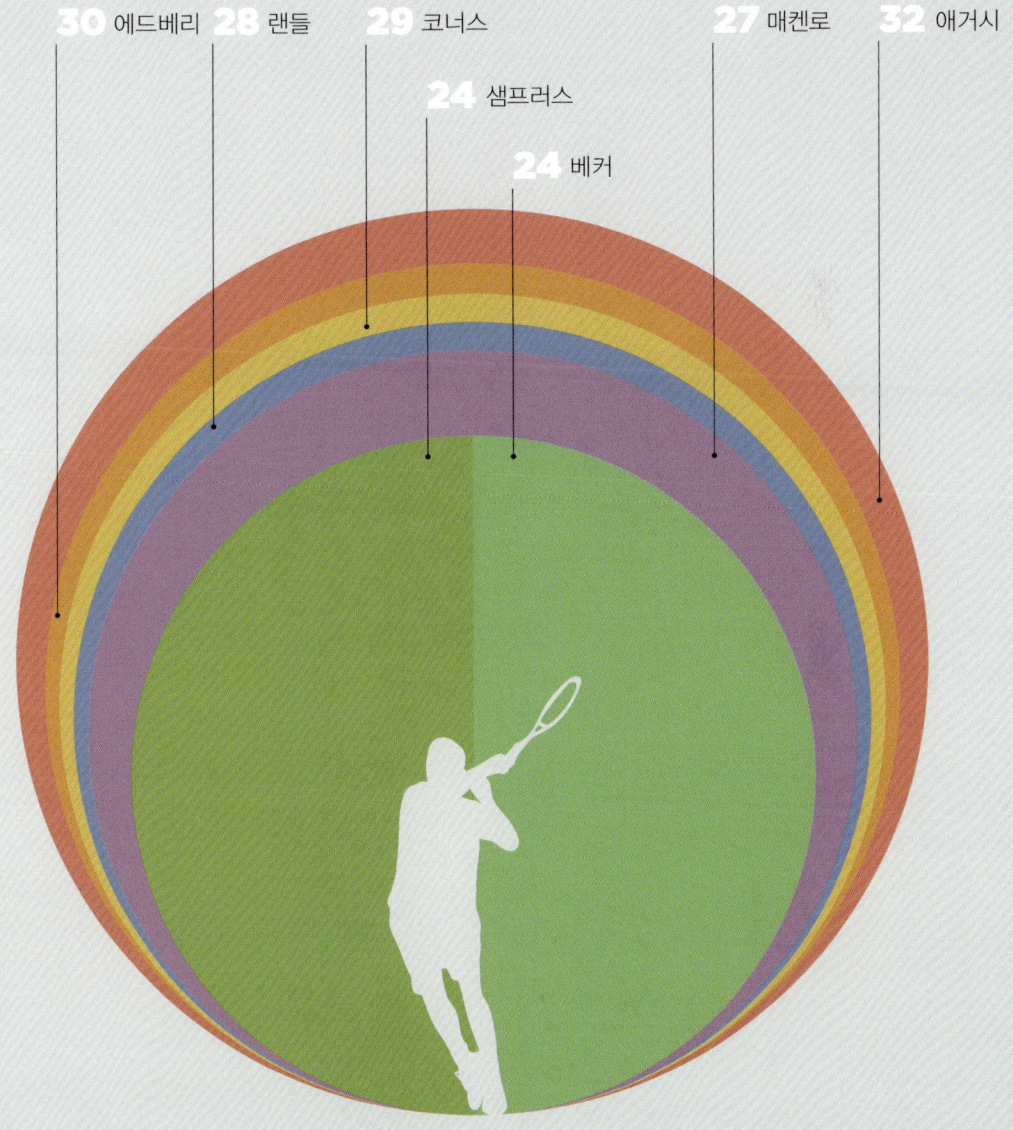

30 에드베리 **28** 랜들 **29** 코너스 **27** 매켄로 **32** 애거시
24 샘프러스
24 베커

줄을 팽팽히 매고

페더러의 라켓을 관리한다는 건 일면 화려해 보일 수 있지만 엄청난 책임이 뒤따르는 일이다. 퍼거슨은 윔블던 대회 기간 동안 그 마을에 집을 렌트해서 묵고 있었는데, 어느 날 저녁 초인종이 울려 문을 여니 턱시도와 나비넥타이 차림의 페더러가 서 있었다.

용기의 이점 중 하나는 라켓을 가지고 탈 수 있다는 점이다. 일반 항공사의 일등석을 이용할 경우 대개는 라켓을 기내로 반입할 수 있도록 해주지만, 항공사에 따라 라켓을 잠정적 무기로 규정하는 경우가 있기 때문에 장담할 수는 없다. "라켓을 화물칸으로 부쳐야 한다면 로저는 비행 내내 불안해 할 겁니다." 퍼거슨이 말했다.

페더러의 라켓을 관리한다는 것은 일면 화려해 보일 수 있지만 엄청난 책임이 뒤따르는 일이다. 퍼거슨은 윔블던 대회 기간 동안 그 마을에 집을 렌트해서 묵고 있었는데, 어느 날 저녁 초인종이 울려 문을 여니 턱시도와 나비넥타이 차림의 페더러가 서 있었다. 2004년 윔블던 결승전이 있었던 일요일 저녁이었는데, 그날 오후 윔블던을 2년 연속 제패한 페더러가 챔피언스 디너 Champions' dinner (윔블던 우승 축하 파티로 남자단식 결승전 후 당일 저녁에 열림 – 옮긴이)에 가는 길에 들른 것이었다. 항상 무대 뒤에서 일하는 스트링거에게 이것은 매우 극적인 순간이었다. 퍼거슨은 그 해 봄 함부르크에서 열린 클레이코트 대회 때부터 시험적으로 고용된 상태였다. "잘 해 봅시다." 턱시도를 입은 쪽이 말했고, 이후 퍼거슨과 그의 스트링거 팀은 페더러의 라켓을 책임져 왔다. 페더러는 그랜드슬램과 마스터스급 대회에서의 라켓 관리 비용으로 퍼거슨의 회사 프라이어러티 1에 매년 40,000달러 가량을 지불한다.

서브와 포핸드 외에도 페더러만의 특징적인 패턴이 하나 더 있다. 그것은 바로 볼체인지 때마다 라켓을 바꾼다는 점이다. 볼체인지는 첫 일곱 게임 후, 그 다음부터는 매 아홉 게임마다 반복된다. 그렇지만 라켓을 바꾸는 패턴은 그렇게 간단하지만은 않다. 라켓 교체의 정확한 시기는 페더러의 서브 게임인지 여부에 따라 달라진다. 즉, 볼체인지 후 바로 다음 게임이 페더러의 서브 게임이라면, 페더러는 볼이 바뀌기 직전 게임에서, 아니면 자신의 서브 게임을 마친 후에야 라켓을 바꿀 것이다. 새 공과 새 라켓에 동시에 적응하고 싶지는 않기 때문이다. 페더러는 경기 중에 벌어지는 다른 모든 상황뿐만 아니라 "아무도 체크하지 않는 볼체인지 시기와 라켓 교체 순서까지 파악하고 있다"고 퍼거슨이 말했다. 페더러가 RF 로고가 찍혀 있는 비닐 커버에서 라켓을 꺼내는 순간에도 작은 극적인 요소가 숨어 있다. 각 포장 봉지에는 페더러가 원하는 라켓을 쉽게 찾을 수 있도록 스티커가 붙어 있다. 로고와 스티커를 그렇게 부착하는 것은 퍼거슨의 팀이 페더러의 라켓을 준비하는 과정 중 하나로, 각각의 과정은 30분 정도가 소요된다.

퍼거슨이 스트링을 담당한 기간 동안 페더러는 16줄의 메인 스트링은 천연 거트 natural gut, 크로스 19줄은 폴리에스터 재질의 스트링을 사용해 왔다. "뛰어난 조합이에요.

브레이크 포인트 성공률과 브레이크 포인트 세이브 성공률

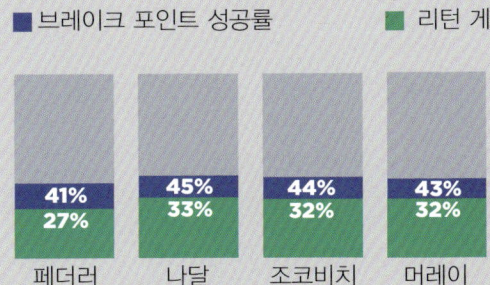

통산 브레이크 포인트 성공률

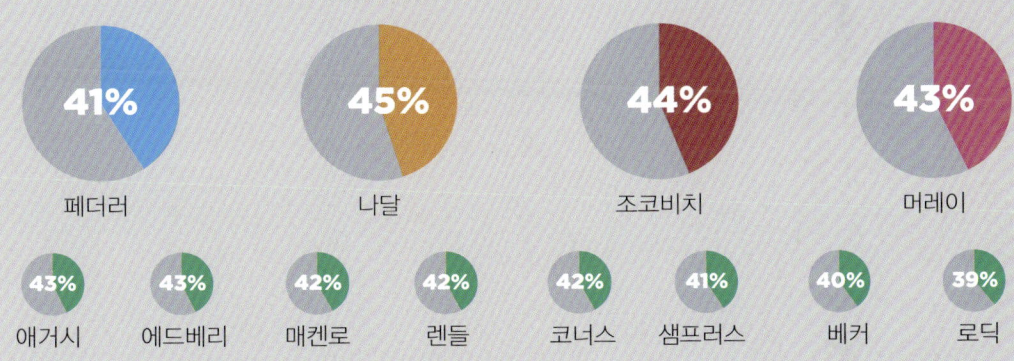

통산 브레이크 포인트 세이브 성공률

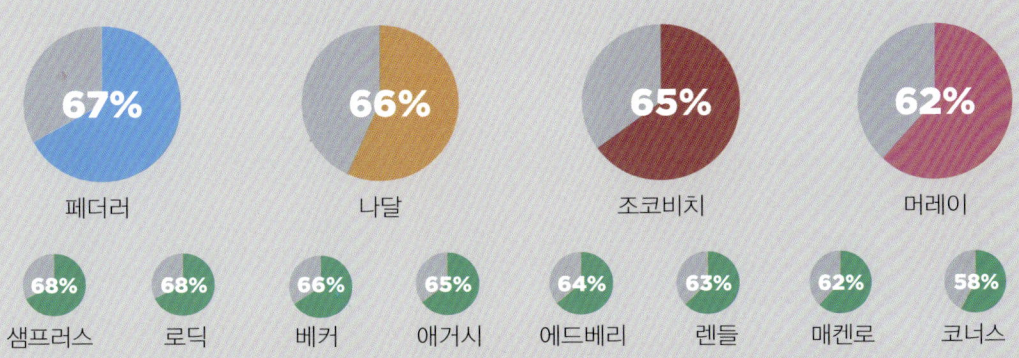

줄을 팽팽히 매고

▲ 페더러가 당시 코치였던 피터 룬드그렌과 첫 윔블던 우승의 기쁨을 나누고 있다.

폴리에스터 줄은 탄성이 적기 때문에 공을 세게 치면서도 컨트롤이 가능하죠. 그래서 마음껏 휘두를 수 있습니다. 로저가 톱스핀을 치면 반대편 코트에서 갑자기 뚝 떨어지거든요. 만약 메인과 크로스 모두 폴리에스터만 쓴다면 컨트롤 능력은 더 좋아지겠지만 팔과 손목에 무리가 갈 수 있고, 공을 빠르게 보내기가 어려워질 겁니다. 그래서 로저는 치는 느낌과 탄성이 좋은 천연 거트 스트링과 탄성은 적지만 컨트롤이 가능한 폴리에스터 스트링을 반반 섞어서 쓰는 겁니다." 퍼거슨이 말했다. "더 중요한 점은 이렇게 섞어서 쓰면 스트링이 서로 붙어서 잘 움직이지를 않아요. 천연 거트 스트링만 썼던 피트 샘프러스가 매 포인트가 끝날 때마다 스트링을 바로 잡았던 거 기억하세요? 스트링 사이가 벌어져서 힘을 제어할 수 없는 상황이 되는 걸 막기 위해서였죠. 반면에 이 천연 거트와 폴리에스터의 조합은 많이 움직이지 않고 제자리에 있어서, 공의 스핀을 조절할 수 있는 능력을 높여 줍니다."

 퍼거슨이 페더러의 모든 라켓 스트링을 직접 매는 것은 아니다. 그러나 페더러는 자신의 라켓 관리를 감독하기에 퍼거슨보다 더 적합한 사람은 찾을 수 없을 것이다. 퍼거슨은 수년간 샘프러스의 개인 스트링거로 투어에 동행했는데, 테니스 역사상 샘프러스만큼 라켓에 집착하는 선수는 없었다. "그는 굉장히 얇고 약한 천연 거트 스트링을 아주 팽팽하게 매기를 원했어요. 게다가 라켓 손잡이에 대해서도 엄청나게 까다로웠습니다." 퍼거슨이 말했다. 샘프러스의 까탈스러움에는 결코 미치지 못하겠지만, 페더러 역시 자신만의 별난 습관을 가지고 있다. 그는 라켓의 그립을 다시 감고, 윌슨 로고를 찍는 것 이외에도 플라스틱 '스트링 세이버'를 붙여 달라고 요구하는데, 퍼거슨의 말에 따르자면 스트링 세이버가 주는 실질적인 이점은 없다. "매 경기마다 스트링을 새로 매는 로저 같은 선수에게 스트링 세이버가 무슨 도움이 되겠습니까? 그렇지만 로저에게 그렇게 말하지는 않습니다. 우리 회사의 어느 누구도 거기에 토를 달지 않아요. 우리에게 처음 왔을 때 그는 세계 1위였고, 그 때 그의 라켓에는 스트링 세이버가 있었으니까요. 그래서 그냥 계속 쓰도록 하는 겁니다. 사실 그런 스트링 세이버는 구하기 쉽지 않을 때도 있지만 그래도 반드시 찾아내서 그의 라켓 하나하나에 다 붙입니다." 퍼거슨이 말했다.

    둘 사이의 친분에도 불구하고 페더러가 퍼거슨에게 해주지 않는 것이 하나 있는데, 그것은 부서진 라켓을 주지 않는다는 것이다. 퍼거슨은 뒤틀려져 부서진 라켓을 모은다. 그는 플로리다의 집에 있는 작업실에 자신의 고객들이 부순 라켓을 전시해 놓았다, 쪼개지고 구겨진 라켓에는 수많은 분노와 좌절, 허무주의, 그리고 역사가 담겨 있다. "선수들이 경기의 분수령에서 박살낸 라켓들을 수집해 놓은 겁니다. 샘프러스의 라켓을 손에 넣으면서 시작한 콜렉션이예요." 퍼거슨이 말했다. 희소성만 놓고 본다면 페더러의 라켓을 능가할 것은 없을 것이다. 페더러는 2009년 프랑스 오픈에서 우승하면서 커리어 그랜드 슬램을 달성했을 때 썼던 라켓 중 하나를 퍼거슨에게 주었지만, 사실 그것은 퍼거슨이 가지고 싶어 했던 것이 아니었다. 그가 원하는 것은 2009년 마이애미 마스터스 대회 준결승에서 페더러가 조코비치에게 패했던 바로 그날 경기 중에 박살낸 라켓이다. 페더러가 포핸드 범실을 하고 나서 라켓을 힘껏 코트 바닥에 내동댕이친 다음, 부서진 라켓을 코트를 가로질러 휙 던져 버렸던 일은 꽤 충격적인 사건이었다. "그 때 부서진 라켓이 제가 진짜 가지고 싶은 겁니다. 사실 그가 경기 도중에 부순 라켓이면 아무거나 좋겠지만 로저는 이제 더 이상 그런 행동을 하지 않습니다." 퍼거슨이 말했다.

●

    윔블던 결승의 장비 운반 서비스는 결승전에 올라간 선수들의 신경을 곤두서게 만든다. 테니스 가방이나 라켓을 들지 않고 센터코트로 걸어가는 것은 '허전하고 어색한 기분'이라고 로저 페더러가 고백한 적이 있다. 2주간의 윔블던 대회 기간 동안 준결승까지의 초반 6라운드에서는 선수 스스로 가방을 들고 코트까지 걸어 들어간다.
    그러나 결승전에서 연출되는 장면은 다르다. 라커룸 수행원들이 결승 진출자들을

위너 및 범실

페더러가 우승한 그랜드슬램 결승에서의 세트당 위너 및 범실 평균

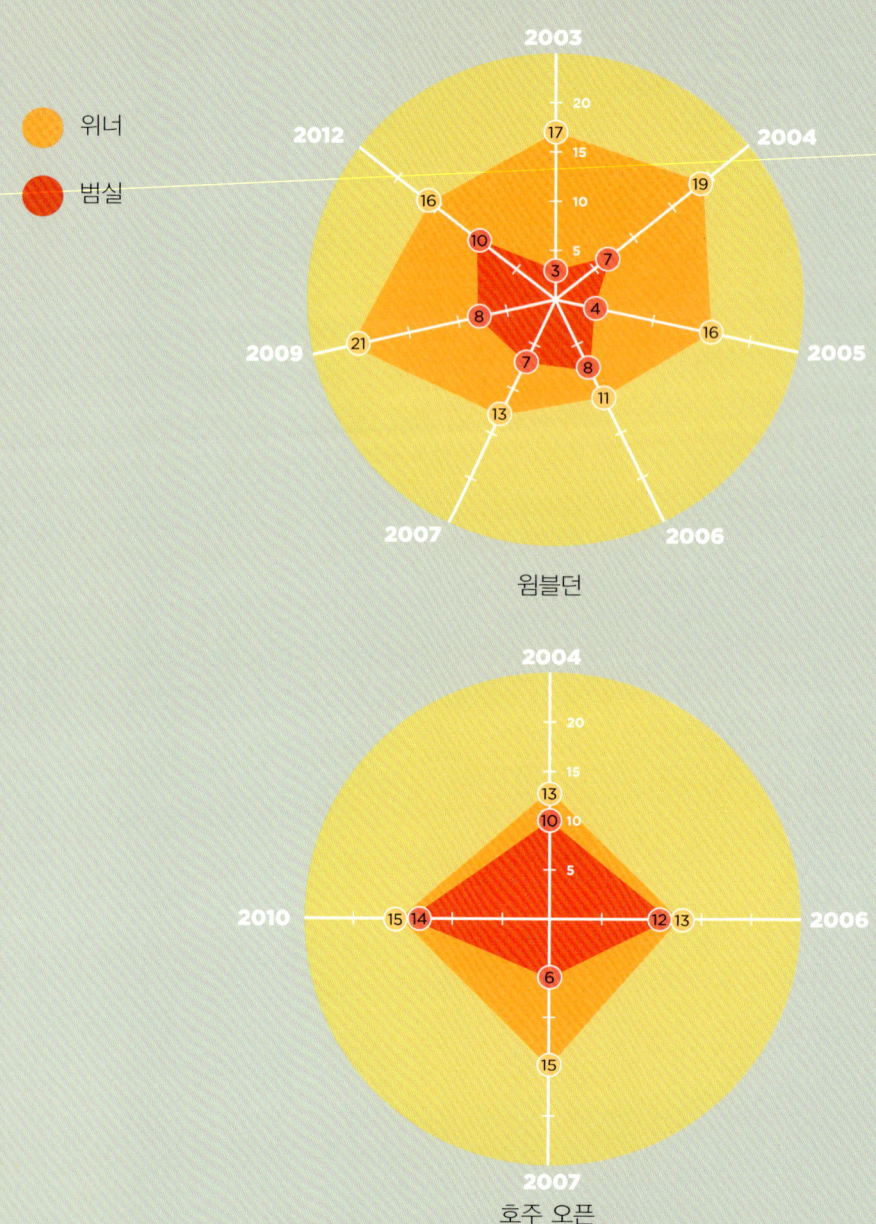

윔블던

호주 오픈

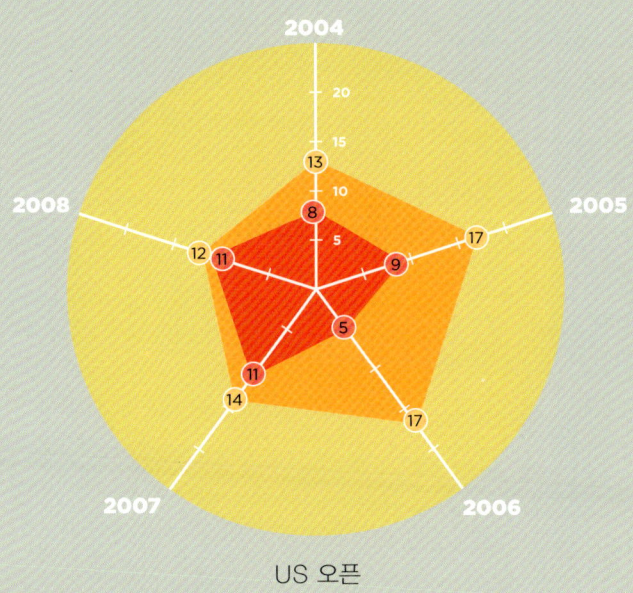

US 오픈

그랜드슬램 결승에서의 세트당 위너와 범실 평균

줄을 팽팽히 매고

코트까지 에스코트하는 것이다. 이렇게 예외적인 규칙으로 인해 선수들은 기분이 좀 언짢아지기도 하고, 몹시 불편해하거나 때로는 당황스러워 하기도 한다. 2003년 첫 윔블던 결승전에 진출했을 때 이 포터 서비스는 페더러뿐만 아니라 그의 결승전 상대였던 호주의 마크 필리포시스Mark Philippoussis에게도 생소한 것이었다.

페더러의 첫 윔블던 결승전을 선수들과 수행원들이 입장하는 그 장면에서 멈춰 보자. 테니스 세르파들, 즉 라커룸 수행원들이 라켓을 비롯한 테니스 장비를 센터코트로 가지고 들어올 때, 누가 우승을 하건 윔블던의 새로운 챔피언이 탄생하는 것은 확실했다. 하지만 그 때 결승에 진출한 선수 중 한 명은 2002년 US 오픈에서 14번째 그랜드슬램 타이틀을 거머쥔 피트 샘프러스의 기록을 넘어서고, 다른 한 선수는 그랜드슬램 결승에 다시는 서지 못할 것이라고는 상상하기 힘들었을 것이다. 시간을 빨리 감아 돌리면 바야흐로 2015년 여름, 2003년 윔블던 결승에 처녀 출전했던 주인공 중 하나가 열 번째 윔블던 결승에 진출했을 때, 또다른 주인공은 미국 로드 아일랜드의 뉴포트 대회의 예선전에 와일드카드를 받아 출전했다. 필리포시스의 프로 테니스 컴백 무대는 예선 1회전 패배로 끝나고 말았다. 그러나 다시 시간을 되감아 2003년의 일요일 오후로 돌아와보면, 그날 런

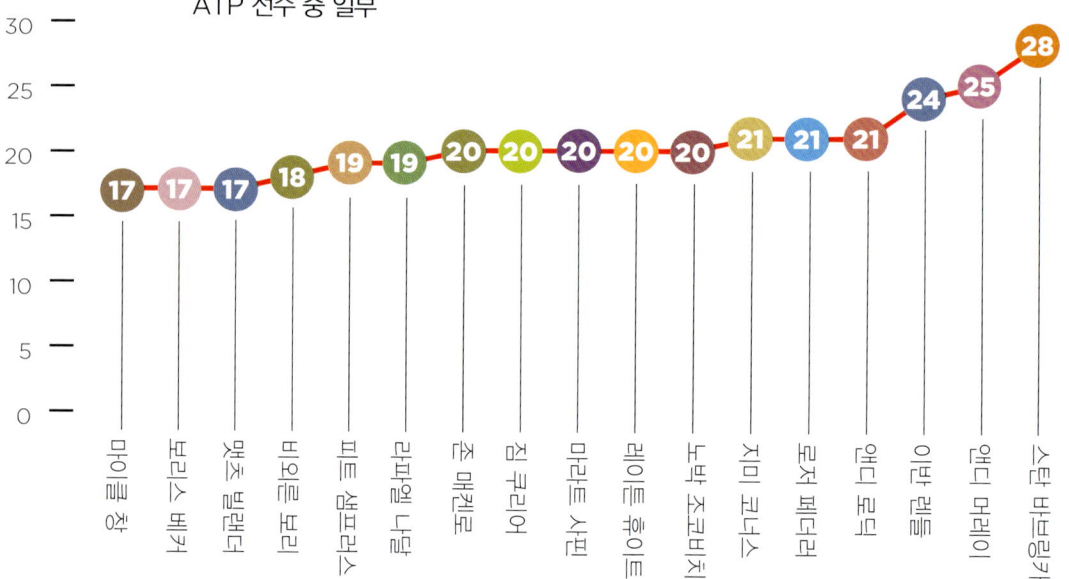

첫 그랜드슬램 대회 우승 시 나이
ATP 선수 중 일부

"이 패배를 극복하는데 시간이 얼마나 걸릴지는 저도 모르겠습니다. 하루, 일주일, 일년, 아니면 제 커리어 내내 걸릴지도 모르겠어요." 페더러가 경기 후 가진 인터뷰에서 말했다. 다음날 프랑스의 스포츠 일간지 <레퀴프>는 페더러를 가리켜 "잔잔한 호수에서 난파당한 배 같다"라고 묘사했다.

던에서 그 두 선수의 운명이 그토록 극명하게 갈릴 것이라는 것을 내다본 사람은 아무도 없었다. 당시 필리포시스의 마음 속에서 윔블던 타이틀은 이미 자신의 것이었다. "윔블던 결승에 진출하는 건 제 꿈이었어요. 어려서부터 즐겨 본 대회였거든요. 그날 로저를 상대로 결승전을 치르기 위해 걸어나가는 것은 특별한 느낌이었습니다. 센터코트에 들어섰을 때에는 정말 기분이 좋았어요. 제가 이길 거라는 확신이 있었거든요." 10년도 더 지나서 필리포우시스가 그 날을 회상했다.

사실 필리포시스는 얼마 전에 열렸던 함부르크의 대회에서 페더러에게 승리를 거두었다. 그것도 페더러에게 유리할 것으로 예상되었던 클레이코트에서였다. 종종 약간 빗나가긴 했지만 '스커드 미사일'이라는 별명이 붙을 정도로 강력한 서브를 가지고 있었기에 잔디코트는 더욱 유리할 것으로 보였다. 게다가 페더러는 그랜드슬램 결승전이 주는 압박감을 처음 느껴보는 것인 반면, 필리포시스는 준우승에 머무르긴 했지만 팻 라프터Pat Rafter를 상대로 1998년 US 오픈 결승전을 치른 적이 있었다. 페더러는 2003년 윔블던 이전까지 그랜드슬램 8강 이상 진출한 경험이 없었다. 2001년 윔블던 16강에서 샘프러스를 이기면서 보여준 잠재력에도 불구하고, 그랜드슬램 결승전이 주는 심리적인 압박감을 견딜 수 있는 능력이 페더러에게 있는지에 대한 우려가 지속되었다. 페더러의 재능은 의심할 필요도 없는 것이었지만, 과연 그가 부담감을 떨치고 기대에 부응할 수 있을까?

2002년 프랑스 오픈과 윔블던 모두 1라운드에서 탈락하자 페더러의 자신감에 위기가 왔다. 의기소침해서 사기도 떨어졌다. 그의 코치 피터 룬드그렌은 페더러가 코트에서 자신의 플레이를 하지 못한다고 생각했다. 2003년 프랑스 오픈에서는 상황이 더 심각해졌다. 페루 출신의 루이스 호르나Luis Horna에게 1라운드에서 패하자, 페더러의 재능을 믿던 많은 사람들은 심각하게 불안해 하기 시작했다. 윔블던 대회가 시작되기 불과 한 달 전의 일이었다. "이 패배를 극복하는데 시간이 얼마나 걸릴지는 저도 모르겠습니다. 하루, 일주일, 일 년, 아니면 제 커리어 내내 걸릴지도 모르겠어요." 페더러가 경기 후 가진 인터뷰에서 말했다. 다음날 프랑스의 스포츠 일간지 <레퀴프>는 페더러를 가리켜 "잔잔한 호수에서 난파당한 배 같다"라고 묘사했다. 2001년 윔블던에서 샘프러스를 상대로 승리를 거둔 후 페더러는 유럽에서 열리는 그랜드슬램 대회에서 단 한 차례도 이기지 못하고 있었던 것이다. 시간이 지난 후 그렇게 졌던 경기들을 되돌아 보면서, 페더러는 자신이 졌다는 사실보다는 '코트를 떠나면서 자신의 능력을 충분히 발휘하지 못했다는 끔직한 느

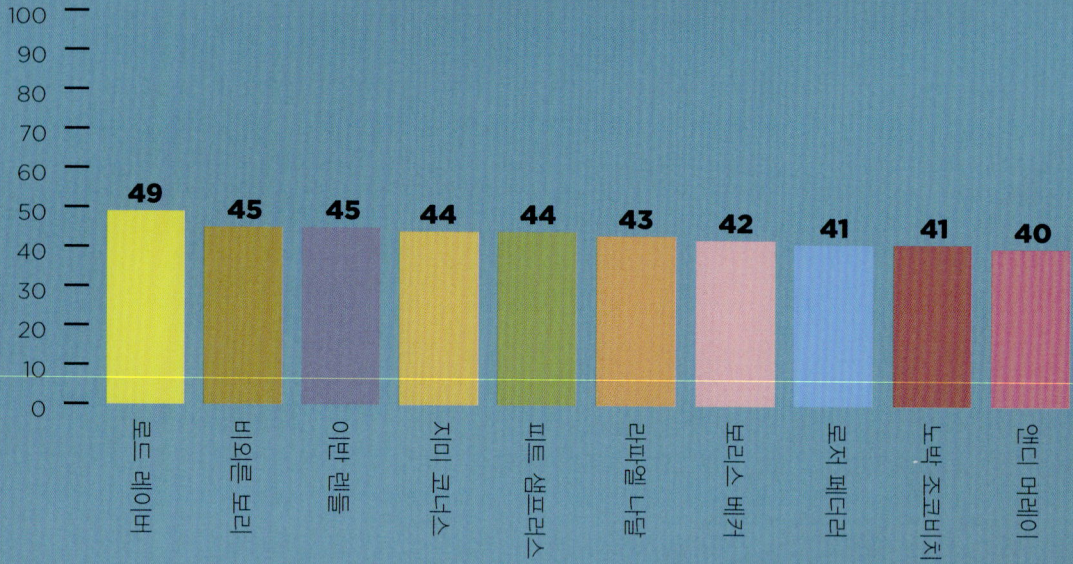

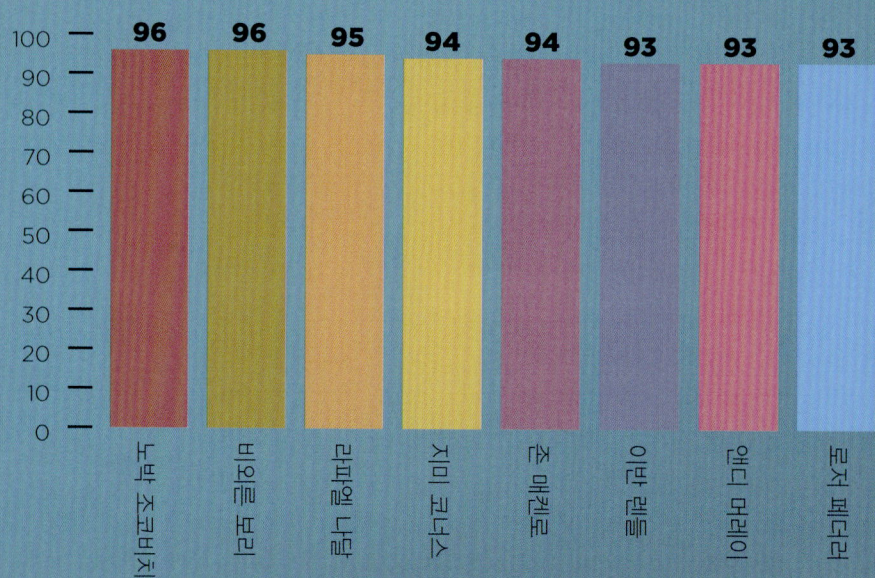

5세트 승률

	77	76	71	55
	라파엘 나달	노박 조코비치	앤디 머레이	로저 페더러

> 페더러의 시대이자 미학적 테니스의 황금시대가 도래하고 있다는 것을 아는 사람은 거의 없었다.

껌' 때문에 몹시 화가 났다고 말했다.

페더러가 첫 그랜드슬램 결승전을 치른 날은 그의 스물두 번째 생일을 몇 주 앞둔 시점이었다. 나이가 많은 것은 결코 아니었지만, 여러 그랜드슬램 챔피언들이 첫 타이틀을 땄던 나이에 비하면 늦은 편이었다. 라파엘 나달은 열아홉 살에 2005년 프랑스 오픈에서 우승했고, 노박 조코비치는 스무 살에 2008년 호주 오픈을 제패했다. "사람들의 페더러에 대한 기대치는 더 높았습니다. 하지만 그는 정신적으로 아직 준비가 되지 않았었죠." 룬드그렌이 말했다. 당시 피터 카터의 죽음이 페더러에게 얼마나 영향을 끼쳤는지에 대해서는 룬드그렌도 정확히 가늠할 수가 없었다. 대회 초반에는 페더러의 몸 상태에 대한 우려도 있었다. 스페인의 펠리치아노 로페즈Feliciano López와의 16강 경기 전에 몸을 푸는 과정에서 서브를 넣다가 허리를 다쳐서 통증이 있는 상태였기 때문이다. 서브를 넣거나 리턴을 하기는커녕 앉는 것도 힘들었고, 대회를 포기하는 것까지 진지하게 고려했다. 계속하는게 무의미해 보였기 때문이었다. 하지만 다행히도 진통제 효과가 빠르게 나타나면서 그는 계속 경기를 치를 수가 있었다.

페더러가 그렇게 기록적인 수의 그랜드슬램 타이틀을 획득하는 여정 속에서 필리포시스를 누르고 그랜드슬램에서 첫 우승을 기록한 것은 역사적인 운명이었다고 믿고 싶은 것이 당연하다. 그러나 당시에는 전혀 그렇게 보이지 않았다. 결승전 날 아침 존 매켄로는 한 신문 컬럼에 다음과 같이 썼다. "페더러의 재능과 잠재력은 반할 만하지만 이를 증명하기 위해서는 수백만 명이 시청하는 센터코트 경기에서 그랜드슬램 타이틀을 거머쥐어야 한다. 필리포시스와의 결승전은 접전이 될 것이다." 가장 예술적인 테니스 선수의 시대가 곧 도래할 것이라는 사실을 아무도 예측하지 못했던 것이다. 그랬기 때문에 결승전 겨우 며칠 전에 매켄로, 보리스 베커, 그리고 마르티나 나브라틸로바Martina Navratilova가 국제테니스연맹(ITF; International Tennis Federation)의 프란체스코 리치 비티Francesco Ricci Bitti 회장에게 보내는 공개 서한에 서명을 했었던 것이다. 그 공개 편지에서 그들은 현대 테니스가 '균형이 잡혀 있지 않고 일차원적'이라고 비판했고, 라켓 헤드의 허용 사이즈를 줄일 것을 제안했었다. 페더러의 시대이자 미학적 테니스의 황금시대가 도래하고 있다는 것을 아는 사람은 거의 없었다.

필리포시스는 1세트 타이브레이크 도중 자신이 미니브레이크(타이브레이크 중 상대방의 서브를 브레이크한 상태)로 앞서고 있는 상태에서 나온 포핸드 발리 범실을 생각하면 아직도 속이 쓰리다. 공은 겨우 몇 밀리미터 차이로 아웃되었고, 페더러는 브레이크 위기에서 벗어났다. 그리고 이것이 전환점이 되어 한 세트도 내주지 않고 경기를 이기고 우승을 차지했다. 페더러의 첫 코치였던 세플리 카코브스키에 의하면 올드보이즈 테니스 클럽에 모인 사람들은 기쁨의 눈물을 흘리면서 샴페인을 마셨다. 페더러 역시 눈물을 흘렸다. "그날 경기에서 저를 이긴 것이 로저 시대의 시작이었습니다. 그때를 기점으로 상승 곡선을 타기 시작했고, 역대 어느 선수보다도 압도적으로 테니스계를 지배했습니다. 그 당시에 그가 그랜드슬램에서 여러 번 우승하고 세계 1위에 오를 거라고 생각했었냐고요? 물론입니다. 그렇지만 그가 그렇게 압도적으로 테니스계를 지배할 줄은 몰랐습니다. 본인도 아마 그렇게까지는 생각하지 못했을 거예요. 그가 이루어 낸 것들은 너무나 특별합니다. 믿을 수 없을 정도로 재능이 있는데다가 자신감까지 더해지니 어떻게 치더라도 지지 않을 거라고 느끼게 되는 경지까지 도달한 거죠. 하지만 로저가 아무리 위대한 선수가 되었다 하더라도 그날의 패배를 받아들이는 건 여전히 어렵습니다." 필리포시스는 말했다.

페더러의 우상이었던 보리스 베커는 그날 센터코트에 있는 BBC 방송의 해설자 부스에서 "바로 오늘, 새로운 시대가 도래했다"고 평했다. 베커는 거기서 그치지 않고 새 윔블던 챔피언을 "완전체이자 테니스계의 음유 시인"이라고 칭했다.

그날 저녁 페더러는 턱시도 차림으로 런던의 스트랜드 거리에 있는 사보이 호텔에서 열린 챔피언스 디너에 참석했다. 아보카도 무스를 곁들인 훈제연어, 토마토를 넣은 치킨 콘소메, 야생 버섯을 곁들인 쇠고기 안심, 초콜렛 밀푀유, 커피와 프티 푸르가 제공되었고 와인, 포트와인, 그리고 꼬냑이 곁들여졌다. 페더러는 윔블던 우승으로 가입하게 된 올잉글랜드클럽의 기존 회원들에게 이렇게 말했다. "같이 공을 칠 수 있으면 좋겠습니다. 저와 테니스를 치고 싶은 분은 언제든지 연락주세요." 이틀 뒤 페더러는 전용기를 타고 알프스의 윔블던이라 불리는 슈타드에 도착했다. 그곳에서 대회 디렉터는 스위스 최초의 그랜드슬램 남자단식 챔피언에게 경의를 표하기 위해서 꽃과 전통적인 소방울로 장식한 '줄리엣'이란 이름의 암소를 선물했다. "이 소는 무게가 800 킬로그램이나 나가지만 힘은 로저 서브의 반도 안 됩니다"라고 선언하는 디렉터의 흥분한 목소리가 슈타드 경기장에 울려 퍼졌다.

모두가 감추고 싶어하는 테니스계의 작은 비밀 중 하나는 그랜드슬램에서 우승을 하더라도 디너와 제트기, 암소 같은 성공의 부산물을 제외한다면 아무것도 변하지 않는다는 사실이라고 애거시는 말했다. 1992년에 첫 그랜드슬램 우승을 역시 윔블던에서 기록한 애거시에게는 그 말이 사실이었을 수도 있다. 그러나 마치 신생아를 다루듯이 윔블던 트로피인 챌린지 컵을 사랑스럽게 끌어 안

"그가 이루어 낸 것들은 너무나 특별합니다. 믿을 수 없을 정도로 재능이 있는데다가 자신감까지 더해지니 어떻게 치더라도 지지 않을 거라고 느끼게 되는 경지까지 도달한 거죠."

페더러의 그랜드슬램 연대표

	2003	2004	2005	2006	2007	2008
호주 오픈	16강	우승	4강	우승	우승	4강
프랑스 오픈	1라운드	3라운드	4강	준우승	준우승	준우승
윔블던	우승 [1]	우승	우승	우승	우승 [2]	준우승
US 오픈	16강	우승	우승	우승	우승	우승

[1] 2003년 윔블던 결승에서 로저 페더러의 우승을 지켜 본 보리스 베커는 '바로 오늘, 새로운 시대가 도래했다'고 했다.

[2] 페더러는 비외른 보리에 이어 윔블던을 5회 연속 제패한 두 번째 선수이다.

준우승	우승	4강	4강	4강	4강	3라운드
우승 [3]	8강	준우승	4강	8강	16강	8강
우승	8강	8강	우승 [4]	2라운드	준우승	준우승
준우승	4강	4강	8강	16강	4강	준우승
2009	2010	2011	2012	2013	2014	2015

3
로저 페더러는 스물일곱 살에 2009년 프랑스 오픈에서 우승함으로써 커리어 그랜드슬램(그랜드슬램 4개 대회 모두에서 한 번 이상 우승)을 달성했다.

4
윔블던 7회 우승을 통해 윌리엄 렌쇼 및 피트 샘프러스와 어깨를 나란히 한 페더러가 테니스 역사상 가장 훌륭한 선수라는 사실에는 의문의 여지가 없다.

> 그랜드슬램 우승은 거의 모든 것을 변화시켰다. 거기에는 그의 자부심, 동료 선수들 사이에서의 위상, 그리고 미래에 대한 야망도 포함되었다.

던 페더러에게는 전혀 다른 이야기였다. 그랜드슬램 우승은 거의 모든 것을 변화시켰다. 거기에는 그의 자부심, 동료 선수들 사이에서의 위상, 그리고 미래에 대한 야망도 포함되었다.

새롭게 등장한 페더러의 모습에는 견고함이 더해져 있었다. 텍사스의 휴스턴에 위치한 웨스트사이드 클럽에서 열렸던 2003년 시즌 마지막 챔피언십 대회에서의 일화가 그 좋은 예다. 이 대회의 회장이었던 짐 매킹베일Jim McIngvale은 침구업계의 거물로 '매트리스 맥Mattress Mack'이라는 별명을 가지고 있었는데, 코트에 등장하기 직전 개인 탈의실에 있던 페더러를 찾아왔다. 기우뚱한 코트와 네트도 처져 있지 않던 연습코트에 대해 불평한 페더러를 질책하기 위해서였다. 대회 회장과의 유쾌하지 않은 대화로 인해 동요되긴 했지만 페더러는 곧 스스로를 추스렀고, 곧바로 이어진 안드레 애거시와의 라운드로빈 경기에서 매치 포인트에 몰린 상황을 극복하고 승리했다. 실제로 페더러는 그 주에 애거시를 일방적으로 응원하는 관중들 앞에서 그를 상대로 두 번이나 승리를 거두었다. 그 두 번째 승리는 챔피언십 결승전에서 이긴 것이고, '매트리스 맥' 회장의 심기를 불편하게 했다.

그리고 며칠 뒤 새롭게 자극을 받은 페더러는 룬드그렌과의 협력관계를 정리했다. 장래가 촉망되긴 했지만 세계 랭킹에 진입하지는 못하고 있던 십대 선수로 비엘에서 훈련하던 시절에 시작된 관계였다. 파트너십은 첫 윔블던 타이틀을 따는 순간까지 지속되었다. 페더러 입장에서는 '심사숙고' 끝에 내린 결정이었다. 그는 올잉글랜드클럽에서의 우승으로 인해 둘 사이의 역학이 바뀌었다고 믿었다. "그랜드슬램 우승 전까지 제가 코치를 우러러 봤다면, 우승 후에는 갑자기 코치가 저를 우러러 보기 시작했어요." 페더러가 룬드그렌에게 품고 있던 존경심도 일부 사라져 버렸다. 휴가를 떠난 지 며칠 지나지 않아 페더러는 피트니스 트레이너에게 전화를 걸어서 계획 중인 프로그램의 세부사항을 알려 달라고 했다. "로저, 일어나! 기차가 떠난다고. 넌 그 기차에 타야만 해." 페더러는 스스로에게 되뇌였다.

페더러에게 생긴 가장 큰 변화는 스스로에 대한 믿음일 것이다. 첫 그랜드슬램 타이틀을 따면서 그는 스스로에 대한 의구심을 날려 버렸다. 페더러는 항상 자신에게 그랜드슬램에서 우승할 수 있는 재능이 있다고 믿어 왔다. 그럼에도 불구하고 계속 자문했던 것은 "나의 정신력과 체력이 이러한 재능을 뒷받침할 수 있을 것인가?"라는 질문이었다. 이제 그는 스스로의 의문에 대한 답을 찾았다. 매켄로는 첫 그랜드슬램 우승이 페더러에게 '심리적 상승'을 가져다 주었을 것이라고 했지만, 이는 단순한 '상승'이 아닌 '우주선의 발사'와도 같은 것이었다.

▶ 윔블던 우승의 환희.

6 불세출의 선수

> "항상 변화하는 거죠. 그럴 능력이 있으니 가능한 겁니다.
> 그는 제가 아는 어떤 테니스 선수보다도 역량이 뛰어나고 다양한
> 기술을 보유한 선수라고 생각합니다."

페더러의 경기는 보는 위치에 따라 달라진다. 관중의 입장에서는 우아함을 보게 된다. 페더러는 무엇보다도 게임의 짜임새와 패턴에 신경을 많이 쓰기 때문이다. 하지만 상대 선수의 입장이 되면 혼란과 무질서만 보일 뿐이다. 두 명의 선수가 '베이비 페더러'라는 별명을 얻었었다. 처음엔 리샤르 가스케였고, 그 다음은 그리고르 디미트로프Grigor Dimitrov였다. 그들에게는 과분한 별명이었다. 페더러처럼 테니스를 치는 선수는 아무도 없다. 어림없는 일이다. "로저는 너무나 다양한 스타일의 테니스를 치기 때문에, 그와 경기를 할 때마다 계획을 세워 들어간다 하더라도 그는 제가 생각한 것과는 전혀 다른 전략을 가지고 있을 수도 있습니다. 그러면 결국 로저의 방식에 맞추게 되죠. 어떤 경기에서는 모든 리턴을 슬라이스로 하고, 그렇게 해서 경기를 이기더라도 다음 경기에서는 드라이브로 받아칠 수 있습니다. 항상 변화하는 거죠. 그럴 능력이 있으니 가능한 겁니다. 그는 제가 아는 어떤 테니스 선수보다도 역량이 뛰어나고 다양한 기술을 보유한 선수라고 생각합니다." 캐나다 출신의 밀로스 라오니치Milos Raonic가 말했다.

페더러를 어떻게 공략하고 흔들어 놓을 수 있을지에 대한 고민은 페더러의 주니어 시절 우상들에게도 예외는 아니었다. 피트 샘프러스는 로저가 '코트에서의 감각과 센스, 상상력 그리고 어떻게 경기를 해야 할 지에 대한 분명한 비전'을 가지고 있는 경우에는 '빈틈이 전혀 없다'고 했다. 2014년 노박 조코비치의 코치를 맡으면서 프로 테니스로 복귀한 보리스 베커는 조코비치가 페더러와의 경기에서 어떤 식으로 접근하는 것이 좋을지 종종 고민에 빠지곤 했다. "로저는 약점이 없기 때문에 그를 상대로 전략을 세우는 것은 쉽지 않습니다. 그의 테니스에는 한계가 없어요. 베이스라이너라고 부를 수도 없고, 서브 앤발리 전형이라고 할 수도 없습니다. 뭐든지 다 할 수 있거든요." 하지만 안드레 애거시만큼 페더러를 잘 표현한 선수는 없을 것이다. 그는 2005년 US 오픈 결승전에서 페더러에

▶ 페더러가 최고의 기량을 보여준 경기 중 몇 차례는 US 오픈에서 펼쳐졌다.

게 패한 후 이렇게 말했다. "부정할 수 없는 사실입니다. 로저는 제가 상대한 선수 중 단연 최고입니다. 샘프러스도 위대한 선수인 건 틀림없지만 어떻게든 겨루어 볼 여지는 있었어요. 뭘 해야 하는지는 알았거든요. 그대로 할 수만 있다면 제 방식대로 경기를 풀어갈 수가 있었습니다. 그런데 로저에게서는 도무지 그런 여지를 찾을 수가 없어요. 매 포인트가 위기 상황이고, 여유있게 처리할 수 있는 샷이라고는 단 하나도 없거든요. 제가 볼을 제대로 치면 포인트를 가져올 것 같은 느낌이 들어야 하는데 그게 안되는 거예요. 로저는 수준이 달라요. 한 번도 본 적이 없는 특별한 방식으로 테니스를 칩니다."

●

로저 페더러는 장차 아내가 될 미르카 바브리넥Mirka Vavrinec과 함께 해변에 누워있었다. 2004년 일정이 마무리되고 오프시즌(매년 ATP 월드 투어 파이널이 끝나는 11월말부터 12월말까지 기간 – 옮긴이)이 막 시작된 때였다. 페더러는 정신적으로나 육체적으로나 완전히 소진돼 일광용욕 의자에서 일어나 음료수를 주문하기도 힘든 상태였다. 두 사람은 한동안 침묵 속에 누워 있었는데, 그 때 미르카가 페더러를 바라보며 말했다. "맙소사. 로저, 당신이 해낸 걸 믿을 수가 없어요. 그 많은 시합에서 이기고, 그 많은 대회에서 우승하다니…" 침묵의 시간 동안 미르카는 그렇게 생각하고 있었던 것이었다. 그 뒤 수년간 이것은 통과의례가 됐다. 미르카는 일광용욕 의자에 누워서 포스트시즌 논평을 했고, 이로 인해 페더러는 한 해 내내 행복했다. "제가 성취한 것에 대해서 생각해 볼 시간이 별로 없어요. 그렇게 찬찬히 돌아보는 건 휴가 중 미르카와 얘기할 때뿐입니다. 미르카가 제가 해낸 것들에 대해 자랑스럽다고 말해주는 건 정말 좋습니다. 스스로에게 만족감을 느낄 수 있는 시간이거든요." 경기 후에 있었던 인터뷰에서 페더러가 한 말이다.

페더러의 재능은 그의 경쟁자들과 테니스 역사를 동시에 압도해 버렸다. 토니 나달에 의하면 2004년에서 2007년 사이의 기간 동안 페더러는 가장 뛰어난 테니스 선수였을 뿐만 아니라 '전 세계에서 가장 위대한 스포츠 선수'라 칭하기에도 손색이 없었다. 전성기 시절의 페더러는 거의 모든 코트에서 천하무적이었다. 단지 롤랑가로스나 유럽의 다른 클레이코트 대회에서 라파엘 나달과 만났을 경우에만 간혹 패했을 뿐이다. "로저의 테니스는 정말 아름답지만 동시에 너무나 압도적이기도 하죠." 토니 나달이 말했다.

호주 오픈 결승에서 마라트 사핀을 꺾은 후, "저는 방금 마법사에게 졌습니다"라는 사핀의 찬사를 들었다. 존 매켄로 역시 "로저는 제가 본 선수 중에서 가장 매끄럽게 경기를 하고, 재능도 가장 뛰어납니다"라고 말했다.

완벽의 추구 -
페더러가 가장 절대적으로 군림했던 해는 언제였을까?

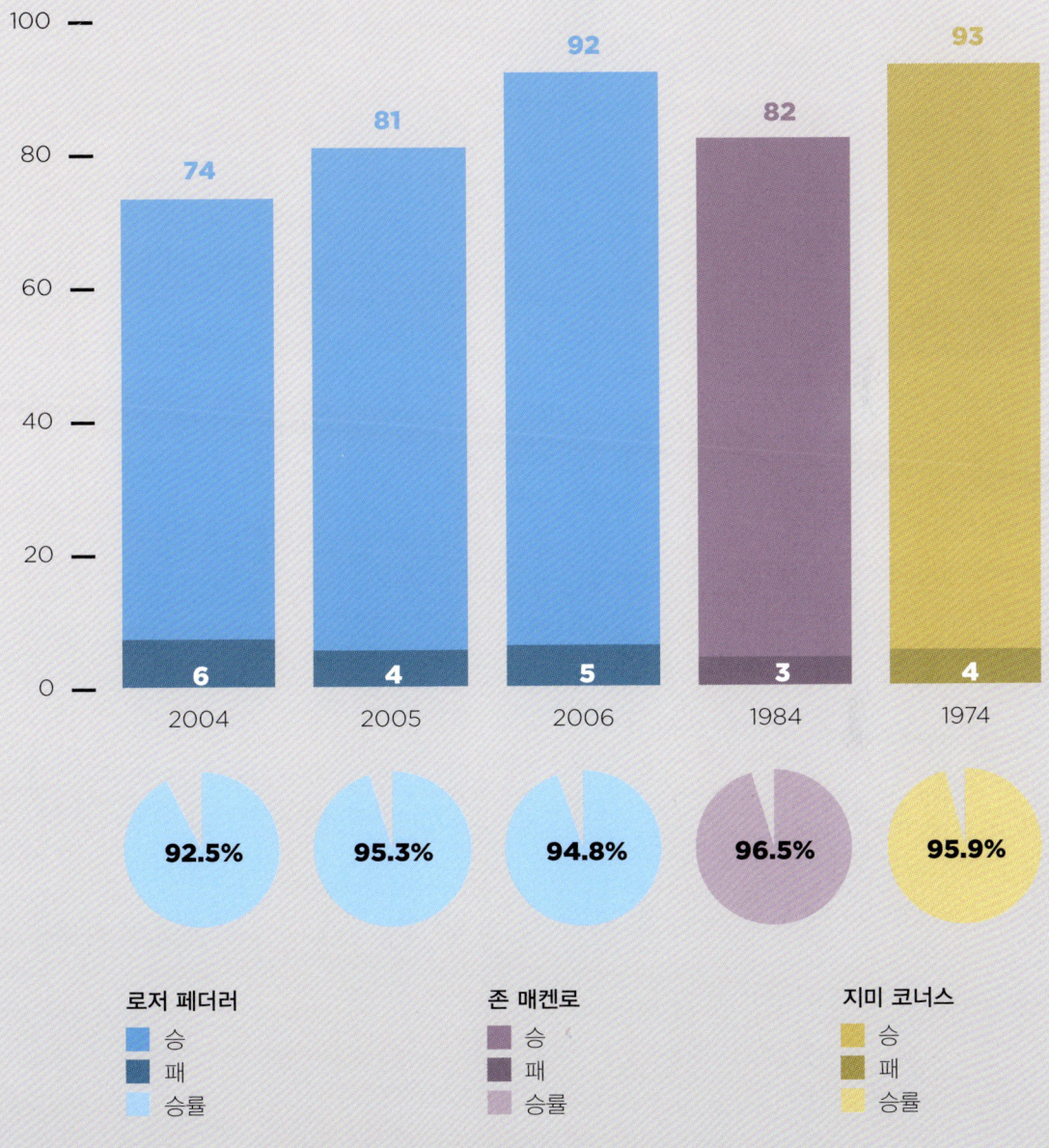

▲ 페더러가 당시의 코치였던 토니 로슈와 함께 윔블던 트로피를 살펴보고 있다.

    2003년 윔블던 우승 이후 페더러가 단기간에 얼마나 많은 것을 성취했는지를 보면 놀라움을 금할 수 없다. 다음 해 1월 호주 오픈 준결승에서 후안 카를로스 페레로Juan Carlos Ferrero를 상대로 승리를 거두면서 페더러는 처음으로 세계 랭킹 1위로 올라섰다. 그리고 호주 오픈 결승에서 마라트 사핀을 꺾은 후, "저는 방금 마법사에게 졌습니다"라는 사핀의 찬사를 들었다. 존 매켄로 역시 "로저는 제가 본 선수들 중 가장 매끄럽게 경기를 하고, 재능도 가장 뛰어납니다"라고 말했다. 2004년 페더러는 윔블던과 US 오픈 타이틀도 가져갔고, 1988년 매츠 빌랜더 이후 처음으로 한 해에 세 개의 그랜드슬램 대회에서 우승한 선수가 되었다. 2004년 페더러가 유일하게 졌던 그랜드슬램 경기는 프랑스 오픈 32강전에서 브라질 출신의 구스타보 쿠에르텐Gustavo Kuerten에게 패한 것이었다.

    페더러의 커리어에 가속이 붙으면서 여론도 바빠지기 시작했다. 1년 6개월 전만 하더라도 페더러에 대해 의구심을 가진 사람들이 있었다. 하지만 2005년 시즌이 시작되기 전 논쟁의 핵심은 페더러가 캘린더 그랜드슬램Calendar-year Grand Slam(한 해에 4개의 그랜드슬램 대회에서 모두 우승하는 것 – 옮긴이)을 달성할 수 있을 것이냐에 대한 것이었다. 1969년 로드 레이버가 캘린더 그랜드슬램을 달성한 이후 어떤 남자선수도 그 대기록을 재현해내지 못했다. 2005년 호주 오픈이 시작되기 며칠 전 페더러는 캘린더 그랜드슬램에 대해 질문을 받고는 크게 웃으면서 말했다. "사람들은 캘린더 그랜드슬램이 정말로 굉장한 일이라고 말하면서도 쉽게 생각하는 경향이 있는 것 같아요. 하지만 지난 역사를 돌이켜 보면 이건 거의 불가능에 가깝다는 걸 알 수 있을 겁니다. 하지만 만약에라도 제게 그런 일이 생긴다면 세상에서 가장 행복할 것 같아요."

캘린더 그랜드슬램을 두 번이나 해낸 로드 레이버의 아우라가 얼마나 굉장한지, 천하의 존 매켄로조차 레이버 앞에서는 마치 저스틴 비버Justin Bieber 콘서트에 간 십대 소녀처럼 행동한다고 앤디 로딕이 말했다. 페더러 시대 이전에는 많은 사람들이 레이버를 '가장 위대한 테니스 선수'라고 불렀다. 하지만 2004년 시즌 동안의 페더러의 경기에 압도된 레이버는 "로저와 비교되는 것만으로도 영광입니다"라고 겸손한 말을 했다. 당시 페더러는 그랜드슬램에서 '겨우' 네 번 우승했을 뿐이었는데, 레이버는 이미 그가 '믿기 힘들 정도의 재능'을 지녔으며 '역사상 가장 위대한 테니스 선수가 될 수 있을 것'이라고 말했던 것이다. "레이버 선생님의 인터뷰기사를 보았을 때 저는 입을 다물지 못했습니다. 너무 놀랐어요. 그 정도의 위치에 있고 그런 대기록을 소유하신 분이 저에 대해 그렇게 좋게 평가를 했다는 건 정말 기분 좋은 일이었어요." 페더러가 말했다.

페더러의 2005년 캘린더 그랜드슬램 시도는 호주 오픈 준결승에서 마라트 사핀에게 지면서 끝났다. 매치 포인트 기회를 잡은 상황에서 로브가 올라왔다. 공을 쫓아간 페더러는 시간적 여유가 있었음에도 불구하고 돌아서서 스트로크를 치지 않고 트위너라는 위험한 선택을 감행했다. 결국 공은 네트에 걸리고 말았고, 경기의 흐름은 사핀 쪽으로 넘어갔다. 그 해에 페더러는 윔블던과 US 오픈 두 개의 그랜드슬램에서 우승해서 총 6개의 그랜드슬램 트로피를 보유하게 되었다. 이 여섯이라는 숫자가 지니는 의미는 각별하다. 페더러의 우상이었던 스테판 에드베리, 보리스 베커와 어깨를 나란히 할 수 있게 된 것이다. 본인의 기록이 역대 선수들 사이에서 어느 정도의 위치에 있는지 가늠해 보는 것은 동기 부여가 되는 것이 분명했다. 그는 언젠가 이렇게 말했다. "테니스를 위한 삶을 살아야 한다는 사실을 잘 알고 있습니다. 그렇기 때문에 부상을 당해서는 안되고, 언제나 건강한 상태를 유지해야 합니다. 빈둥거리면서 세계 최고의 선수가 되길 바랄 수는 없겠죠. 프로답게 진지한 모습을 아주 오랜 시간 유지해야 합니다. 이것이 단지 좋은 선수가 되느냐, 아니면 레전드가 되느냐를 결정하는 겁니다. 레전드급 선수는 최고의 기량과 진지하고 프로다운 태도를 오랫동안 유지할 수 있어야 합니다. 제 목표도 테니스의 레전드가 되는 것입니다."

2005년 당시까지만의 업적만으로도 페더러는 이미 레전드가 되었다고 할 수 있을 것이다. 그리고 2006-2007년 시즌 동안 그가 모든 그랜드슬램 대회에서 보여준 완벽에 가까운 모습은 레전드로서의 이미지를 더욱 공고하게 만들었다. 그 2년 동안 페더러는 호주 오픈, 윔블던, 그리고 US 오픈에서 모두 우승했으며, 프랑스 오픈에서도 매번 결승에 진출했으나 두 번 모두 나달에게 봉쇄되었다. 하지만 나달은 아직까지 클레이코트를 제외한 나머지 코트에서는 페더러의 적수가 되지 못했고, 페더러는 다른 그랜드슬램 대회들을 독식했다. 페더러가 한 시즌 통산 최고 승률을 기록한 해는 2005년이었는데, 81번의 경기에서 승리를 거두고, 4경기에서만 패해 95.3%의 승률을 올렸다. 2006년에는 총 97경기 중 92경기에서 이기고, 5경기에서 지면서 승률이 94.8%로 살짝 낮아졌다. 다음으로 승률이 높았던 해는 2004년으로, 그 해 페더러는 총 80경기를 소화했는데 그 중 74경기에서 승리하고 6경기에서 패하면서 92.5%의 승률을 기록했다.

경기 중 페더러가 한 세트라도 빼앗기는 경우 바로 뉴스거리가 됐다. "그 당시 로저가 최고의 기량을 선보인 경기나 대회를 꼭 하나 집어내는 건 불가능하다고 봅니다. 모든 경기가 그랬으니까요. 그는 몇 해 동안 테니스계를 호령했습니다. 다른 어떤 선수와도 비교할 수 없을 정도로 탁월한 기량을 선보였기 때문에 누구도 그에게 위협적인 상대가 되지 못했어요. 경기가 잘 풀리지 않는 날에도 어떻게든 이겼습니다. 너무나도 꾸준히 압도적인 경기를 펼쳤고, 그 기간 내내 부상 없이 건강했어요. 코트에서 그를 몰아붙일 수 있는 선수는 아무도 없었습니다." 샘프러스가 말했다.

그랜드슬램 7회 우승 기록을 보유하고 있는 매츠 빌랜더는 페더러를 같은 세대 선수들, 특히 앤디 로딕과의 상대전적으로 평가해야 한다고 생각한다. 1981년생인 로저 페더러는 1986년생인 나달보다 다섯 살 많고, 1987년에 태어난 노박 조코비치와 앤디 머레이보다는 여섯 살이나 많다. 즉 빅 4에 속하는 다른 세 선수 모두 페더러와 같은 세대가 아니다. 1982년생으로 페더러보다 한 살 어린 로딕은 페더러의 세대라고 할 수 있다. "로저와 앤디 간의 라이벌 관계에 좀 더 초점을 맞출 필요가 있습니다. 둘 다 같은 시기에 전성기를 보냈기 때문이죠. 페더러와 같은 세대의 선수들, 즉 나이 차이를 두 살 이내로 좁힌다면 페더러는 거의 진 적이 없을 정도로 압도적이었습니다. 특히 로딕과의 상대전적은 경이로울 정도입니다." 빌랜더가 말했다. "로저가 워낙 뛰어나다 보니 다음 세대 선수들인 조코비치, 나달, 머레이와도 경쟁하게 된 겁니다. 이건 정말 대단한 거예요. 대여섯 살 어린 선수들과 경쟁하는 건 사실상 불가능한 일이거든요."

로딕은 그랜드슬램에서 우승했고 세계 랭킹 1위까지 올라갔던 선수였지만 페더러의 적수는 되지 못했다. 총 스물네 번의 만남 중에서 단 세 번을 제외하고는 주심의 마지막 멘트는 항상 동일했다. "게임, 세트, 매치, 로저 페더러"(마지막 게임이 마무리 되면서 세트가 끝나고, 그 세트의 승패로 경기가 종료 되었다는 의미. 마지막에 부르는 이름은 경기 승자의 이름임 - 옮긴이). 이 두 사람은 그랜드슬램 결승전에서 네 차례 맞붙었는데, 네 번 모두 페더러의 승리로 끝났다. 하지만 승패를 떠나 경기 내용이 워낙 일방적이었기 때문에 라이벌 관계 자체가 형성되지 않았다고 할 수 있다. 로딕에 대한 페더러의 우위가 가장 두드러졌던 경기는 2007년 호주 오픈 준결승이었다. 경기 전까지만 해도 자신감에 차 있던 로딕은 결국 단 여섯 게임 밖에 따지 못했다. "절망적이고, 비참하고, 엿 같았고, 끔찍했어요. 그것 말고는 괜찮았습니다." 페더러 자신도 놀랐다. "그냥 비현실적이었어요. 전에도 우세한 경기를 해 본 적은 많이 있었지만, 이렇게 누군가의 게임을 거의 파괴한 것은 처음이었습니다."

그러나 페더러가 멜버른 파크(호주 오픈 대회 장소)에서보다도 더 뛰어난 경기력을 보여주었던 시합이 있었다. 바로 올잉글랜드클럽의 잔디코트에서 벌어진 경기였다. 페더러가 다른 어떤 대회보다도 지속적으로 눈부신 실력을 보여준 곳이 윔블던이었기 때문에 어찌보면 당연한 결과라고도 할 수 있겠다.

●

비외른 보리는 페더러와의 유대 관계가 사람들이 생각하는 것보다 훨씬 오래 전에 시작되었다고 말한다. 즉, 2001년 윔블던 대회까지 거슬러 올라간다는 것이다. 그 해 여름, 비외른 보리는 유일한 윔블던 5회 연속 우승자로서의 위상을 잃을지도 모르는 처지에 있었다. 전년도까지 4회 연속 우승자였던 피트 샘프러스의 다섯 번째 우승이 유력했기 때문이었다. 보리는 '얼음' 같은 냉정함과 차분함을 유지한 채로 1976년부터 1980년까지 윔블던에서 우승을 차지했다. 하지만 2001년 윔블던 대회에서 샘프러스가 16강까지 진출하자, 그 냉정한 모습을 조금씩 잃기 시작했다. 샘프러스가 16강까지 순항했던 것은 아니다. 2회전에서 샘프러스는 와일드카드를 받고 출전한 영국의 베리 코언Barry Cowan을 상대로 5세트 만에 힘겹게 승리를 거두고 32강에 진출했다. 페더러가 16강에서 샘프러스를 물리치자 보리는 페더러의 연락처를 알아내 전화를 걸었다. 축하의 메시지를 전할 목적도 있었지만 사실 그보다 더 큰 이유는 자신의 윔블던 5회 연속 우승 기록을 보호해 준 것에 대해 감사를 표하기 위해서였던 것이다.

페더러에 대한 본인의 애정이 워낙 각별했기 때문에, 보리는 이후 페더러가 자신의 윔블던 기록을 위협하는 상황이 되었어도 크게 개의치 않는 것처럼 보였다. 페더러가 2006년 윔블던 결승전에서 나달을 꺾고 윔블던 4회 연속 우승을 기록한 지 얼마 안 되었을 때였다. 페더러와 보리는 두바이에서 같이 연습하는 시간을 가졌는데 나중에 보리는 그 시간을 일컬어 '아름다운 순간'이었다고 회상했다. 이 연습시간을 주선했던 페더러는

▼ 뒷면사진
2005년 US 오픈 결승에서 페더러는 애거시와 맞붙었다.

불세출의 선수

> 보리는 페더러에게서 자신의 모습을 많이 본다고 했다. 특히 코트에서의 언행에 많은 공통점이 있다는 것이다. "감정을 드러내지 않는 면에서 우린 서로 매우 비슷합니다. 로저는 자제할 줄 알아요."

보리가 얼마나 공을 잘 치는지 깜짝 놀라며 심지어 그를 정규 연습 파트너로 기용해도 좋겠다는 생각까지 했을 정도였다. "보리의 백핸드는 비디오에서 보던 예전 모습과 전혀 다를 바 없었습니다." 페더러가 말했다. 다음 해 여름, 페더러가 윔블던 결승에 5회 연속 진출하자 보리는 1981년 결승에서 패한 이후 겨우 두 번째로 자신의 '성스러운 장소'인 윔블던 센터코트에 모습을 드러냈다. 다른 한 번은 2000년에 열렸던 '밀레니엄 기념 윔블던 우승자 퍼레이드' 때였는데, 5회 우승한 챔피언으로서 의무감에 참석했었다. 그러나 이번엔 자신의 의지에 의해 로열박스 첫 줄에 앉은 것이다.

보리와 달리 페더러는 윔블던에서 미신을 믿지 않는다. 보리는 매년 같은 호텔에 묵고, 같은 라커를 이용하고, 같은 의자에 앉으며 심지어 수건 개수도 동일하게 준비되기를 원했다. 대회가 끝나기 전까지는 면도와 성관계도 자제했다. 그러나 보리는 페더러에게서 자신의 모습을 많이 본다고 했다. 특히 코트에서의 언행에 많은 공통점이 있다는 것이다. "감정을 드러내지 않는 면에서 우린 서로 매우 비슷합니다. 로저는 자제할 줄 알아요. 물론 그에게도 다른 사람들과 마찬가지로 감정이 있습니다. 단지 경기장에서 보여주고 싶지 않을 뿐이죠. 저는 그 친구가 경기에 얼마나 신경 쓰는지 알아요. 겉으로만 쿨한 척 하는 겁니다." 자신이 '살아있는 전설'이라고 칭송한 전 챔피언 앞에서 펼쳐진 2006년 윔블던 나달과의 결승전은 페더러의 정신력과 감정 조절 능력에 대한 시험 무대였다.

페더러의 테니스 인생의 많은 부분은 올잉글랜드클럽의 초록색과 보라색의 프리즘을 통해 조명해 볼 수 있을 것이다. (보라색과 초록색은 윔블던 챔피언십의 공식 색상임 – 옮긴이) 윔블던은 페더러와 가장 인연이 많은 그랜드슬램 대회이기도 하다. 유년 시절 페더러는 차고 벽이나 주방 찬장에 대고 공을 칠 때를 제외하고는 클레이코트에서 테니스를 쳤다. 선수로서 두각을 나타내기 전에는 소위 클레이코트 전문이었던 것이다. 하지만 흙먼지를 뒤집어 썼던 수년간의 세월에도 불구하고, 페더러의 공격적인 성향에 가장 잘 맞는 곳은 잔디코트였고, 결과도 가장 좋았다. 그는 언제나 잔디코트에서 나는 소리와 느낌을 흠모했다. 그리고 무엇보다도 전통의 유지, 보수적인 매너, 탁월함의 추구 등 윔블던이 상징하는 가치의 대다수는 페더러가 테니스를 바라보는 시각과 일치하는 것이었다.

페더러의 유일한 주니어 그랜드슬램 우승 역시 1998년 여름 윔블던의 잔디코트에서 이루어졌다. 당시 1회전 경기 시작에 앞서 페더러는 너무나 긴장한 나머지 네트가 터무니없이 높다고 생각했고, 체어엄파이어에게 네트의 높이를 확인해 달라고 요청했다. 물론 네트의 높이는 정확했다. 그곳은 동네 코트가 아닌 윔블던이었다. 윔블던 주니어 대

▲ 보리와 페더러는 윔블던 대회에서 5회 연속 우승을 기록한 단 두 명의 남자 선수들이다.

회 우승이 성인 프로 테니스 무대에서의 성공을 보장하는 것은 전혀 아니다. 페더러 이전의 주니어챔피언 중 비외른 보리, 스테판 에드베리 그리고 팻 캐시Pat Cash 세 명만이 후일 윔블던 챔피언이 되었다. 삼 년 뒤 페더러가 샘프러스를 상대로 승리를 거둔 후 잔디코트에서의 페더러의 뛰어난 자질은 더욱 부각되었다. 2003년 첫 윔블던 챔피언십 우승 이후로는 아무도 그를 막을 수 없었다. 이후 페더러는 두 해 연속 윔블던 결승전에서 앤디 로딕을 꺾고 우승을 차지했다. 2004년 결승전 후 인터뷰에서 로딕은 인상적인 비유를 했다. "제가 로저에게 부엌 싱크대를 던지니 로저는 욕실에 가서 욕조를 가져와 던졌습니다." 2005년 윔블던 결승전은 전년도 결승에 비해서 훨씬 더 일방적인 경기였는데, 페더러 커리어 최고의 경기력을 보여준 경기라고 불릴 만 했다. 이날 페더러는 아마도 윔블던 결승전 사상 최고의 경기를 펼쳤을 것이다. 이는 1999년 윔블던 결승에서 안드레 애거시를 상대로 보여준 샘프러스의 플레이를 능가하는 것이었다. 로버트 페더러는 2003년과 2004년 윔블던 대회 우승 당시 현장에서 아들의 경기를 보지 못했다. 누군가는 스위스에 남아서 고양이 밥을 주어야 했기 때문이라고 했다. 하지만 다행스럽게도 2005년 결승전은 놓치지 않았다.

페더러와 나달은 세 번 연속 윔블던 결승에서 맞붙었다. 첫 번째인 2006년 결승전은 4세트까지 갔다. 다음 해에 페더러는 2003년 윔블던에서의 첫 우승 이후 처음으로 올잉

불세출의 선수   145

그랜드슬램 무실세트 우승 기록

100%
로저 페더러
2007년 호주 오픈

100%
켄 로즈웰
1971년 호주 오픈

100%
일리에 너스타세
1973년 프랑스 오픈

100%
비외른 보리
1976년 프랑스 오픈
1978년 윔블던
1980년 프랑스 오픈

100%
라파엘 나달
2008년 프랑스 오픈
2010년 프랑스 오픈

글랜드클럽에서 5세트 경기를 했다. 경기도 막상막하의 접전이었지만 보리의 5회 연속 우승 기록에 도전하는 부담감도 있었기에, 경기가 끝나는 순간 페더러는 감정을 절제할 수 없었다. 우승이 확정됨과 동시에 그는 코트에 쓰러져 누웠고, 코트 바닥에 몸이 닿기도 전에 이미 그의 눈엔 눈물이 맺혔다. 몸을 일으켜 네트로 가서 나달을 포옹할 때도 계속 울고 있었다. 의자로 돌아가 앉아서는 더 많은 눈물을 흘렸다. 시상식에서 우승 소감을 말할 때 페더러는 결승전을 관전해 준 보리에게 특별히 감사의 말을 전했고, 시상식 후에는 클럽하우스에서 그에 앞서 5회 연속 우승의 대기록을 세웠던 챔피언의 '스웨덴식 포옹'을 받았다. 페더러는 그 이후에도 윔블던에서 우승했고, 앞으로 더 우승할 수도 있겠지만 그날에서와 같이 잔디코트에서의 절대강자의 모습은 아닐 것이다.

이제까지 어느 누구도 두 개의 다른 그랜드슬램 대회에서 5년 연속 우승한 적은 없었고, US 오픈에서 5년 연속 챔피언이 된 경우도 없었다. 그러나 뉴욕에서의 페더러의 독주는 워낙 두드러져서 그가 아서 애쉬 스타디움에서 트로피를 드는 모습은 여름 이벤트의 고정적인 장면이 되었다. 그것 말고도 라인강변의 조용한 도시 출신의 이 스위스 선수가 뉴욕을 호령하고 있다는 사실을 보여주는 증거는 많았다. 도심 호텔과 플러싱 메도우 간에 선수를 이송하는 US 오픈 공식차량과 미니버스에는 수년 동안 페더러의 사진이 붙어있었다. 그는 맨해튼의 호텔에서 자신의 이름을 딴 스위트룸에 머무르면서 자신의 이니셜인 RF가 새겨진 베개를 사용했다. 페더러의 업적을 기록한 명판이 걸려 있는 이 스위트룸은 US 오픈 기간을 제외하면 하룻밤에 수천 달러를 호가하는 가격에 일반 예약도 가능하다.

US 오픈은 다른 그랜드슬램 대회와는 달리, 야생마와 같이 거칠고 힘이 넘치며 길들여지지 않은 듯한 이미지를 지니고 있었다. 하지만 유럽에서 건너온 이 세련되고 우아한 선수가 2004년부터 5년간 US 오픈을 평정하면서 대회에 질서를 가져왔다. 페더러가 최고의 경기력을 선보였던 시합을 손꼽아 보면 뉴욕에서 펼쳐진 몇 차례의 결승전도 포함될 것이다. 그 중 하나는 2004년 결승전에서 호주의 레이튼 휴이트를 상대로 두 세트를 6-0 '베이글'(세트가 6-0으로 끝나는 것을 '베이글'이라고 표현함 – 옮긴이)로 장식한 경기였고, 또 하나는 2005년 결승전에서 안드레 애거시를 4세트만에 이긴 경기였다. 그 전까지는 현대 테니스가 시작된 이래로 지미 코너스 Jimmy Connors와 피트 샘프러스만이 US 오픈에서 다섯 번 우승을 차지했었다. 그러나 두 선수 모두 5년 연속으로 우승한 것은 아니었다. 2006년 US 오픈 결승전 때 로딕의 코치였던 코너스는 페더러가 또다시 우승하는 것을 간접적으로나마 막을 수 있기를 바랬지만 로딕은 페더러에게 패하고 말았다. 페더러는 다음 해 노박 조코비치를 상대로 다시 우승을 차지하며 패권을 이어갔다. "언제까지 우승을 이어갈 수 있을까?" 페더러는 스스로에게 자문했다. 그에 대한 답은 '일년 더'였다. 2008년 US 오픈 결승전에서 페더러는 앤디 머레이를 누르고 다시 우승했다. 그러나 다음 해 2009년 US 오픈 결승전에서 페더러는 세트 스코어 2-1로 앞서고 있었던 상황임에도 불구하고 아르헨티나의 후안 마틴 델 포트로에게 지면서 6년 연속 우승의 신화는 중단되었다.

지구 반대편에서도 비슷한 일이 벌어졌다. 2004년 호주 오픈 결승전 후 마라트 사핀이 한 말과 같이 페더러의 테니스에는 마법과 같은 무엇인가가 있었다. 만약 페더러가 그리스-사이프러스 출신의 마르코스 바그다티스Marcos Baghdatis를 결승에서 물리치고 우승했던 2006년에 아주 높은 수준의 경기력을 발휘했었다고 한다면, 2007년에 호주 멜버른 파크에서는 페더러의 상대를 찾을 수조차 없었다. 그 해 페더러는 호주 오픈 결승에서 강력한 '곤조' 포핸드로 무장한 칠레 출신의 페르난도 곤잘레스Fernando González를 3:0으로 물리쳤을 뿐만 아니라, 대회 내내 단 한 세트도 내주지 않고 우승컵을 안았다. 페더러 이전에 그랜드슬램에서 무실세트로 우승했던 선수는 1980년 프랑스 오픈에서의 비외른 보리가 마지막이었다. 바로 그 호주 오픈 준결승에서 페더러는 로딕 역시 완파했다. "대회 내내 마음이 편안했습니다. 믿을 수 없을 정도였죠." 페더러가 말했다.

▼ 연습 코트에서의 페더러와 토니 로슈

●

"나는 세계 랭킹 1위이고, 더 이상 올라갈 곳이 없다. 자, 그럼 이제 나는 무엇을 해야 할까?" 폴 아나콘에 의하면 로저 페더러는 300주 이상 1위 자리를 지키면서 스스로에게 이와 같은 질문을 끊임없이 던졌다. "이제 막 세계 랭킹 1위에 등극한 선수는 정말 대단한 업적을 이룬 겁니다. 하지만 오랜 기간 동안 그 자리를 유지하는 건 더욱 경이로운 일이지요." 아나콘이 말했다. 그는 테니스에서의 '경이로움'을 성취한 두 명의 선수의 코치를 역임했기에 그런 말을 할 자격이 충분했다. 피트 샘프러스(286주 동안 세계 랭킹 1위)와 페더러가 그 둘이다. 아나콘이 코치를 맡은 기간 동안 페더러는 세 번째로 랭킹 1위에 올라섰다. 2012년 윔블던에서의 우승을 통해 정상에 복귀한 이후 17주 동안 그 자리를 지켰다. 2004년 처음 1위에 올라선 후 2008년까지의 237주 기간과, 2009년 윔블던 우승을 통해 다시 정상에 복귀한 이후 48주 기간을 합쳐 총 302주 동안 세계 남자 테니스의 정상에서 군림한 셈이다.

"맙소사, 내가 1위가 됐어." 페더러가 2004년 호주 오픈 준결승에서 스페인의 후안 카를로스 페레로를 상대로 승리를 거둔 후 한 말이다. 아나콘은 정상 등극 자체는 상대적으로 쉬운 편이라고 말한다. "피트가 언젠가 이렇게 말했습니다. 1위로 올라서는 것보다 그 자리를 유지하는 것이 훨씬 더 힘들다고요. 1위를 달성한 다음엔 어떻게 진화해 나가야 하는지를 알아내야 하기 때문이죠. 1위가 된 성취감을 즐기지 못한다는 것이 아니라 이제는 왜 테니스를 치는지, 어떤 테니스 선수가 되고 싶을 것인지를 진지하게 생각해야 합니다. '이제 어떻게 해야 하는 것일까? 앞으로도 계속 대회에 출전해서 우승하는 것에 신경을 써야 하는 걸까? 아니면 그랜드슬램에만 집중을 해야 할까?'를 고민하는 겁니다. 피트나 로저 같은 선수들은 다음 단계에서 본인들이 원하는 것이 무엇인지에 대한 생각이 분명해야 합니다."

그러나 페더러의 경우 동기부여가 문제가 된 적은 거의 없어 보였다. 페더러는 연말 1위로 시즌을 마감한 적이 5번 있었는데, 이것은 샘프러스의 기록보다 한 번 적은 수치이다. 1위 유지는 페더러가 정말 신경을 많이 쓴 부분이며, 수년간 그의 우선 순위 목록에 포함되었다. 2004년 세 개의 그랜드슬램 대회에서 우승한 것을 포함해 아주 성공적인 한 해를 보냈음에도 불구하고, 2005년 시즌이 시작되기 직전 페더러는 충분히 준비하지 못했다는 사실에 몹시 화가 났다. "작년엔 어쩔 수가 없었어요. 대회가 끝나면 바로 다음 대회에 참가해야 했고, 그 뒤에는 휴식을 취해야 했습니다. 그러다 보니 연습에 충분한 시간을 투자할 수가 없었어요. 연습은 반드시 필요한 겁니다. 연습하지 않으면 실력이 늘

수가 없어요. 그러면 계속 제자리 걸음을 하게 되고 다른 선수들에게 따라 잡히게 되는 거죠. 저는 남들보다 앞서 나가고 싶거든요."

극소수의 선수들만이 100주가 넘는 기간 동안 세계 랭킹 1위를 유지했다. 지미 코너스는 160주 연속으로 1위를 유지했고, 이반 렌들은 157주, 샘프러스는 102주 연속 1위를 기록했다. 페더러의 237주 기록은 이들을 압도한다. "세계 1위를 오랫동안 유지하는 것은 정말 힘듭니다. 2~3년 이상 그 자리를 지키는 건 사람이 할 수 있는 일이 아니라고 생각해요. 언젠가는 내려올 수 밖에 없습니다. 1위라는 랭킹은 대회 때마다 안고 가야 하는 존재입니다. 다른 선수들보다 훨씬 많은 부담을 지니게 되는 거죠. 사람들의 기대와 언론의 요구에도 부응해야 합니다. 정말 지치게 되지요. 반면 랭킹 20위인 선수는 자기 경기에만 집중하면 되는 거예요. 테니스는 개인 스포츠이기 때문에 어떤 것도 피할 수가 없습니다. 숨어버릴 수도 없어요. 다 자기 자신에게 달린 거니까요. 1위라는 랭킹은 시즌 처음부터 끝까지의 약속이에요. 게다가 테니스 시즌은 아주 깁니다." 샘프러스가 말했다.

아나콘의 말에 따르면, 1위 자리를 오랫동안 유지하기 위해서는 기대치를 적절하게 잘 소화해야 하고, 동시에 자신의 커리어가 올바른 방향으로 향하도록 신경을 써야 한다. "문제의 많은 부분은 사람들의 기대감과 주변환경으로 인한 것이고, 이건 로저와 피트 모두 마찬가지였습니다. 잘 할수록 본인에 대한 기대치 역시 커집니다. 제가 코치로 있었던 선수들은 모두 스스로에게 가장 엄격한 비평가들이었어요. 모든 대회에서 우승하려고 하죠. 위대한 선수들은 그럴 수 밖에 없습니다. 다른 사람이 아닌 자기 자신의 잣대로 평가하는 겁니다." 아나콘은 페더러와 샘프러스의 대처 방법이 달랐다고 했다. "피트는 혼자 하는 스타일이었어요. 모든 것을 작은 규모로, 통제 가능한 상태로 유지하려고 했고, 그의 팀도 규모가 작았습니다. 훨씬 조절하기 쉬운 환경이었지요. 로저의 경우 이제는 자녀 넷을 모두 동반해서 다닙니다. 그의 팀은 규모가 훨씬 커요. 로저는 코트 밖에서의 일에도 많이 관여하는데다가 스폰서도 훨씬 많습니다. 세계적인 홍보대사예요. 로저는 본인의 선택에 의해 이런 여러 활동을 합니다. 피트가 선택한 방식은 성공을 목표로 했고, 우선순위가 명확했습니다. 가장 중요하게 생각한 것은 최대한 많은 그랜드슬램 대회에서 우승하는 것이었죠. 조용한 생활을 선호하는 피트의 성격을 고려하면 아주 잘 처신했다고 생각합니다. 로저는 시끄러운 상황이나 집중을 방해 받는 것에 그다지 신경을 쓰지 않습니다. 그 친구는 그런 것들에 대한 대처 능력이 뛰어난 것 같습니다."

페더러가 1위 자리를 그토록 오랫동안 유지할 수 있었던 궁극적인 이유는 그의 경쟁심이다. "세계 랭킹 1위를 300주 이상 유지한다는 것은 그가 테니스 경기 자체를 얼마나 즐기는지를 보여주는 겁니다. 규모가 작은 대회에서 우승했을 때 그의 표정을 보면,

▲ 페더러는 테니스 자체도 좋아하지만 승리의 쾌감을 즐긴다.

페더러가 얼마나 테니스를 사랑하고, 또 이기는 걸 싫어하는지를 잘 알 수 있어요." 아나콘이 말했다. 페더러는 언젠가 이렇게 외쳤다. "정말 환상적이에요. 승리의 기분을 누구에게나 추천하고 싶습니다."

2008년 여름 라파엘 나달에게 처음으로 1위 자리를 빼앗겼을 때, 페더러는 그 사실을 받아들이기가 쉽지 않았다. 장내 아나운서가 그를 세계 랭킹 2위로 소개한다는 사실은 끔찍했고, 뭔가 잘못된 것 같았다. 그는 다시 도전했다. 그리고 두 번 더 정상에 설 수 있었다. 한 번은 정상의 문턱에서 주저 앉은 적도 있었다. 2014년 스테판 에드베리와 손잡은 페더러는 그 해 런던에서 열린 2014년 시즌 마지막 대회인 ATP 월드 투어 파이널에서 우승하면 다시 한 번 세계 랭킹 1위로 시즌을 마감할 가능성이 있었다. 하지만 페더러는 노박 조코비치를 넘지 못했다. "이제 로저는 다시 세계 1위가 되고 싶은 마음이 별로 없습니다. 그것은 더 이상 그에게 우선 순위가 아니에요. 몇 년 전 우리가 함께 했을 때 로저는 다시 1위 자리로 올라서고, 그랜드슬램에서 우승하는 것을 간절히 원했습니다. 그리고 실제로 그걸 해냈죠. 그렇지만 이제 로저는 테니스 선수로서의 삶을 즐기려 하고 있고, 이전과는 약간 달라졌습니다. 그의 나이를 고려할 때 1년에 30개 대회에서 뛸 것도 아니고, 랭킹에 집착하는 것도 아닙니다. 이제는 그랜드슬램을 포함해서 꼭 필요한 순간에 좋은 경기를 펼치는 것에 더 중점을 두려고 하는 것이겠죠." 아나콘이 말했다.

불세출의 선수

7

발레리나 대(對) 권투선수

"윔블던은 정말 믿을 수 없을 정도로 대단합니다. 테니스의 모든 전통이 바로 여기서 시작되었죠. 그리고 그 경기는 당시 세계 랭킹 1, 2위이자 너무나도 뛰어난 두 선수의 결승전이었습니다. 어둠, 비, 극적인 반전, 그리고 환상적인 테니스가 그곳에 있었어요."

2008년 윔블던 결승전에서 로저 페더러 인생 최고의 백핸드 패싱샷을 목격한 프랑스 출신의 체어엄파이어 파스칼 마리아Pascal Maria는 "맙소사!"하고 속으로 외쳤다. 마리아가 기억하는 것처럼 평상시엔 가장 점잖은 센터코트의 관중들이 다 같이 소리를 질렀다. 나달이 네트를 점령한 상황에서 페더러의 백핸드 다운더라인은 언제 봐도 멋진 샷이 겠지만, 이번엔 챔피언십 포인트에 몰린 상황에서 나온 것이다. 그렇게 절체절명의 순간에 그런 대담한 샷을 칠 수 있는 선수가 페더러말고 또 있을까? 페더러가 선수 생활을 하는 동안 과감한 선택을 하는 경우는 아주 많지만, 이보다 더 좋은 예는 없을 것이다. 페더러의 그 백핸드 샷은 2008년 윔블던 결승전을 오랫동안 기억될 명승부의 반열에 올려 놓았다. 경기의 전후 상황을 좀 더 살펴보자. 나달이 두 세트를 먼저 가져가면서 경기 결과는 자명한 것처럼 보였다. 그러나 페더러의 천재성이 빛을 발하기 시작했고, 경기는 저녁 어스름이 내려앉는 5세트까지 이어졌다. "이 경기에 주심을 보다니 얼마나 큰 행운인가"라고 마리아는 생각했다. "윔블던은 정말 믿을 수 없을 정도로 대단합니다. 테니스의 모든 전통이 바로 여기서 시작되었죠. 그리고 그 경기는 당시 세계 랭킹 1, 2위이자 너무나도 뛰어난 두 선수의 결승전이었습니다. 어둠, 비, 극적인 반전, 그리고 환상적인 테니스가 그곳에 있었어요." 마리아가 말했다.

윔블던 결승전이 끝난 직후에는 거의 모든 결승전이 지나치게 미화된다. 하지만 나달과 페더러의 5세트 결승전 이후 TV와 라디오에서 쏟아진 '테니스 역사상 가장 위대한 경기'라는 분석은 지금까지도 유효하다. 센터코트에서 경기를 직접 관전했던 관중 한 명은 '마치 하늘에서 천사가 떨어지는 모습을 보는 것 같았다'고 표현했다. 페더러는 역사상 처음으로 6회 연속 윔블던 우승을 위해 전력을 다하는 중이었고, 반면 나달은 처음으로 윔블던 우승컵을 품에 안기 위해, 또 자신이 클레이코트에서만 잘하는 선수가 아니라

▶ 2009년 호주오픈 결승전에서 우승한 나달이 페더러를 위로하고 있다.

는 것을 증명하기 위해서 사력을 다하고 있었다. 또한 나달이 우승한다면, 1980년 비외른 보리 이후 처음으로 같은 해 유럽에서 열리는 두 그랜드슬램 대회(프랑스 오픈과 윔블던)를 동시에 제패하는 선수가 될 수 있었다. 4시간 48분 동안 지속된 이 드라마를 더욱 극적으로 만들어 준 것은 날씨였다. 경기는 이미 두 번이나 비로 인해 중단되었었다. 미국의 테니스 전문 저널리스트인 존 워드하임Jon Wertheim은 페더러가 비를 피해 대기실로 들어가는데 장차 아내가 될 미르카가 그의 앞을 가로 막으면서 다음과 같이 말했다고 했다. "당신이 로저 페더러라는 사실을 잊지 말아요."

경기는 오후 9시 17분이 되어서야 끝났다. 스코어보드의 점수는 밝게 빛나고 있었고, 어둠으로 인해 선수들은 공을 제대로 보기가 점점 더 힘들어진 상태였다. TV 시청자들이 보기에는 충분한 빛이 있었지만, 그것은 TV 영상의 밝기를 조정한 화면이었고, 실제 센터코트에는 이미 어둠이 내려앉은 상태였다. "마지막 세트가 8-8로 동점이 되면 아마도 경기가 중단되었을 거고, 다음날 다시 재개했을 겁니다. 하지만 아시다시피 나달이 마지막 세트를 9-7로 이겼고, 그날 경기가 마무리될 수 있었죠." 마리아가 말했다. 페더러는 어둠 속에서 경기를 진행하게 된 상황에 불쾌감을 표했다. "정말 불편했어요. 가장 중요한 테니스 시합을 경기가 거의 불가능할 정도로 어두운 상황에서 치렀다는 사실은 정말 받아들이기 어렵습니다." 페더러는 나달의 얼굴을 식별하기도 어려웠다고 했다. 만약 페더러가 연초에 단핵구증에 걸리지 않아서 20여일간의 훈련 기간을 빼먹지 않고 몸이 쇠약해지지도 않았더라면, 과연 결승에서 이길 수 있었을까?

6회 연속 윔블던 우승 달성에 실패하고 난 페더러는 괴로움과 실망감에 휩싸였다. 하지만 얼마 지나지 않아 자신의 아버지가 '세기의 혈전'이라고 칭한 이 윔블던 결승전이 테니스의 인기를 높이는데 큰 몫을 했다는 사실을 인식하게 되었다. 두 선수 간의 치열했던 만남은 페더러와 나달을 남자 테니스 역사상 최고의 라이벌로 등극시켰다. 이는 존 매켄로와 비외른 보리, 피트 샘프러스와 안드레 애거시, 매켄로와 지미 코너스를 능가하는 것이었다. 하지만 축축하고 어둠이 내려앉았던 그날 저녁, 센터코트에서 벌어졌던 그 결승전보다 테니스의 위상을 높여줄 수 있는 경기는 앞으로도 없을 것이다. "그들의 라이벌 관계는 테니스계에 더할 나위 없는 선물입니다. 두 선수는 성격은 다르지만 모두 테니스에 대해 좋은 이미지를 심어주지요. 로저는 관중들에게 경이로운 존재입니다. 그토록 많은 그랜드슬램 대회에서 우승했고, 그렇게나 오랫동안 1위 자리에 있었으니까요. 역대 가장 훌륭한 선수라고 해도 과언이 아닙니다. 로저와 라파는 전혀 다른 경기 스타일을 지니고 있어요. 한 명은 놀라운 테크닉을 구사하고, 다른 한 명은 열정적이며, 종횡무진 뛰어다닙니다. 그들은 여러 차례 멋진 결승전을 치렀지만, 2008년 윔블던 결승만큼 대단한

▲ 페더러와 나달의 경쟁은 테니스의 위상을 한 단계 높이 끌어올렸다.

▶ 뒷면 사진
페더러와 나달 간의 2008년 윔블던 결승은 역대 가장 위대한 경기로 평가 받고 있다.

경기는 없었습니다." 토니 나달이 말했다.

 토니 나달은 자신의 조카와 페더러, 그리고 위대함의 추구에 대한 자신만의 이론이 있다. "둘 다 완전히 탈진 상태가 되었죠." 두 선수 간의 격돌이 워낙 치열했기에 나달과 페더러 모두 정신적으로나 육체적으로 엄청난 에너지를 소모했다는 것이다. 그뿐만 아니라 서로의 잠재된 재능까지 완전히 고갈시켰다고 했다. 두 선수는 테니스 선수로서 보여줄 수 있는 플레이의 한계점에 도달했었다. 나달과 경기를 할 때면 페더러에게 만약이라는 단어는 없다. 이미 최선의 모습을 보여주었기 때문이다.

 그러나 토니 나달의 분석은 페더러의 열성팬들의 견해와는 상반된다. RF 로고가 새겨져 있는 야구모자를 쓴 페더러의 팬들은 나달의 이두박근과 채찍으로 후려치는 듯한 왼손 포핸드가 페더러의 천재성을 어떤 식으로든 침해한다고 생각하는 것이다. 저자는 개인적으로 토니 나달의 이론에 동의한다. 페더러의 테니스 연대기에서 나달이 차지하는 부분을 생각해보자. 그는 중심 인물이고, 페더러의 걸출한 재능을 손상시킨다기보다는 오히려 더 빛나게 하는 인물로 보는 게 가장 정확할 것이다. 나달은 페더러의 인생에서 가장 큰 도전이었다. 나달이 없었다면 페더러는 오히려 지금보다 기량이 떨어지는

발레리나 대(對) 권투선수

▲ 페더러가 나달의 승리를 축하하고 있다.

선수가 되었을지도 모른다. 그것은 나달이 페더러로 하여금 백핸드 기술을 향상시키도록 압박해서만은 아니다. "두 사람은 모두 이미 높은 수준에 올라와 있었지만 매번 조금씩 더 올라갈 수 있도록 서로를 자극했고, 결국 자기 능력의 한계치까지 도달하게 된 겁니다. 더 이상 할 수 있는게 없었어요." 토니 나달이 말했다.

페더러와 나달의 첫 만남은 2004년 봄 후덥지근한 열기와 바람, 그리고 야자나무가 늘어서 있는 마이애미에서였는데, 공정한 상황이라고 보기는 어려웠다. 모든 조건을 고려했을 때, 조금이라도 몸 컨디션에 확신이 없는 상태로는 참가하면 안되는 그런 대회였다. 페더러는 아파서 기권할 생각도 있었지만, 결국 다시 경기를 하기로 마음 먹었다. 하지만 그는 나달에게 한 세트도 못 따고 지면서 조기에 탈락하고 말았다. 이듬해 봄 두 사람은 다시 마이애미 마스터스에서 만났는데, 이번에는 페더러가 두 세트를 먼저 내준 상황에서 역전에 성공하며 승리했다. 하지만 2006년 로마 마스터스 결승에서 5시간에 걸친 5세트 접전 끝에 나달이 승리를 거두고 나서야 세상은 이들의 관계에 주목하기 시작했다. 비록 클레이코트에 국한된 상황이었지만, 드디어 페더러를 괴롭힐 수 있는 라이벌이 나타났기 때문이었다. 그리고 그로부터 2년 뒤, 클레이코트 전문이라고 불렸던 이 선수가 페더러의 텃밭이라 할 수 있는 잔디코트에서 2008년 윔블던 타이틀을 거머쥐었다.

페더러가 발레리나라면 나달은 권투 선수라고 〈뉴요커〉에서 비유한 적이 있다. 하지만 나달의 존재는 페더러의 테크닉과 결단력, 야망을 재단하는 수준을 넘었다. 그는 최고의 스토리를 만든 것이다. 페더러에게 나달은 얼마나 필요한 존재였을까? 나달이 없었다면 페더러의 독보적인 테니스에는 극적인 긴장감이 없었을 것이다. 나달이 아니었다면 페더러에게 위험이라는게 존재할 수 있었을까? 물론 나달이 없었다면 페더러는 최소한 한 번은 캘린더 그랜드슬램을 달성했을 것이고, 진정 위대한 선수로 자리매김하기가 훨씬 더 용이했을지도 모른다. 하지만 거기에는 대가가 있었을 것이다. 나달이 없었다면 테니스팬들이 그렇게까지 페더러의 경기를 즐기고, 몰입할 수 있었을까? 나달이 그렇게 오랫동안 페더러의 길목을 차단하지 않았더라면, 관중들이 과연 커리어 그랜드슬램을 위한 페더러의 프랑스 오픈 우승을 그토록 갈망했을까? 대중은 천재를 원한다. 하지만 그 천재가 도전받고, 내몰리며, 굴복을 강요당하는 모습을 원하기도 한다. 2008년 프랑스 오픈 결승전에서 나달을 상대로 겨우 네 게임밖에 따지 못했던 '잔인한' 패배의 역경을 어떻게 극복하는지 보고 싶은 것이다. 극적인 반전이 없는 스토리는 식상하기 마련이다. 토니 나달이 말했듯이 나달은 아마도 페더러에게 인생 최고의 선물이었을지도 모른다.

●

롤랑가로스에서 열리는 프랑스 오픈 남자 단식 결승은 언제나 라파엘 나달의 마음에 동요를 일으킨다. 2009년 프랑스 오픈 결승이 끝나자 나달의 눈가는 다시 한번 젖어들

▲ 페더러는 2009년 프랑스 오픈 우승을 통해 커리어 그랜드슬램을 달성했다.

었다. 하지만 이번에는 자기 자신 때문에 흘리는 눈물이 아니었다. 이는 지난해 결승에서 자신이 네 게임만을 허용하고 패배시킨 선수를 위한 눈물이었다. 나달은 이번만큼은 파리에서 붉은 벽돌색 먼지를 일으키며 뛰어다닌 주인공이 아니었다. 필립 샤트리에 코트 Philippe Chatrier court (프랑스 오픈 대회 주경기장 - 옮긴이) 하늘 위를 날아다니는 스파이더 캠의 목표물도 아니었다. 그는 마요르카에 있는 자신의 집에서 TV로 결승전을 보고 있었다. 강력한 포핸드로 무장한 스웨덴 출신의 로빈 소덜링 Robin Söderling에게 16강에서 덜미를 잡히며 프랑스 오픈에서의 첫 패배를 기록한 직후였다. 나달이 무릎 부상과 더불어 부모의 이혼으로 인해 심리적으로 어려운 시기를 겪고 있었다는 사실은 시간이 지나고서야 알려졌다. 페더러가 소덜링을 물리치고 생애 처음으로 프랑스 오픈에서 우승을 하고, 이를 통해 커리어 그랜드슬램을 달성한 소수의 엘리트 클럽의 일원이 되는 장면은 나달을 감동시켰다. 몇 년이 지난 후에야 나달은 공개적으로 자신의 최고 라이벌이 이룩한 성취에 대해 기쁨의 눈물을 흘렸었다고 말했다. 나달의 이러한 반응은 관용의 미덕과 더불어 페더러와의 애정 어린 관계를 대변해준다. 그러나 그의 고백은 페더러가 그토록 갈망해온 프랑스 오픈 우승 트로피 라 꾸쁘 데 무스께떼르 La Coupe des Mousquetaires(사총사의 컵이라는 뜻 - 옮긴이)가 왜 거의 모든 선수들의 목표였는지를 보여주는 것이기도 하다.

▲ 로저 페더러는 안드레 애거시로부터 프랑스 오픈 우승컵인 라 꾸쁘 데 무스께떼르를 수여받았다.

페더러가 소덜링을 물리치고 생애 첫 프랑스 오픈 우승을 통해 커리어 그랜드슬램을 달성한 소수의 엘리트 클럽의 일원이 되는 장면은 나달을 감동시켰다.

페더러가 얼마나 프랑스 오픈 우승을 원했는지를 나달에게 굳이 설명할 필요는 없다. 그는 자신에 의해 페더러의 야망이 사라져 버리는 것을 바로 눈앞에서 지켜봤다. 2005년 준결승을 시작으로 2006년, 2007년, 그리고 2008년 결승까지. 나달의 존재로 인해 파리에서의 페더러의 승리는 훨씬 더 큰 의미를 지니게 되었다. 오랜 시간 동안 페더러는 클레이코트에서의 2인자였다. 테니스 역사상 클레이코트의 최강자라고 불리는 선수 다음이라는 사실은 전혀 부끄러운 일이 아니었다. 하지만 페더러가 프랑스 오픈을 정복하지 못할 운명일지도 모른다는 점은 논란의 대상이었다. 클레이코트 테니스는 테니스 중에서도 별개의 종목이라고 말하는 사람도 있다. 위대한 테니스 선수들 중에 프랑스 오픈에서 단 한 차례도 우승하지 못한 선수는 부지기수다. 피트 샘프러스, 존 매켄로, 보리스 베커, 그리고 스테판 에드베리가 대표적이다. 페더러가 이들 그룹에 합류할 것인지 아니면 프레드 페리Fred Perry, 돈 버지Don Budge, 로이 에머슨Roy Emerson, 로드 레이버, 그리고 안드레 애거시에 이어 여섯 번째로 네 개의 그랜드슬램 대회에서 최소한 한 번씩은 우승한 선수가 될 수 있을까? 논란 거리는 한 가지 더 있었다. 페더러가

발레리나 대(對) 권투선수

페더러의 위대한 기록

로저 페더러는 2009년 프랑스 오픈에서 우승하면서 27세의 나이에 커리어 그랜드슬램을 달성했다. 그는 이 위대한 기록의 여섯 번째 주인공이었고, 다음 해 라파엘 나달은 2010년 US 오픈에서 우승하면서 커리어 그랜드슬램을 달성한 일곱 번째 선수가 되었다. 다음의 표는 커리어 그랜드슬램을 달성한 선수와 당시 나이를 보여준다.

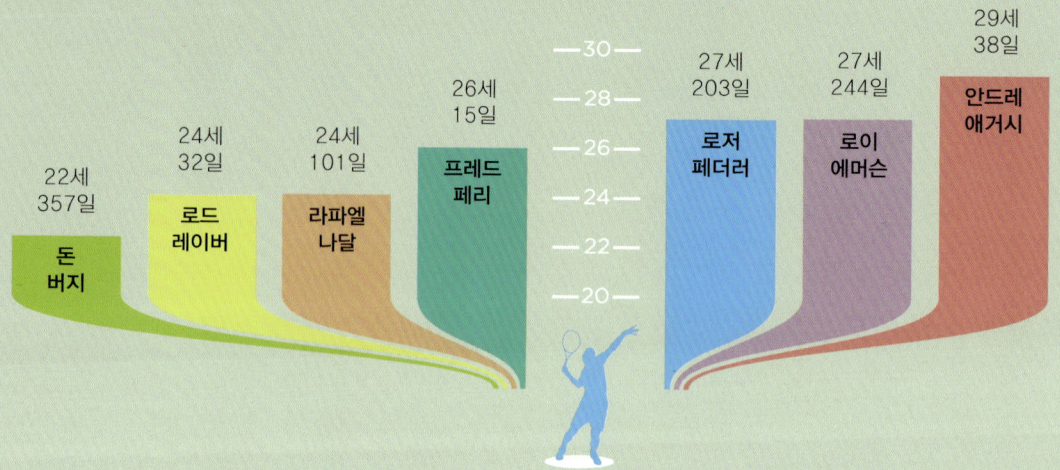

페더러의 그랜드슬램 8강, 준결승, 결승 연속 진출 기록

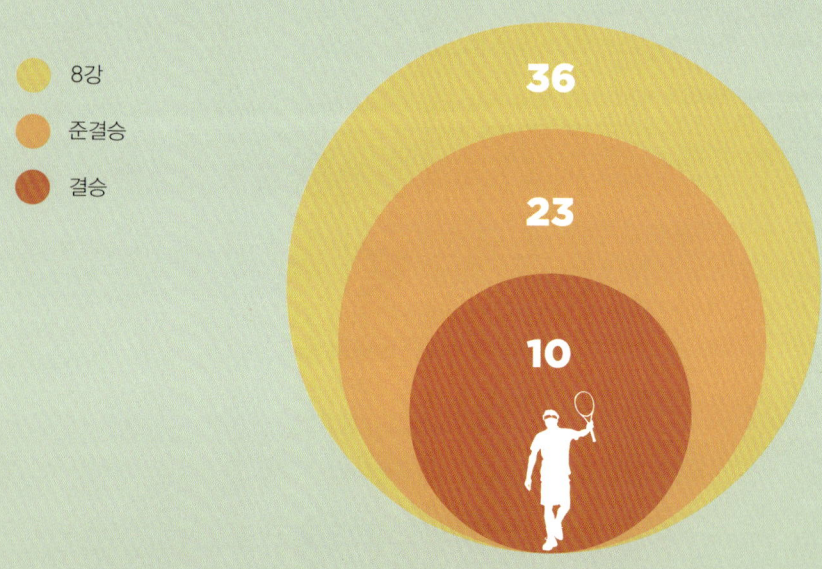

로저 페더러는 최장 기간 (302주) 동안 세계 랭킹 1위 자리를 지켰고, 또한 최장 연속 (237주) 1위를 유지하기도 했다.

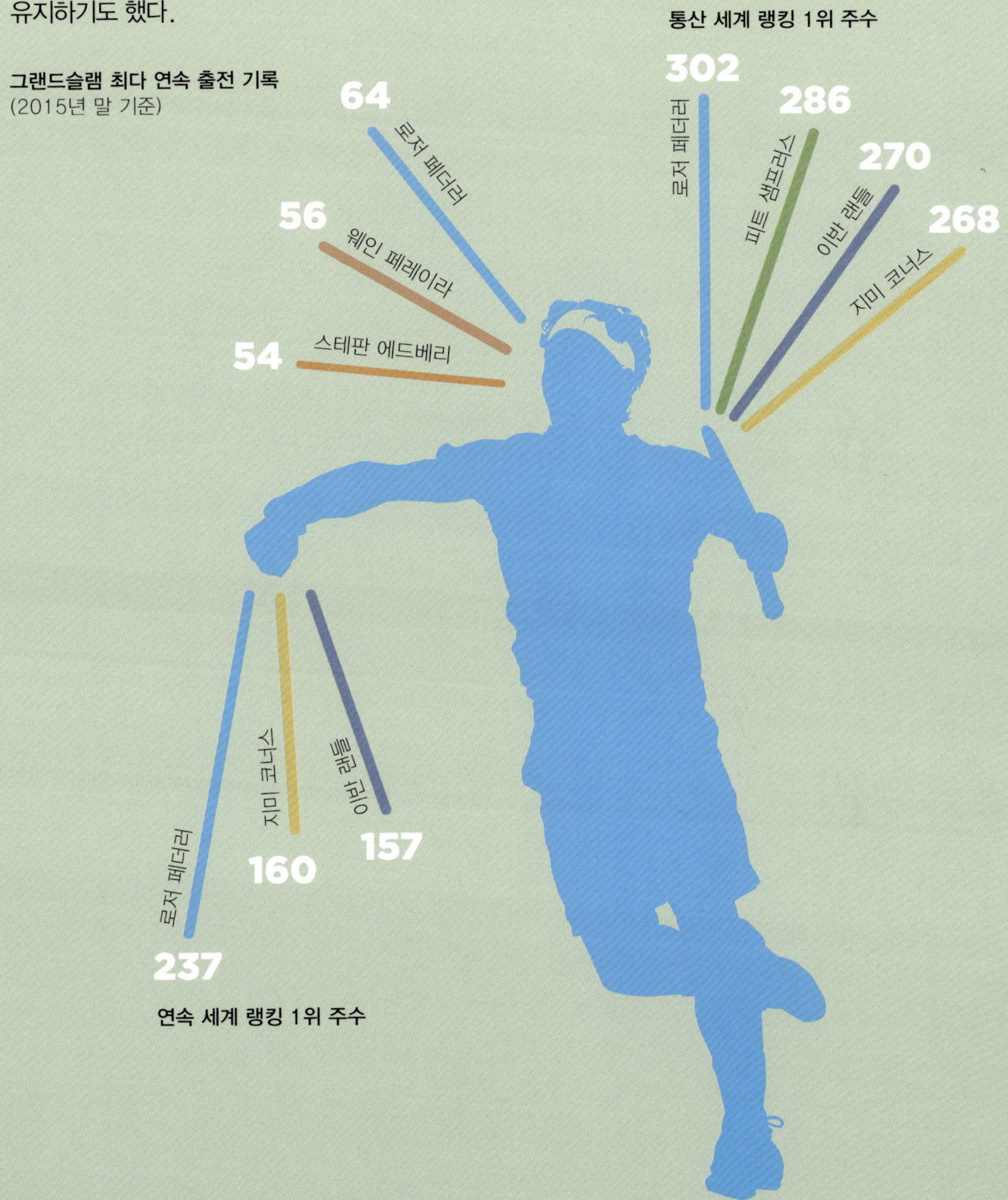

그랜드슬램 최다 연속 출전 기록
(2015년 말 기준)

- 64 로저 페더러
- 56 웨인 페레이라
- 54 스테판 에드베리

통산 세계 랭킹 1위 주수

- 302 로저 페더러
- 286 피트 샘프러스
- 270 이반 렌들
- 268 지미 코너스

연속 세계 랭킹 1위 주수

- 237 로저 페더러
- 160 지미 코너스
- 157 이반 렌들

발레리나 대(對) 권투선수   165

▼ 뒷면 사진
2009년 윔블던 우승으로 페더러는 최초로 남자 단식 그랜드슬램 15회 우승이라는 전대미문의 기록을 세웠다.

'역사상 가장 위대한 선수'로 인정 받기 위해서는 프랑스 오픈 타이틀이 반드시 필요한 걸까?

페더러는 하마터면 2009년 프랑스 오픈에서 결승까지 올라가지 못할 뻔했다. 나달이 소덜링에게 패한 다음날 페더러는 16강에서 독일의 토미 하스Tommy Haas를 만났다. 그 시합 중 페더러는 인생에서 가장 중요한 샷이 될 수도 있는 인사이드 아웃 포핸드 Inside-out forehand (오른손잡이 선수의 경우 애드 코트에서 상대방의 애드 코트 쪽으로 공을 보내는 포핸드 스트로크 – 옮긴이)를 쳐야 하는 상황에 직면하게 되었다. 페더러가 브레이크 포인트에 몰린 상황이었는데, 만일 이 인사이드 아웃 포핸드가 빗나간다면 이미 처음 두 세트를 따낸 하스가 세 번째 세트마저 5-3으로 앞서면서 자신의 서브 게임만 지키면 경기가 끝날 상황이었다. 페더러는 재빠르게 움직여서 공을 칠 수 있는 공간을 확보한 다음, 힘차게 라켓을 휘둘렀다. 조금의 망설임도 없었다. 속도와 스핀, 야망, 그리고 약간의 희망과 아주 약간의 절박함이 담겨 있는 샷이었다. 그렇지만 이 샷이 지니는 역사적인 의미는 결코 작지 않았다. 공이 라인 안쪽으로 떨어지면서 깔끔한 위너가 되자 안도감이 밀려왔다. 하스는 추후에 페더러의 정확하면서도 강력한 스트로크에 대해서 이렇게 말했다. "그런 샷에는 그저 경의를 표하는 수 밖에 없습니다." 이 샷으로 인해 상승세로 돌아선 페더러는 5세트까지 가서 승리를 거둘 수 있었다.

이후 페더러는 대진표에 있는 선수들을 차례차례 물리쳤고, 습기찬 파리의 어느 날 드디어 결승전을 치르게 되었다. 소나기가 한 차례 더 내린다면 롤랑가로스는 진흙탕으로 바뀔 태세였고, 휘몰아치는 바람도 무시할 수 없는 형국이었다. 날씨와 코트 상황을 고려할 때 최고의 기량을 선보이는 경기를 기대하기는 어려웠다. 게다가 한 관중이 코트에 난입해서는 페더러에게 다가와 모자를 씌우려고 하는 바람에 경기 분위기는 한층 더 가라 앉았다. 보안요원이 개입하기까지에는 약간의 시간이 소요되었고, 이는 1993년 함부르크에서의 비극을 떠올리게 했다. 한 남자가 모니카 셀레스Monica Seles의 등에 칼을 꽂았던 끔찍한 사건이었다. 해프닝이 발생한 이후 잠시 집중을 못하던 페더러는 곧 안정을 되찾았고, 한 세트도 내주지 않은 채 프랑스 오픈에서 우승했다. 그리고 곧 나달의 눈에는 눈물이 맺혔다. 페더러도 마찬가지였다.

페더러가 그랜드슬램 14회 우승을 통해 샘프러스와 어깨를 나란히 하기까지는 샘프러스의 마지막 그랜드슬램 우승이었던 2002년 US 오픈 이후 7년도 채 걸리지 않았다. 샘프러스가 그 기록을 세웠을 때에는 적어도 수십년 동안은 깨지지 않을 것처럼 보였다. 이해 못하는 바는 아니지만, 페더러의 14번째 그랜드슬램 달성보다는 프랑스 오픈에서의 첫 우승이 훨씬 더 많은 주목을 받았다. 페더러가 언젠가 샘프러스의 기록을 따라 잡으리

최다 연승 기록

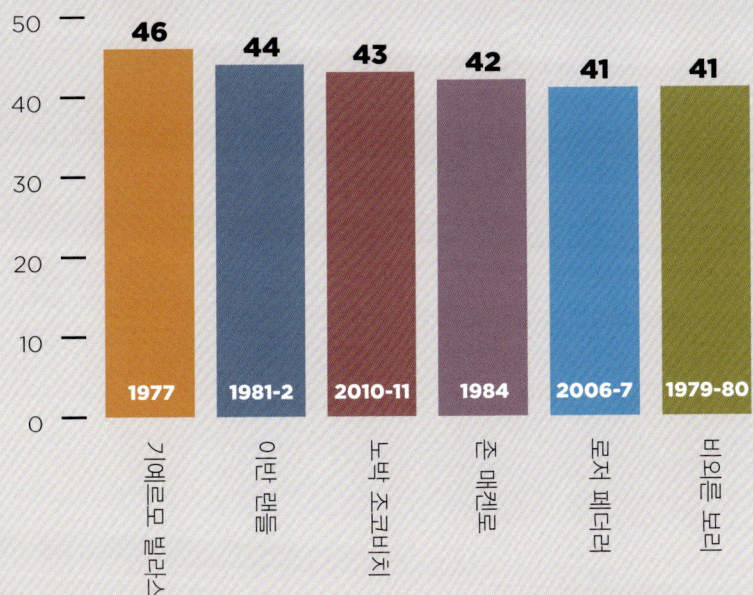

46	44	43	42	41	41
1977	1981-2	2010-11	1984	2006-7	1979-80
기예르모 빌라스	이반 렌들	노박 조코비치	존 매켄로	로저 페더러	비외른 보리

연말 세계 랭킹 1위

지미 코너스
1974–1978

피트 샘프러스
1993–1998

로저 페더러
2004–2007

로저 페더러
2009

발레리나 대(對) 권투선수

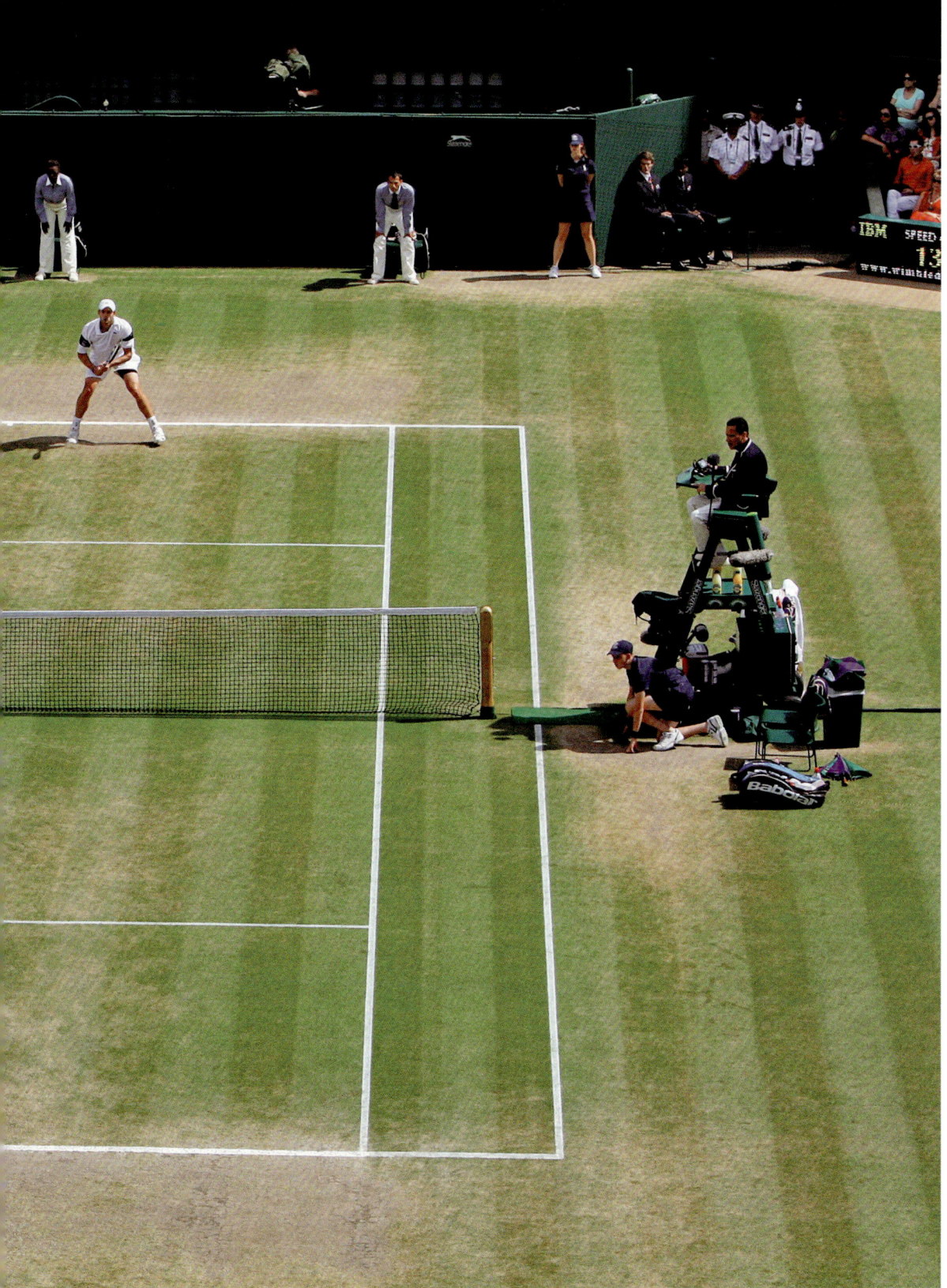

라는 사실을 의심한 사람은 거의 없었지만, 프랑스 오픈 챔피언이 될 수 있을지에 대해서는 회의적인 시선이 많았기 때문이다. 이제 이런 의구심은 모두 사라져 버렸다. 애거시는 트로피를 수여한 뒤에 이렇게 말했다. "로저가 이 대회에서 한 번도 우승하지 못한다면 그건 역사에 죄를 짓는 일일 겁니다. 여러모로 볼 때 이번 우승은 운명이었다고 생각해요. 로저는 이 자리에 설 자격이 충분합니다. 수년 동안 클레이코트에서는 2인자였어요. 마요르카 출신의 소년만 아니었다면 몇 번은 우승했을텐데 말이죠."

물론 페더러가 결승전에서 나달을 이기고 우승을 했더라면 더욱 극적이었을 것이다. 하지만 굳이 그 부분에 주목할 필요까지는 없다. 상대가 누구였건 간에 페더러의 우승이 지니는 가치가 폄하되어서는 안된다. 누가 뭐라고 해도 프랑스 오픈 우승은 프랑스 오픈 우승일 뿐이다. 그리고 이제 페더러는 4개의 그랜드슬램 타이틀을 모두 품에 안았다. 본인 스스로에게도 가장 자랑스러운 순간이자, 아마도 가장 중요한 승리였을 것이다. 그러나 누군가의 말처럼 이 우승이 페더러의 27년간의 고뇌와 기다림을 종식시켰다고 말

▼ 페더러와 로딕의 2009년 결승전은 77게임 만에 끝나면서 윔블던 결승전 사상 가장 많은 게임수를 기록했다.

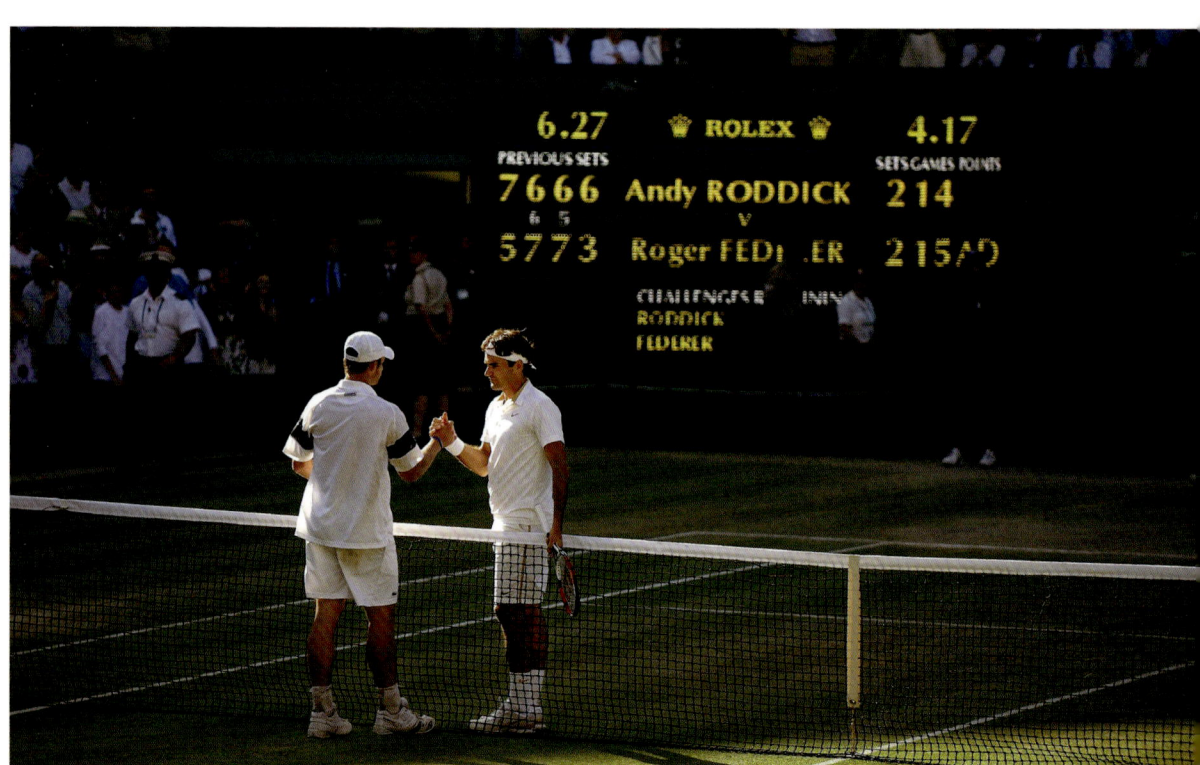

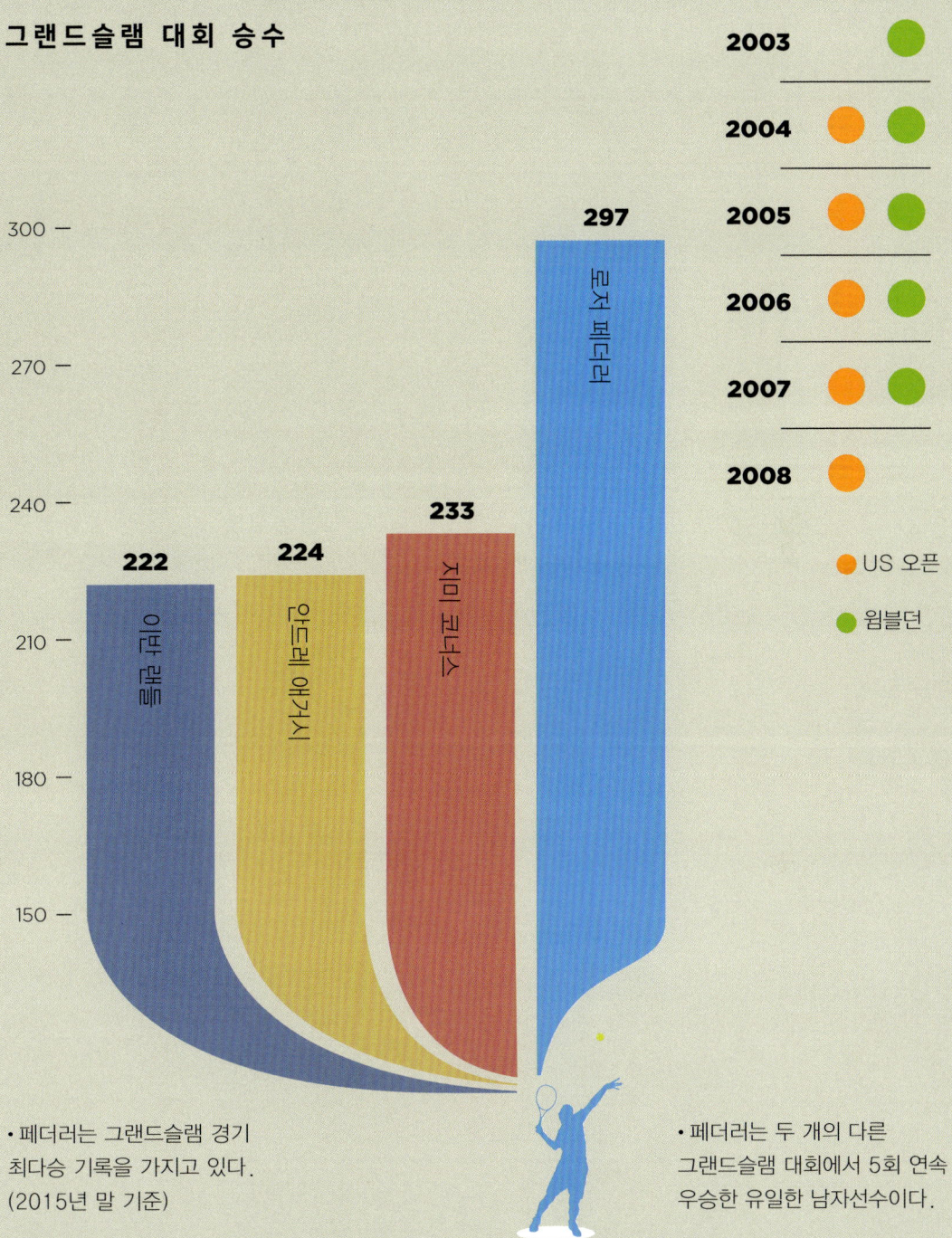

> 샘프러스는 자리에 앉자마자 페더러를 향해 엄지를 번쩍 치켜올렸다. 샘프러스가 그 자리에 참석했다는 사실은 그의 성품과 겸손함, 그리고 페더러와의 끈끈한 우정을 보여주는 것이었다.

◀ 앞면 사진
페더러가 그랜드 슬램 대회 15회 우승 이후 테니스 역사상 가장 성공한 선수가 된 기쁨에 윔블던 센터코트에서 환호하고 있다.

하기는 어렵다. "일단 저는 27년간 기다린 적은 없습니다. 왜냐하면 27년 전에는 이제 막 태어난 상태였으니까요. 그리고 저희 부모님이 '롤랑가로스에서 우승하지 못하면 고아원으로 보내겠다'고 이야기한 적도 없어요." 이제 그는 프랑스 오픈에서 우승하지 못하는 이유에 대한 논의를 더 이상 듣지 않아도 된다. 이제 아무도 그가 프랑스 오픈에서 우승하지 못했기 때문에 진정 위대한 선수가 될 수 없다는 말은 하지 못한다. 페더러는 우승 소감을 말하는 자리에서 이제 좀 더 홀가분하게 경기에 임할 수 있을 것 같다고 고백했다.

그로부터 한 달 후 윔블던 센터코트에 선 페더러는 엄청난 압박감과 스트레스에 시달리고 있었다. 남자 테니스 역사상 처음으로 15번째 그랜드슬램 타이틀에 도전하고 있던 것이었다. 홀가분한 마음이었을까? 별로 그렇지 않았을 것이다. 앤디 로딕과의 결승전은 무려 77게임만에 끝났고, 이는 윔블던 결승전 사상 최다 게임으로 기록되었다. 쌍둥이 딸의 출산 예정일을 며칠 앞두고 있던 미르카의 마음도 결코 편안하지 못했다. 로열박스에 앉아있던 페더러의 친구 샘프러스의 상황도 마찬가지였다. 워낙 중요한 경기였기 때문에 샘프러스는 영화배우인 아내 브리지트 윌슨Bridgette Wilson과 함께 야간 항공편으로 로스앤젤레스에서 날아온 참이었다. 비록 몇 분 늦긴 했지만. 샘프러스는 자리에 앉자마자 페더러를 향해 엄지를 번쩍 치켜올렸다. 샘프러스가 그 자리에 참석했다는 사실은 그의 성품과 겸손함, 그리고 페더러와의 끈끈한 우정을 보여주는 것이었다. 14개의 그랜드 슬램 타이틀을 획득하는 과정에서의 숱한 번뇌와 무수한 노력, 그리고 자신의 기록이 오래도록 깨지지 않고 지속되기를 바라는 마음을 뒤로 한 채 그 자리에 온 것이다. 샘프러스는 자신을 능가하게 될 선수가 다름 아니라 본인이 '인류 역사상 가장 압도적인 기량을 뽐낸 스포츠 선수'라 칭했던 페더러라는 사실에 기뻐했다. 그는 이 '역사적 순간'을 위해 대서양을 건너야 한다는 의무감을 느꼈다. 이번 시합은 페더러가 로딕을 상대했던 이전 두 번의 윔블던 결승전과는 비교하기 어려울 정도로 막상막하의 경기였다. 워낙 대등했던 경기였기에 경기가 끝나고 며칠 뒤 미국의 자택으로 돌아간 로딕은 우편물을 받으려고 문을 열었다가 결승전에서 뭐가 문제였는지에 대한 집배원의 분석을 들어야 했다. 집배원의 말에 의하면 로딕은 땀에 흠뻑 젖은 셔츠를 갈아 입지 않았고, 이로 인해 몸이 무거워지게 패착이었다는 것이다. 문간에 선 로딕의 머리 위로 다음과 같은 말풍선이 그려진 그림을 상상할 수 있을 것이다. "페더러를 이기는 게 옷만 갈아입으면 해결될 정도로 간단한 일이겠냐구요?" 당일 센터코트에서는 4시간 15분이 넘도록 한시도 긴장의 끈을 늦출 수가 없었다. "여름 내내 코트에 있을 것 같다는 생각이 들더군요. 지붕이 닫히고, 사

선수 프로필
페더러와 그의 라이벌, 역대 선수,
그리고 다른 종목 선수 간의 신체 조건 비교

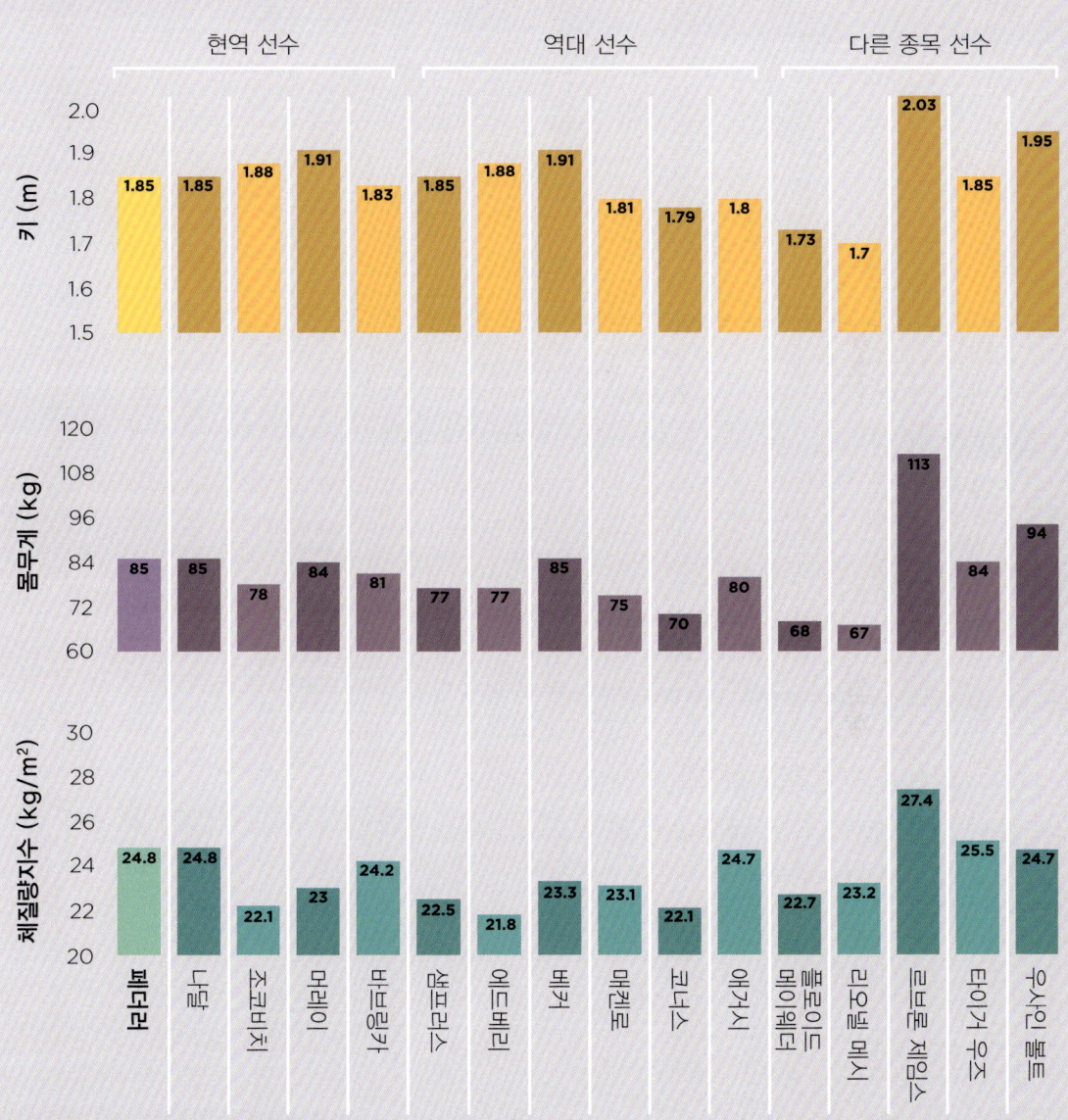

발레리나 대(對) 권투선수

람들은 밤새 수면을 취한 다음 다시 일어나고, 앤디와 저는 여전히 볼을 치고 있는 거죠. 수염이 덥수룩해진 상태로 각자 서브 게임을 지키면서 말이죠." 페더러가 말했다.

77번째 게임만에 로딕은 서브 게임을 잃었다. 페더러는 5세트를 16-14로 가져오면서 6번째 윔블던 타이틀과 15번째 그랜드슬램 트로피, 그리고 모든 영광을 한 몸에 받았다. 올잉글랜드클럽에서 거의 신화적 존재라 할 수 있는 샘프러스는 페더러를 가리켜 '테니스계의 전설이자 보석, 그리고 아이콘'이라 칭했다. 이 보다 더한 찬사가 있을까?

●

테니스의 황금기 동안 엄청난 '심리적 파괴 행위'가 벌어졌다. 로저 페더러가 그 주

범이었다. 그는 우아함으로 포장된 흉폭함으로 게임을 지배한 것이다. 앤디 머레이는 페더러에게 학대 당하는 심정이 어떤 것인지 처절하게 느꼈다. 영국의 스포츠 기자 올리버 브라운Oliver Brown은 이렇게 말했다. "페더러는 머레이에게 엄청난 상처를 입혔습니다. 누구도 하지 못했던 방식으로 말이죠."

페더러는 가장 공개적인 장소에서 수천 명의 관중과 수백만 명의 시청자들이 지켜보는 가운데, 마이크 앞에 선 머레이를 두 번이나 울렸다. 그의 마음을 갈기갈기 찢어버린 것이다. 물론 페더러로 인해 앤디 로딕이 격분하며 욕을 퍼붓고, 분노와 절망감, 그리고 충족되지 못한 야망으로 분통을 터트리는 모습은 일상적이기까지 하다. 하지만 테니스 선수가 화를 내며 절망에 빠지는 것과 울면서 흐느끼는 것은 천지차이다. 페더러가 앙심을 품은 것도 아니었고, 머레이를 울리려는 의도는 전혀 없었다. 2010년 호주 오픈 결승과 2012년 윔블던 대회 결승에서 페더러의 상대가 하필 머레이였을 뿐이다. 두 번의 결승전 이후 머레이는 여전히 그랜드슬램 우승 트로피 하나 없는 상태였고, 반면 페더러의 그랜드슬램 우승 횟수는 열다섯에서 열일곱으로 늘어났다. 2014년 영국의 그리니치에서 열린 ATP 월드 투어 파이널에서 페더러는 다시 한 번 머레이를 괴롭혔다. 그는 3세트 2선승제 경기에서 단 한 게임만을 내주었다. 불행은 여기서 그치지 않았다. 페더러가 몇 년 만에 최고의 기량을 선보였던 2015년 윔블던 대회 준결승 상대 역시 머레이였다.

하지만 페더러가 머레이를 상대로 항상 일방적인 경기를 펼쳤다고 생각하는 건 오산이다. 2008년 US 오픈 결승을 포함해 중요한 경기에서는 대개 페더러가 이긴 것이 사실이지만 그렇다고 모든 경기에서 승리한 것은 아니다. 라파엘 나달과 마찬가지로 머레이 역시 수년 동안 페더러에게 도전했고, 그가 더 훌륭한 선수로 거듭나는데 일조했다. 페더러로 인해 고통 받은 점을 무시할 수는 없겠지만, 머레이 자신이 '테니스 역사상 가장 위대한 선수'라고 여기는 그와의 경기에는 스릴도 있었다. 머레이가 처음 페더러와 경기를 가진 것은 2005년 방콕 대회 결승전이었다. 그는 이 경기가 마치 비디오 게임으로 테니스를 하는 것처럼 초현실적으로 느껴졌다. "로저를 상대로 경기하는 것은 앤디에게 언제나 큰 즐거움이었어요." 머레이의 전 코치 마크 페치Mark Metchey가 말했다. 페더러 역시 점차 머레이의 테니스에 감탄하게 되었고, 그와의 첫 번째 그랜드슬램 결승전을 치르고 나서는 더욱 그러했다. "로저는 앤디의 경기 방식을 무척 높이 사고 있습니다. 물론 처음부터 그랬던 것은 아니고 시간이 지나면서 그렇게 된 거죠." 전 그랜드슬램 준우승자인 존 로이드John Lloyd가 말했다.

2012년 윔블던 결승전에서의 승리로 페더러는 7번째 윔블던 우승컵을 안았고, 피트 샘프러스와 어깨를 나란히 하게 되었다. 굳이 더 증명할 필요도 없었지만, 페더러보다 더

▲ 페더러는 2012년 윔블던 결승에서 앤디 머레이를 꺾고 17번째 그랜드슬램 우승을 기록했다.

빼어난 잔디코트 스페셜리스트는 없었다는 것을 재차 확인시켜주는 경기였다. 그러나 그것 말고도 페더러의 2012년 윔블던 우승은 또 다른 의미를 지닌다. 이 그랜드슬램 우승은 16번째였던 2010년 호주 오픈 이후 무려 2년 만에 이룬 기록이었는데, 당시 상대도 머레이였다. 페더러는 여전히 코트에서의 강자의 면모를 보여주었고, 이는 다음날 아침 세계 랭킹 1위로 복귀하면서 더욱 확고해졌다. "로저의 시대는 끝났다고 하는 사람들의 말은 듣지 않으려고 했어요. 1년에 고작 두 번 정도 패하던 2004년에서 2007년 동안의 모습을 언급하는 겁니다. 완전히 다른 두 시대를 비교하는 거죠. 전 로저가 다시 그랜드슬램에서 우승하리라는 사실을 의심한 적이 없어요. 그래도 2010년 이후 처음으로 그랜드슬램 타이틀을 가져간 건 정말 대단한 일입니다. 그동안 열심히 몸만들기에 주력했고, 큰 대회에도 계속 참가하려고 했어요. 그리고 6번이나 우승한 적이 있는 윔블던에서 해냈기 때문에 정말 기분이 좋았을 겁니다." 당시 페더러의 코치였던 폴 아나콘이 말했다.

한 달 후 페더러는 올잉글랜드클럽에서 머레이와 다시 결승전을 치르게 되었다. 이번에는 두 사람 모두에게 새로운 경험이었는데, 바로 올림픽 금메달을 놓고 한판 승부를 벌이게 된 것이다. 테니스 선수에게 올림픽이 뭐가 중요하냐고 의문을 제기하는 사람도 있었지만, 페더러는 그렇지 않았다. 그는 올림픽 개막식에서 스위스의 기수로 입장하는 스릴을 두 번이나 경험했다. 1992년 바르셀로나 올림픽에서 남자 단식 금메달을 획득한 스위스 테니스 선수 마르크 로세의 모습에 고무된 페더러는 어릴 때부터 올림픽에 관심을 가졌다. 열아홉 살에 처녀 출전했던 2000년 시드니 올림픽에서 페더러는 뛰어난 경기력으로 준결승까지 진출했지만 토미 하스에게 지고 말았다. 그리고 동메달 결정전에서는 프랑스의 아르노 디 파스칼Arnaud di Pasquale에게 패하면서 메달 획득에 실패했다. 4년 후 아테네에서는 2라운드에서 막히고 말았다. 체코의 토마스 베르디흐Tomáš Berdych에게 졌기 때문이다. 2008년 베이징에서는 미국의 제임스 블레이크James Blake에게 8강에서 발목을 잡히면서 대회를 마쳤다. 2012년 런던 올림픽에서 결승전까지 올라간 과정 역시 쉽지 않았다. 준결승에서 아르헨티나의 후안 마틴 델 포트로를 상대로 마지막 세트를 19-17로 간신히 이겼던 것이다. 그럼에도 불구하고 그가 머레이를 이길 것이라는 예상이 지배적이었다. 그러한 예상을 비웃기라도 하듯이 머레이는 놀라운 경기력을 선보이며 한 세트도 내주지 않고 시합을 끝내버렸다. 페더러는 2008년 베이징 올림픽에서 스탄 바브링카Stan Wawrinka와 함께 복식 금메달을 따긴 했지만, 단식 금메달은 매번 그를 비껴갔다.

런던에서의 머레이의 승리로 페더러의 생각은 더욱 확고해졌다. 2016년 리우데자네이루 올림픽 시상대 꼭대기에 서서 금메달을 목에 걸고 스위스 국가를 듣고야 말겠다는 결심이었다. (페더러는 무릎 부상으로 2016년 올림픽에 참가하지 못했다 – 옮긴이)

페더러의 라이벌들
페더러의 상대 전적 승률

상대 선수	잔디코트	하드코트	클레이코트	전체
라파엘 나달	67%	44%	13%	32%
노박 조코비치	33%	52%	50%	50%
앤디 머레이	67%	57%	0%	56%
레이튼 휴이트	67%	68%	100%	67%
앤디 로딕	100%	84%	100%	88%

발레리나 대(對) 권투선수

8
스웨덴에서 온 뮤즈

에드베리는 1992년 US 오픈에서 자신의 여섯 번째이자 마지막 그랜드슬램 우승컵을 들어올렸고, 이 모습은 바젤에서 TV로 결승전을 보고 있던 열한 살의 페더러에게 커다란 영감을 선사했다.

로저 페더러가 네트 앞 발리를 하기 위해 준비하는 모습에는 고독함과 장엄함이 공존한다. 이러한 고독은 다른 테니스 선수들도 어느 정도는 느낄 수 밖에 없다. 서비스 박스 안으로 들어가는 위험을 감수할 때면 어떤 선수든 가장 노출된 상태가 된다. 어떤 식으로 경기를 하건, 전략이 무엇이건 간에 테니스는 일대일로 하는 운동이다. 마치 고대 검투사들의 싸움처럼 말이다. 네트 앞에서 상대방을 기다리는 순간에는 더욱 짙은 고독을 느끼게 된다. 패싱샷을 치거나 로브를 올릴 수도 있고, 아니면 이반 렌들처럼 머리를 겨냥해 공을 날릴지도 모른다. 그러나 페더러는 누구와도 다른 단독 비행을 한다. 그것은 오직 페더러에게서만 느낄 수 있는, 차원이 다른 고독함이다.

〈레퀴프〉는 2015년 프랑스 오픈 대회에 참가한 페더러를 일컬어 '고독한 발리어'라고 표현했다. 달리 선택의 여지가 없는 경우에만 서비스 박스 안으로 들어오는 여타 선수들과는 다르게 페더러는 네트 플레이를 경기의 핵심적인 요소로 받아들이는 드문 선수라는 것이다. 피트 샘프러스를 비롯한 몇몇 선수가 서브앤발리를 잊혀져 버린 예술인 듯이 말하는 것을 들어본 적이 있을 것이다. 현대 사회에서 팩시밀리가 구시대의 유물로 전락해 버린 것처럼 말이다. 샘프러스는 라켓과 스트링 기술의 발달로 말미암아 선수들이 베이스라인에 머물면서 '강하게 때리려고'만 한다며 불평한다. 현재 테니스 세대는 경기 전에 서브 순서를 정하기 위해 동전 던지기를 할 때와 경기가 끝나고 나서 악수를 할 때에만 네트 쪽으로 온다며 은퇴한 프로 선수들이 한탄하기도 한다. 서브에서부터 그라운드 스트로크까지, 그리고 신체적 단련에서 정신력 훈련에 이르기까지 현대 테니스는 모든 면에서 한 단계 높은 수준으로 발전했다. 하지만 서비스 박스 안쪽에서만큼은 오히려 퇴행했다고 보는게 사실일 것이다. 그러나 한 명의 열외자는 있다. 페더러가 이제는 거의 잊혀져가는 이 예술을 살리기 위해 얼마나 노력을 기울였는지에 대한 일화가 있다. 게다가

▲ 페더러가 윔블던 대회 중 연습시간에 자신의 어린 시절의 우상이자 2014-15 시즌 동안의 코치였던 스테판 에드베리와 대화를 나누고 있다.

    이는 페더러가 삽십대일 때 벌어진 일이다. 대부분 새로운 것을 시도하기를 꺼려하는 나이에 말이다. 그리고 이로 인해 페더러는 여전히 그랜드슬램에서 우승 상금을 노리는 강력한 후보로 남을 수 있었다.

    젊은 선수들에게는 이상하게 들릴지도 모르지만 발리는 무기가 될 수 있다. 서브에 이어지건, SABR 다음에 나오건, 아니면 좀 더 평범한 어프로치샷 이후에 이어지건 상관없이 말이다. 페더러는 서브앤발리에 능한 선수이다. 그는 리턴앤발리(상대의 서브를 받은 후 바로 이어지는 발리 - 옮긴이)에도 강하다. 평범한 랠리를 주고 받다가 갑자기 앞으로 뛰어나가 발리를 하기도 한다. 2015년 시즌이 시작되기 전에 두바이에 있는 캠프에서 페더러와 같이 훈련했던 호주 출신의 타나시 코키나키스는 페더러의 게임 중에서 가장 인상

스웨덴에서 온 뮤즈   183

깊었던 것이 바로 발리였다고 했다. SABR가 개발되기 전에 있었던 캠프였다는 점에 주목할 필요가 있다. "로저가 네트 앞으로 들어왔을 때가 가장 기억에 남아요. 그와 처음 연습했던 날이 생각나는군요. 저는 막 캠프에 도착했었고, 로저를 향해 힘차게 공을 치려고 최선을 다했습니다. 그는 그날 연습 세션 동안 단 한 개의 발리도 놓치지 않았어요. 단 한 개도요. 그리고 하나같이 다 코트 깊숙이 꽂히는 공이었습니다. 감탄하지 않을 수가 없었죠. 게다가 움직임이 워낙 뛰어나기 때문에 정말 순식간에 네트를 점령합니다."

●

처음부터 스테판 에드베리에게 매력을 느꼈던 것은 아니다. 1980년대와 1990년대 초반 독일인이 인구의 대다수였던 바젤에서 자란 페더러는 테니스에 열광하는 소년으로서 보리스 베커에게 매료되지 않을 수 없었다. 페더러는 베커의 서브와 코트를 가로지르며 몸을 날리는 다이빙도 좋아했지만, 무엇보다도 이 젊은 독일 선수가 보여주는 승리에 대한 의지를 더욱 흠모했다. 붉은빛이 도는 금발의 선수가 보여준 테니스에 대한 열정은 누구에게나 뚜렷이 각인됐고, 어린 페더러의 열정도 이에 못지 않았다. 심지어 페더러의 친구들이 '멋지고 세련된' 에드베리를 응원하자고 설득을 해도 페더러에게는 에드베리가 눈에 들어오지 않았다. 그 당시 페더러는 '멋지고 세련된' 모습과는 거리가 멀었다. 에드베리는 1988년뿐만 아니라 1990년 윔블던 결승에서도 베커를 격파했고, 이들 경기와 시상식 장면을 지켜보던 페더러의 눈에는 눈물이 맺혔다. 세 번의 연속된 윔블던 결승 중 두 번째였던 1989년에만 베커가 에드베리를 물리쳤고, 페더러는 눈물없이 경기를 관전할 수 있었다.

페더러는 나이가 좀 더 들고 나서야 친구들을 이해할 수 있게 되었다. 왜 그들이 에드베리의 절제되고 신사다운 태도와 더불어 다소 무모해 보일 수 있을 정도로 공격적이면서 모험을 감행하려는 경기 스타일에 감탄하는지를 말이다. 냉정한 겉모습의 이면에는 기꺼이 위험을 감수하려는 모습이 내재해 있었다. 그는 1992년 US 오픈에서 자신의 여섯 번째이자 마지막 그랜드슬램 우승컵을 들어올렸고, 이 모습은 바젤에서 TV로 결승전을 보고 있던 열한 살의 페더러에게 커다란 영감을 선사했다.

시간이 흘러 30대가 된 페더러는 어린 시절 자신에게 영감을 불러 일으켰던 우상을

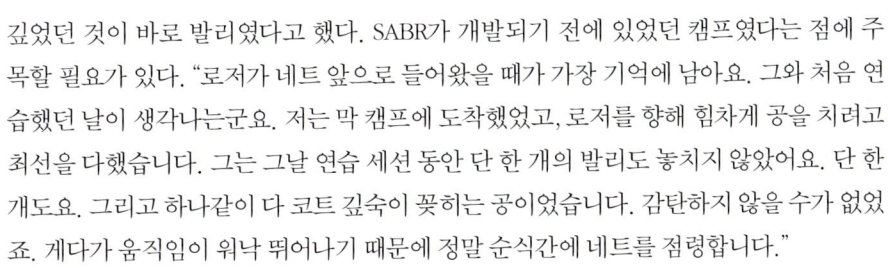

◀ 페더러는 에드베리의 경기에 대한 접근 방식을 숭배하게 되었다.

서브 앤 발리
윔블던 대회에서 페더러의 서브 게임 중 서브앤발리 득점 비율

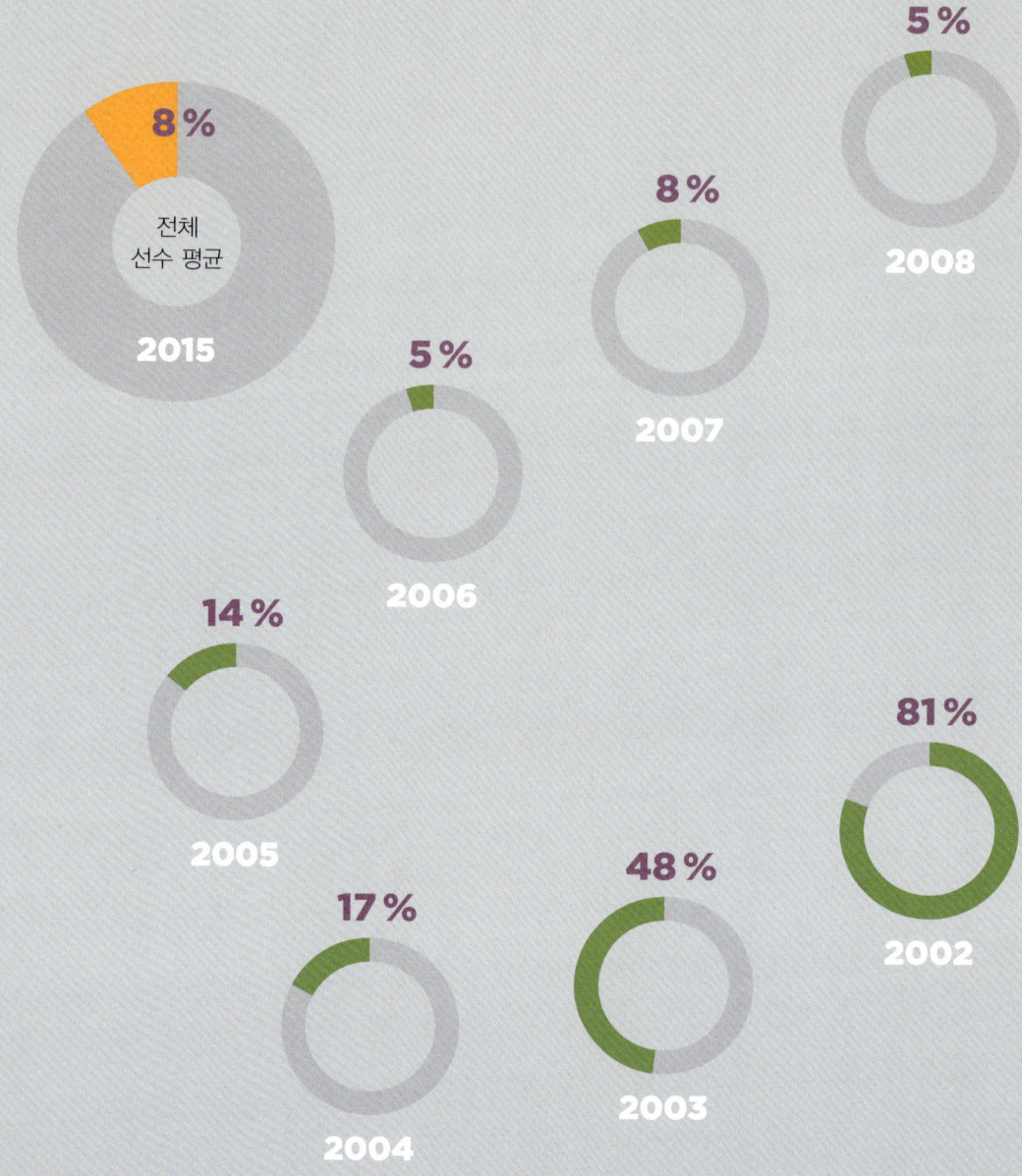

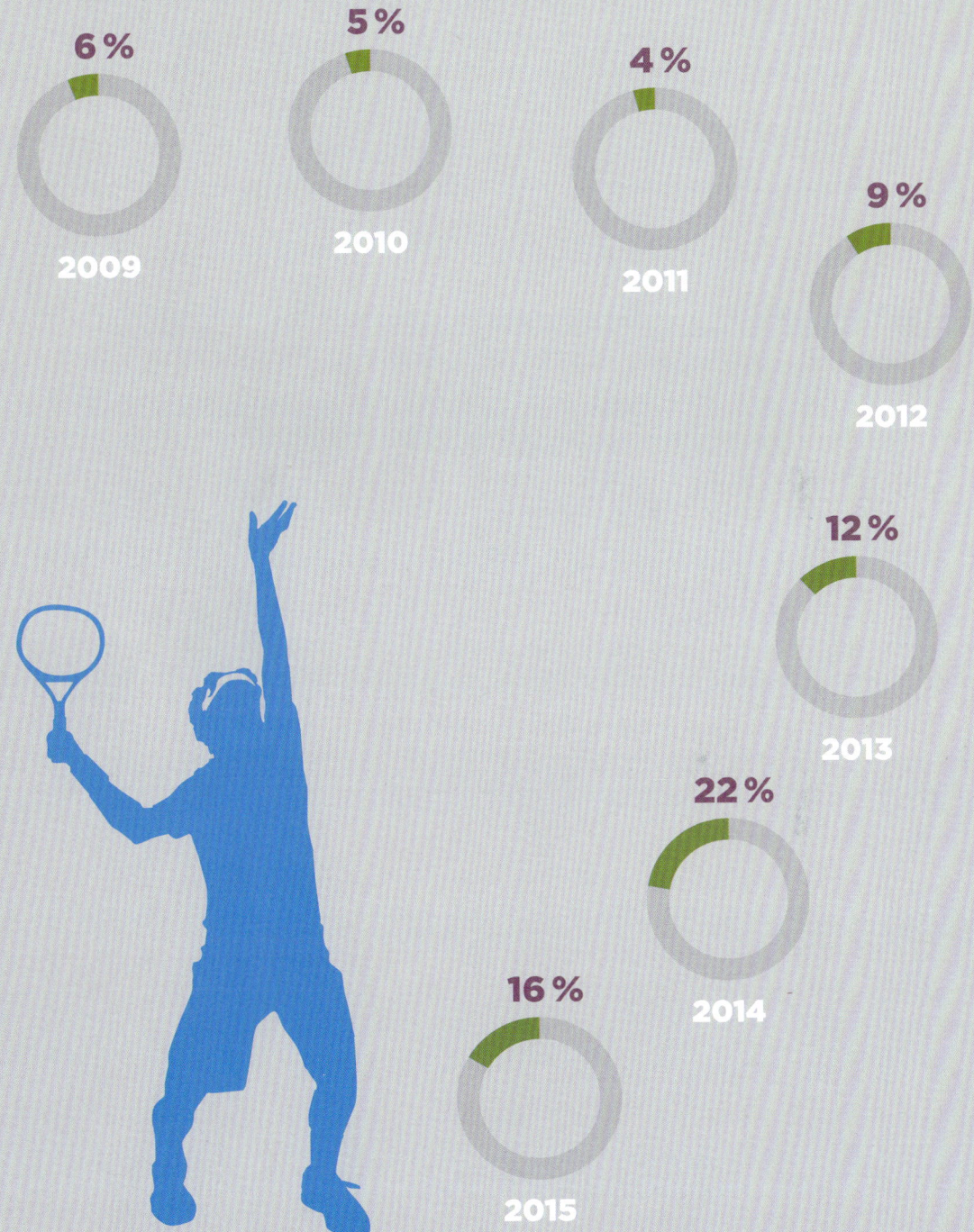

스웨덴에서 온 뮤즈

▲ 페더러가 호주 오픈에서 폴 아나콘과 대화를 나누고 있는 모습.

코치로 초빙했다고 발표했는데, 그 뉴스는 에드베리를 그저 일반적인 코치가 아니라 '뮤즈'로 보이게 만들었다. 에드베리와 함께 한 2년 동안, 그와 커피를 마시는 페더러는 아마도 이런 생각을 하고 있었을 것이다. '아, 나의 우상인 스테판 에드베리가 내 앞에 있다니!' 페더러는 팬들이 자신을 만날 때 너무도 기쁜 나머지 어쩔 줄 모르는 모습을 쉽게 이해할 수 있을 것이다. 에드베리와 함께 있을 때의 본인의 모습은 그러한 팬들의 모습과 다를 바 없었다. 페더러는 그랜드슬램에서 결승에 진출하고, 1위 자리를 위협하며, 데이비스컵에서 우승하고, 새로운 샷을 개발하면서 빛나는 테니스 중흥기를 보낼 수 있었다. 이 과정에서 그의 어린 시절 영웅이 코치로서 큰 역할을 했다는 사실은 페더러에게 더할 나위 없는 기쁨이었다.

 2013년 US 오픈이 시작되기 며칠 전, 서로 다른 시대의 두 챔피언이 맨해튼의 월도프 아스토리아Waldorf Astoria 호텔에서 만났다. ATP 월드 투어가 세계 랭킹 시스템 도입 40주년을 기념해서 역대 세계 1위였던 선수들을 초청해서 파티를 연 것이다. 페더러와 에드베리 둘 다 초대에 응한 것을 두고 뉴요커들은 '뜻밖의 행운'이라고 생각했을 것이다. 곧 시작되는 그랜드슬램을 준비해야 했음에도 불구하고 페더러는 예정보다 오래 머물렀고, 그러면서 한 때 자신을 울렸던 사람을 만날 기회가 생겼다. 당시 페더러에게는 이미 3년이나 함께해 온 폴 아나콘 코치가 있었다. 그러나 며칠 후 플러싱 메도우의 하드코트 그러나 페더러에게 코치라는 존재가 정말 필요할까? 코치가 없는 상태로도 그랜드슬램에서 수차례 우승했던 그가 아닌가? 페더러가 가장 뛰어난 성적을 거두었던 시기에도 코치가 없었던 적이 있었고, 특히 2004년에는 세 개의 그랜드슬램 타이틀을 차지하기도 했다.

위에서 벌어진 16강전에서 페더러는 스페인 출신의 토미 로브레도Tommy Robredo에게 패했다. US 오픈에서 8강에 진출하지 못한 것은 10년 만에 처음 있는 일이었다. 그 패배는 절망적이었던 시즌에 또 한 번의 실망으로 다가왔다. 그 해 페더러는 잔디코트인 독일 할레 대회에서의 단 한 차례 우승에 그치고 있었고, 2002년 이후 처음으로 모든 그랜드슬램 대회에서 결승 진출에 실패했다. 등 부상에 시달렸던 2013년, 페더러에게 가장 괴로웠던 순간은 윔블던에서 2라운드만에 우크라이나의 세르게이 스타코프스키Sergiy Stakhovsky에게 패했을 때였다. 그리고 나서 뉴욕에서마저 로브레도에게 완패하자, 은퇴설이 슬슬 나돌기 시작했다.

월도프 호텔에서의 파티에 참석하고 나서 두 달 후, 페더러는 아나콘과 결별했다. 그는 페더러의 코치로 있는 동안 2012년 윔블던 단 하나의 메이저 대회 우승만을 합작했을 뿐이었다. 페더러의 다음 선택은 무엇일까? 한동안 코치없이 지내려는 것일까? 에드베리는 테니스에서 은퇴한 후 공동설립한 투자 회사 일에 관여하면서 '조용하고 편안한 인생'을 살고 있었다. 페더러의 캠프에 합류해 달라는 전화는 전혀 예상치 못한 일이었다. 사실 그에게 프로 테니스계에 다시 발을 들이려는 야심은 전혀 없었다. 다른 사람의 요청이었다면 아마도 정중하게 거절했을 것이다. 하지만 다름아닌 페더러의 부탁이었기에 에드베리는 가족과 진지하게 상의했다. 그들은 파트타임으로 코치를 한다는 전제하에 무대로 복귀하는 것에 동의했다. 에드베리는 '코트에서나 코트 밖에서나 너무나 특별한 존재인 로저와 함께 할' 기회를 놓치고 싶지 않았다. 그리고 그는 페더러에게 도움을 줄 수 있을 것이라는 확신이 있었다.

그러나 페더러에게 코치라는 존재가 정말 필요할까? 코치가 없는 상태로도 그랜드슬램에서 수차례 우승했던 그가 아닌가? 페더러가 가장 뛰어난 성적을 거두었던 시기에도 코치가 없었던 적이 있었고, 특히 2004년에는 세 개의 그랜드슬램 타이틀을 차지하기도 했다. 코치없이 지낸 건 그 때뿐이 아니었다. 그런 기간 동안에는 최상위권에 있는 어떤 선수보다도 필요한 것들을 자급자족할 수 있는 선수가 되었다. 심지어 연습코트를 예약하고 연습 파트너를 구하는 것까지 스스로 다 챙겼다. 그게 뭐 대수냐고 말할지 모르겠지만, 페더러와 같은 위치에 있는 선수들은 대개 그런 일상적인 행정 업무는 스스로 처리하지 않는다. 페더러에게 그나마 코치와 비슷한 존재가 있었다면 경기가 끝나고 코트에서 나올 때 경기기록 통계 자료를 전해주는 IBM 직원이 아니었을까? 페더러가 그 숫자를 보고 스스로 다음 경기 전략을 짤 수 있다는 사실에 라커룸에 있는 사람들은 수군거렸다.

네트 플레이
그랜드슬램 결승전에서 페더러의 네트 플레이 성공률

성공률 **74** %

세트당 평균 네트 플레이 횟수

12
호주 오픈

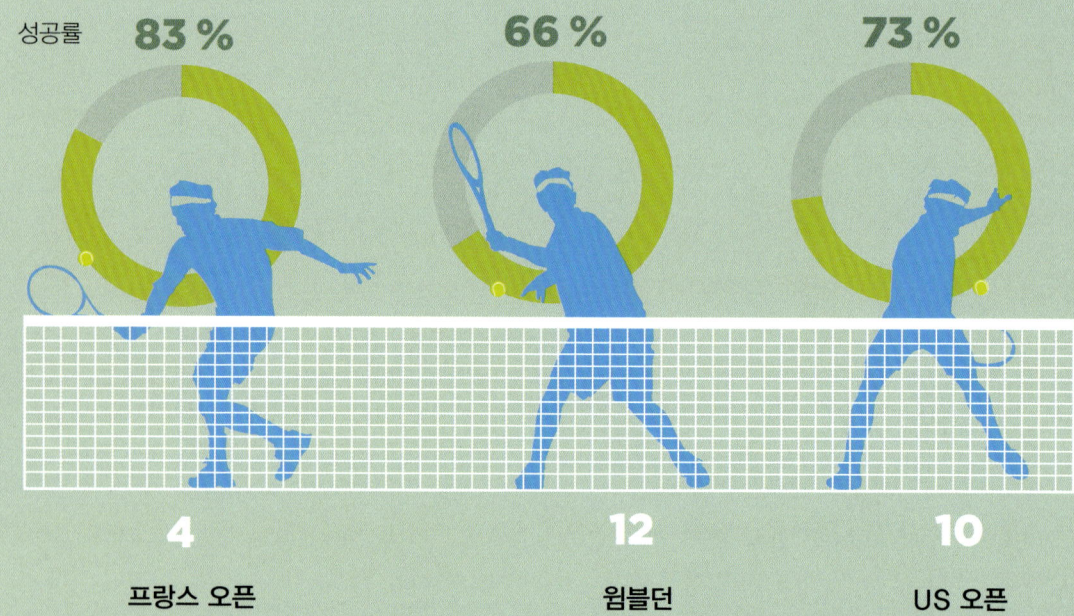

성공률 **83** %   **66** %   **73** %

4   **12**   **10**
프랑스 오픈   윔블던   US 오픈

물론 그는 그런 데이타 없이도 계획을 짜는 데 아무 문제가 없었을 것이다. 페더러는 다음 라운드에서 만날 상대가 이미 자신과 몇 번 시합을 해본 선수라면, 경기 전략을 세우는 데 몇 분도 채 걸리지 않는다는 사실을 깨달았다. 그의 말마따나 스스로 완벽하게 '수수께끼를 풀 수 있는' 능력이 있는데, 굳이 다른 사람에게 돈을 지불해 가면서 생각을 복잡하게 만들 필요가 있을까? 코치를 기용했을 때에도, 그들은 피터 룬드그렌의 경우처럼 매년 40주 동안 페더러와 함께 했던 것도 아니었다.

토니 로슈Tony Roche와의 파트너십을 예로 들어보자. 호주 와가와가 출신의 프랑스 오픈 전 챔피언인 로슈는 페더러보다 40년 연장자였고, 이반 렌들과 팻 라프터를 지도한 경력이 있었다. '파트너십'이라는 말은 실제보다 훨씬 더 공고하면서도 헌신적인 관계라는 느낌을 준다. 사실 그것은 '합의'에 의한 관계였고, 그나마도 상당히 느슨한 합의였다. 표면적으로는 대단히 성공적인 관계였다. 그들이 함께 했던 이년 반 동안 페더러는 여섯 번이나 그랜드슬램에서 우승하는 놀라운 기록을 세웠다. 왼손잡이였던 로슈는 페더러가 왼손잡이 라이벌 라파엘 나달의 입장에서 경기를 볼 수 있도록 도와주었다. 그러나 로슈는 그랜드슬램 시기에만 함께 있으려고 하는 것이 문제였다. "잘 했네", "행운을 비네"와 같은 메시지를 가끔 보내긴 했지만, 서로 소통하지 않는 시간이 너무 길었다. "우린 서로 너무 대화가 없었어요." 2007년 프랑스 오픈을 2주 앞둔 시점에서 로슈와 갈라선 이유를 설명하면서 페더러가 한 말이었다.

2008년 시즌의 대부분을 같이 했던 호세 히구에라스와의 관계도 역시 파트타임이었다. 2009년에 페더러는 피터 카터의 오랜 친구이자 안드레 애거시의 전 코치였던 대런 카힐과 시험삼아 함께 훈련을 했다. 이후 페더러는 카힐이 그의 팀에 합류해 투어에 함께 하기를 바랐지만, 카힐은 이 '믿을 수 없을 만큼 유혹적인' 제안을 힘들게 거절했다. 아이들이 아직 어렸기 때문에 가족들과 떨어져 지내고 싶지 않았기 때문이었다. 다음은 아나콘의 차례였다. 그는 로슈나 히구에라스보다는 페더러에게 투자하는 시간이 많았고, 에드베리가 파트타임으로 팀에 합류하기 전까지 함께 했다. 2007년부터 꾸준히 페더러의 팀원으로 함께 했던 이는 바로 세버린 루티였는데, 그는 스위스의 데이비스컵 주장이기도 했다. 영국의 페더러 평전 작가 크리스 바우어스Chris Bowers는 루티를 가리켜 '여행의 동반자이자 연습 파트너, 그리고 충실한 조언자'라고 했다. 또한 아나콘은 다음과 같이 말했다. "루티는 페더러 팀의 숨겨진 동력입니다. 누구보다도 로저를 잘 알고 있죠. 명성이 그다지 높진 않지만 그가 맡은 역할은 엄청나게 큽니다." 그래도 뭔가 부족한 점이 있었고 그렇기 때문에 페더러가 에드베리에게 손을 내민 것이다.

그러나 1990년대 중반 은퇴 후 20여년 간 프로테니스에 관여하지 않았던 에드베리

▲페더러는 자신의 우상이었던 에드베리를 영입했다는 사실에 전율을 느꼈다.

가 페더러에게 무엇을 가르칠 수 있었을까? '가르치다'라는 단어는 어쩌면 이 뮤즈와 같은 존재에게는 어울리지 않는 말일지도 모른다. 그렇다면 에드베리는 페더러에게 어떤 영감을 불러 일으킬 수 있었을까?

●

공중에 점프한 상태이건, 코트에 발을 붙인 상태이건 상관없이 언제나 뛰어난 발리를 구사했던 보리스 베커는 '네트에서의 로저의 감각'에 경탄을 표했다. IBM의 대회 공식 기록을 보면, 2003년 여름 페더러가 처음으로 윔블던에서 우승했을 때 서브앤발리 비율은 거의 절반에 달했다. 그 전해 윔블던 1라운드에서 패했을 때에는 서브앤발리의 비율이 무려 81%나 되었었다. 네트를 점령하는 것은 페더러가 늘상 보아왔던 경기 스타일이었다. 진정한 의미에서의 첫 번째 코치였던 피터 카터가 페더러에게 권유했던 전술도 서브앤발리였다. 서비스 박스 안으로 뛰어들어가는 것을 불안해하는 선수도 있었지만 페더러는 그렇지 않았다. 실제로 페더러는 투어 무대 첫 해부터 안드레 애거시, 다비드 날반디안David Nalbandian, 레이튼 휴이트와 같이 강력한 베이스라이너들을 상대로 그라운드

스트로크를 치는 것보다는 발리를 시도할 때 승산이 높다고 생각했다. 그렇지만 시간이 지나면서 페더러는 날아오는 공을 공중에서 받아치는 경우가 점차 줄어들었다.

페더러의 서브앤발리의 비율은 2004년 윔블던 당시 20% 미만으로 떨어졌고, 2005년에는 더 떨어졌으며, 2006년부터 2012년 동안에는 채 10%도 되지 않았다. 우크라이나 출신의 세르게이 스타코프스키에게 패했던 2013년에는 서브앤발리 비율이 조금 반등했으나, 그래봤자 10%를 살짝 넘는 수준에 그쳤다. 그 경기에서 서브앤발리를 제대로 구사했던 선수는 페더러가 아니라 스타코프스키였다. 페더러가 윔블던 잔디 위에서조차 서브앤발리를 시도하지 않는다면 대체 어디서 쓸 수 있겠는가? 이 공격적인 서브앤발리 비율의 감소는 윔블던 잔디코트에서의 공의 속도가 느려진 것과 관련이 있다. 아니면 최소한 느려졌다는 인식 때문이었다. 윔블던 코트 관리팀장은 잔디의 품종이 바뀌기 전인 2000년대 초반에 비해 지금의 잔디에서 공 속도가 느려지지 않았다고 하겠지만, 선수들은 의견은 다르다. 페더러는 다른 선수들이 어떻게 플레이를 하느냐에 따라서 자신의 경기 방식을 조정하는 경향이 있었다. 네트 앞으로 전진하는 것보다 '뒤에 물러서서, 서브를 한 다음 강력한 포핸드를 칠 수 있는' 베이스라인을 지키는 것이 더 편안해졌다. 그의 라이벌들이 스트링과 라켓의 기술 발전으로 인해 패싱샷을 치는데에 훨씬 더 능숙해지는 마당에 자신만 굳이 네트 앞으로 뛰어나갈 이유는 없었다.

하지만 페더러가 스테판 에드베리와 손을 잡은 이후 첫 번째 윔블던이었던 2014년 챔피언십 기간 동안 그의 서브앤발리 비율은 전년도 여름보다 두 배로 뛰면서 22%까지 올라갔다. 이러한 경기 방식의 변화로 페더러는 2년 만에 그랜드슬램 결승에 진출했고, 올잉글랜드클럽에서의 여덟 번째 우승을 눈 앞에 두게 되었다. 결승전에서 그는 노박 조코비치를 상대로 5세트까지 가는 접전을 펼쳤고, 네트 플레이로 44포인트를 가져 갔다. 11게임, 즉 거의 두 세트를 딸 수 있을 만한 점수를 네트 플레이로 얻은 것이다. "로저의 발리는 정말 대단했습니다." 조코비치가 말했다. 로저의 예전 모습을 보는 것 같다고 말하는 사람도 있었다. 하지만 그 말은 사실이 아니다. 아마도 반 정도 맞는 말일 것이다. 최근의 모습과는 상당히 달라진 변화였고, 이 변화의 주인공은 바로 에드베리였다. 그 해 여름에 페더러는 'Betterer'(Better과 Federer의 합성어로 '더 나은 페더러'라는 의미임 – 옮긴이)라고 전면에 인쇄된 티셔츠를 입었다. 그리고 시즌 막판에는 조코비치의 1위 자리를 위협했다. 페더러의 부활은 에드베리의 부드럽고 현명하면서도 꾸준한 격려가 없었다면 불가능했을 것이다. 그의 격려가 페더러의 네트 플레이에 대한 믿음을 회복시켜준 것이다.

시즌이 거의 끝나갈 무렵, 데이비스컵 결승전이 프랑스의 릴Lille에서 열렸다. 페더

▶ 뒷면 사진
페더러는 2015년 US 오픈 결승에서 조코비치와 맞붙었다.

스웨덴에서 온 뮤즈

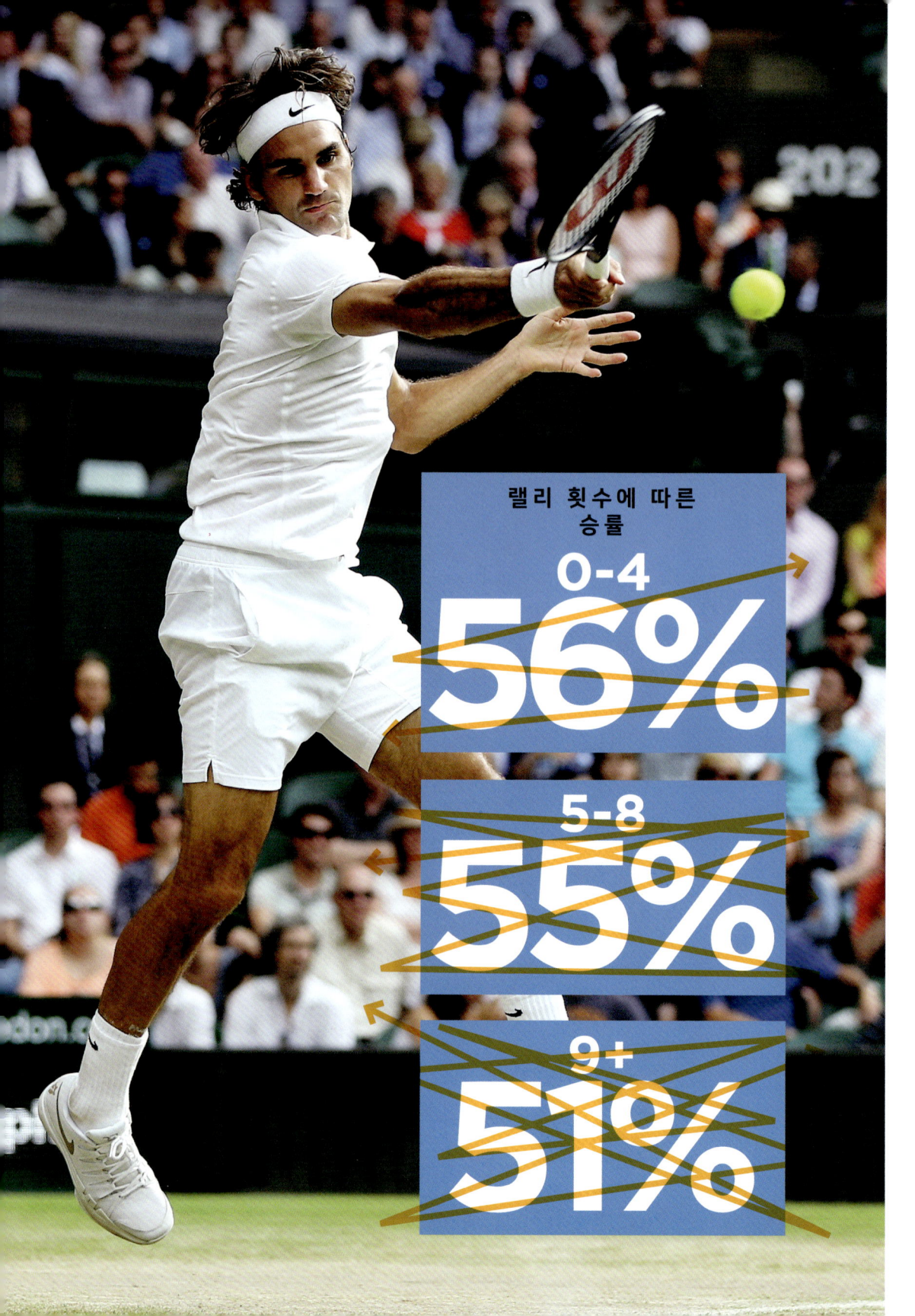

러는 사흘에 걸쳐 열린 그 결승전을 일컬어 '테니스로 가득찬 아름다운 주말'이라고 했다. 그는 프랑스의 리샤르 가스케를 물리치고 스위스에 첫 데이비스컵 트로피를 안겼다. 비록 스웨덴 출신의 에드베리는 스위스 데이비스컵 팀 소속이 아니었기에 릴에 모습을 나타내지는 않았지만, 에드베리와 함께 한 첫 해를 꽤나 멋지게 마무리하는 대회였다.

페더러가 2015년 윔블던 챔피언십 동안 알게 된 사실은 에드베리가 '여전히 공을 잘 치고', 연습을 시작할 때 자신을 워밍업시켜 줄 능력이 충분하다는 것이었다. 그러나 에드베리는 어깨 부상으로 인해 본인 특유의 스타일로 테니스를 치는 것은 더 이상 불가능했다. 사려깊고 현명한 에드베리는 페더러에게 본인이 전성기 시절 했던 것처럼 주기적으로 그리고 약간은 무모하게 서브앤발리를 시도하라고 하지는 않았다. 테니스는 계속 변화해 왔다. 전면적인 공격을 하는 것은 어리석은 일일 것이다. 다만 이전보다는 훨씬 더 자주 앞으로 나서라고 했던 것이다.

에드베리가 페더러에게 발리의 중요성을 강조한 첫 코치는 아니었다. 피터 룬드그렌은 언젠가 스위스 기자 르네 스토페René Stauffer에게 페더러가 얼마나 발리를 싫어했었는지 말한 적이 있다. 페더러의 어릴 적 우상들과 피터 카터의 경기 방식을 생각해 보면 룬드그렌의 말은 놀라운 것이었다. "로저는 서비스 박스 안쪽 네트 앞에서 웅크리고 있는 상어처럼 플레이를 했어요. 이런 모습을 고치기 위해서는 정말 많은 훈련이 필요했습니다." 룬드그렌이 말했다. 토니 로슈 역시 페더러의 네트 플레이를 개선시키기 위해 노력했다. 하지만 에드베리의 영향력은 실로 엄청났다. 에드베리와 페더러가 개인적으로 주고 받은 말은 곧바로 실행에 옮겨졌다. "스테판은 저에게 할 수 있다는 자신감을 북돋아 줬어요." 페더러가 말했다. 서브앤발리를 구사하는 선수는 베이스라인 플레이어에 비해 무엇보다도 자신감이 중요하다. 공이 바람을 가르며 날아오는 소리를 들을 때마다 베이스라인으로 물러나서 공을 받을 것인가? 페더러도 언급했듯이 게임 스코어가 40-0일 때 서브앤발리를 시도하는 것은 어려운 일이 아니다. 하지만 15-30인 상황에서도 할 수 있을까? "전체적인 그림을 볼 줄 알아야 합니다. 그리고 이게 과연 시도할 가치가 있는지 판단할 수 있어야겠죠." 페더러가 말했다.

폴 아나콘 역시 에드베리와 매우 비슷한 메시지를 전달했던 것 같다. 공격하고, 좀 더 자주 네트 쪽으로 전진할 것. 그러나 페더러는 에드베리의 말에 귀를 더 기울였다. 에드베리와 달리 아나콘은 세계 랭킹 1위 자리에 올라선 적도 없었고, 그랜드슬램 우승 경력도 없었다. 당시 페더러가 그의 테니스 인생에서 어떤 단계에 있었는지 고려해 볼 때, 에드베리가 아니었다면 이렇게까지 페더러를 도울 수 있는 사람이 있었을까? 샘프러스에 따르면 에드베리는 어떻게 하면 페더러에게서 최선의 모습을 끌어낼 수 있는지 정확

◀ 랠리가 짧을수록 페더러가 이길 가능성이 높다. 자료 출처는 2015년 윔블던 챔피언십 데이터이다.

프로테니스계의 두 신사가 만났고, 모든 영광은 선수의 것이 되었다. 그렇지만 같은 시기에 파트너십을 형성한 이반 렌들과 앤디 머레이, 그리고 베커와 조코비치의 경우는 꼭 그렇지도 않았다.

히 알고 있었다고 한다. "무엇보다도 스테판은 정말 좋은 사람입니다. 같이 어울리기도 편안하고, 또 테니스 선수로서 코트에 서는 게 어떤 건지 잘 알고 있었죠. 로저에게 어떻게 말을 해야 할지 잘 알고 있었을 겁니다." 샘프러스가 말했다. "스테판은 스스로가 공격형 플레이어였기 때문에 처음부터 어떻게 하면 좀 더 공격적일 수 있을지, 어떻게 하면 최상의 능력을 이끌어 낼 수 있을지에 대해 조언해 줬을 겁니다. 또 굉장히 똑똑하기 때문에 로저의 커리어 단계에 따라 무엇을 하는게 가장 바람직할지도 잘 알고 있었을 겁니다. 처음부터 잘 어울리는 한 쌍이라고 생각했어요."

페더러나 에드베리는 모두 까다롭거나 거친 성격의 소유자는 전혀 아니다. 그럼에도 불구하고 파트너십 초반 그들 간의 대화에는 약간의 어색함이 있었다. 이는 초창기의 선수 – 코치 관계에서는 빈번한 일이었지만, 특히 선수가 자기의 우상을 고용한 경우에는 더 심할 수 밖에 없었을 것이다. 페더러는 에드베리에게 무슨 말을 해야 하고, 무엇을 물어봐야 할지 확신이 서지 않았다. 그래서 그는 말을 지나치게 많이 했고, 질문도 너무 많았다. 에드베리의 입장에서도 언제 자신의 생각을 말해 주고, 언제 침묵하고 있어야 할지 고민이 되었다. 하지만 이들은 곧 서로를 이해하게 되었다. 시간이 지남에 따라 페더러가 처음 에드베리에게 품었던 경외심은 조금씩 약해졌다. 그가 방으로 들어 오는 것을 볼 때마다 여전히 전율을 느끼기는 했지만. 에드베리가 오랫동안 찾지 못했던 테니스 대회장을 다시 볼 수 있도록 안내하는 것은 페더러의 즐거움 중 하나였다. 연습 코트가 어디인지, 라커룸은 어디 있는지 알려주면서 페더러는 투어 가이드 역할을 자처했다.

페더러와 에드베리는 서로 편하게 대화할 수 있다는 것을 금방 깨달았고, 둘 다 말을 하지 않더라도 편안한 침묵 속에 같이 있곤 했다. 선수 시절 에드베리는 주목받는 것을 그다지 즐기지 않았고, 스스로를 수퍼스타라고 생각하지도 않았다. 런던에서 살 때에는 지하철을 즐겨 이용하곤 했다. 그는 코치로서도 이목을 끌기를 원치 않았다. 프로테니스계의 두 신사가 만났고, 모든 영광은 선수의 것이 되었다. 그렇지만 같은 시기에 파트너십을 형성한 이반 렌들과 앤디 머레이, 그리고 베커와 조코비치의 경우는 꼭 그렇지도 않았다. 에드베리의 정직함을 예로 들어보면, 신시내티 마스터스 대회에서 처음 선보인 SABR에서의 자신의 역할에 대해 이야기할 때였다. 에드베리는 그 대회에 동반하지 않았었기에 SABR 개발에 대해서 어떠한 공로도 자신에게 돌리지 않았다. 그는 SABR를 TV에서 처음 보고 페더러의 상대 선수만큼이나 놀랐었다고 고백했다.

그러나 페더러로 하여금 네트 플레이를 좀 더 하도록 만든 것이 에드베리의 유일한 공로라고 생각하면 곤란하다. 그는 훈련에 대한 페더러의 접근 방식도 바꿨다. 페더러는 훈련 때는 연습 경기를 하지 않았고, 대회 바로 전 며칠 동안만 연습 경기를 했었다. 하지만 에드베리는 대회 스케줄과 상관 없이 평상시 훈련에서도 항상 점수를 내는 게임 방식을 통해 리듬을 유지해야 한다고 페더러를 설득했다. 그래도 그가 코치로서 몸값을 하는 주된 이유는 역시 발리였다. 2015년 윔블던 챔피언십 결승전에서 페더러가 2년 연속 조코비치에게 패하며 준우승에 머물렀을 때, 페더러의 서브앤발리 비율은 16%였다. 이 수치는 전년도에 비해 6% 감소한 결과였지만 전체 선수 평균이 10%이고, 조코비치의 경우 2%인 점을 감안할 때 여전히 높은 편이었다. BBC 방송국 부스에서 해설을 맡으며 올잉글랜드클럽으로 돌아온 앤디 로딕은, 여전히 네트 플레이를 하려는 의지는 있지만 무모하게 돌진하지 않는 라이벌의 모습을 보고 호평했다. 페더러가 서비스 박스 안쪽으로 전진하면 주도권은 그에게로 넘어온다.

페더러는 빅 4 중에서 공격 성향이 가장 강한 선수다. 랠리에서 공격을 주도하는 것은 테니스에 대한 그의 전반적인 접근 방식과 잘 맞았다. 십대와 이십대 시절의 페더러는

▼ 페더러가 트위너를 치면서 관중들에게 즐거움을 선사한다.

경기 승률
페더러의 코트별 승률

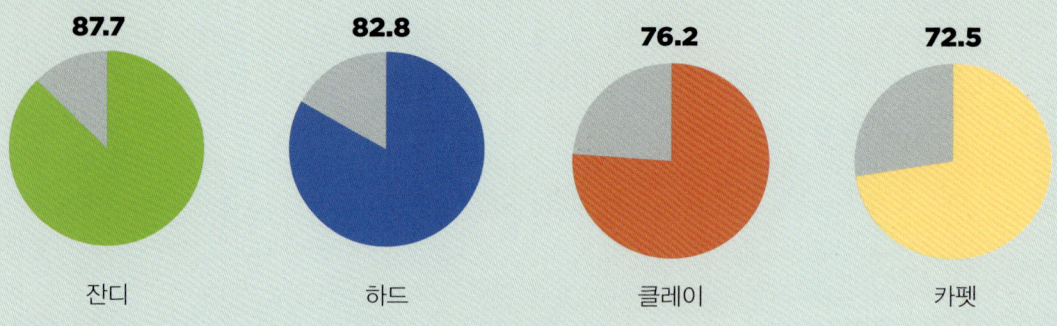

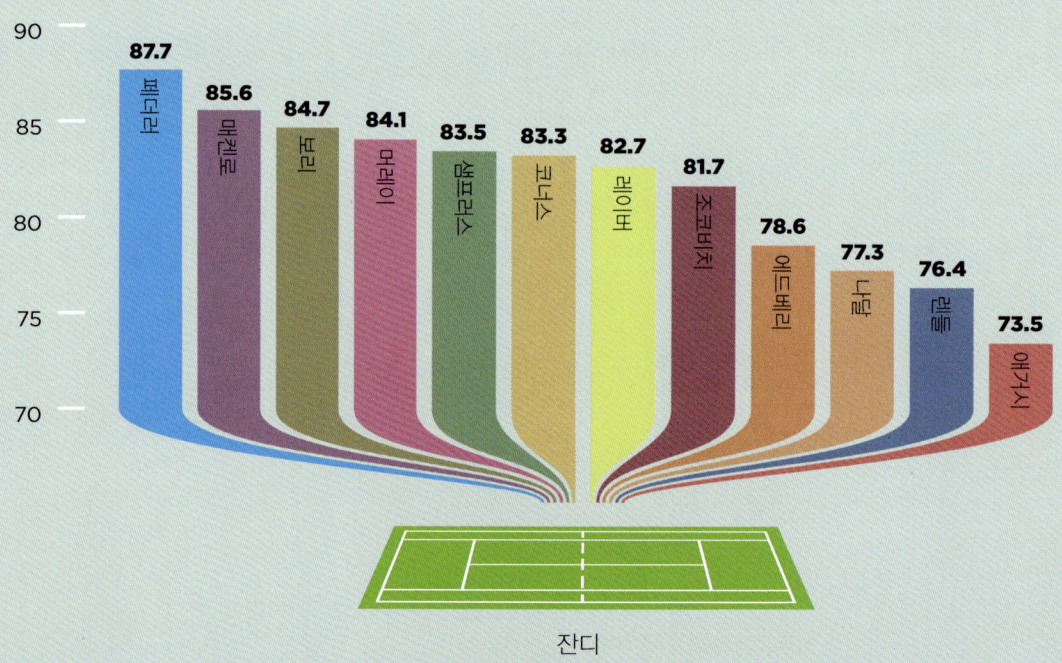

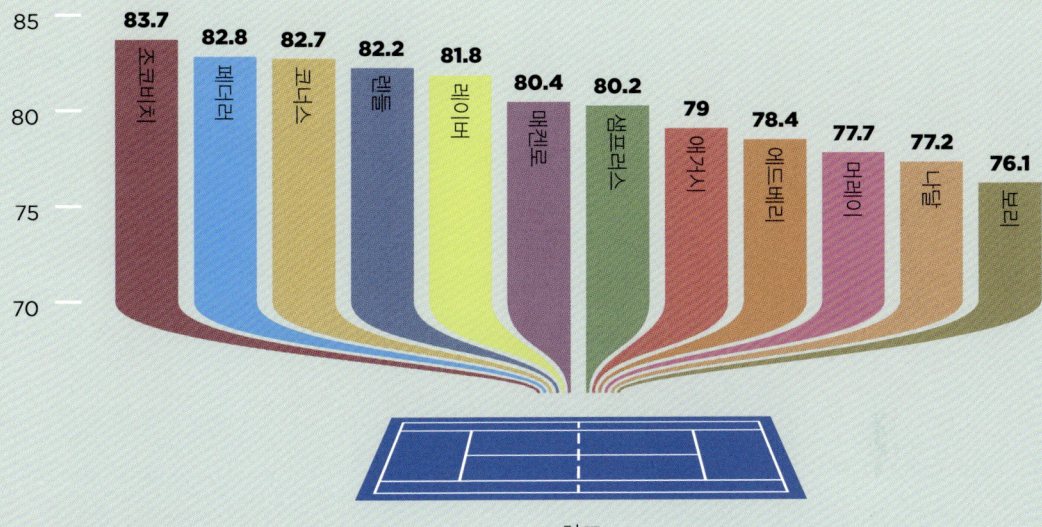

하드

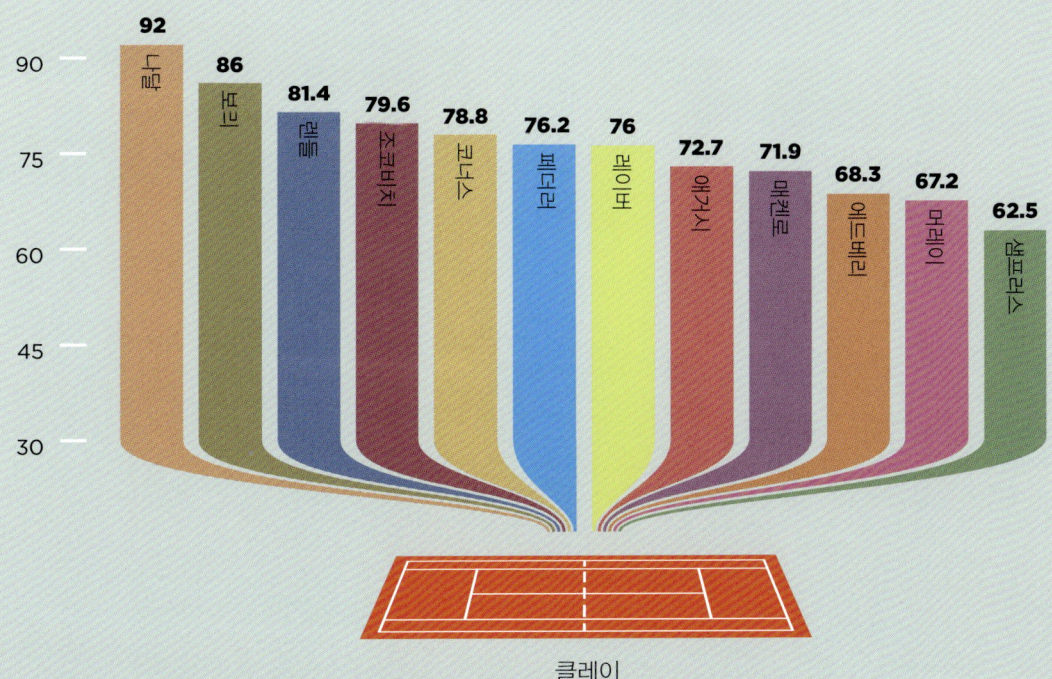

클레이

베이스라인에 있건 네트 앞이건 상관없이 매 포인트를 최대한 빨리 끝내려고 했었다. 그리고 삼십대에 접어든 지금, 페더러에게는 랠리에서 주도권을 잡고 최대한 빠르게 승부를 내야 할 이유가 하나 더 생겼다. 그렇게 해야지만 베이스라인에서의 지루한 싸움을 피할 수 있기 때문이다. 네트 쪽으로 전진하는 것은 주도권을 잡도록 해준다. 사실 패싱이나 로브로 실점을 할 수도 있고, 다른 방법으로 상대방에게 압도될 지도 모른다. 하지만 적어도 베이스라인을 따라 공을 쫓아다니는 플레이는 하지 않아도 된다. 페더러는 자신의 방식대로 경기를 할 수 있는 것이다.

●

페더러가 어떻게 더 큰 라켓으로 바꾸게 되었는지에 관한 이야기 속에는 백 개 이상의 라켓 프로토타입(대량생산에 앞서 제작해보는 원형 – 옮긴이)이 어지럽게 등장한다. 시카고에 기반을 둔 회사로 페더러의 라켓을 공급하고 있는 윌슨Wilson의 개발자들에 따르면, 그보다 두 배도 넘는 250개 이상의 라켓 프로토타입이 개발 중이었다고 했다. "로저가 새 라켓에 적응할 수 있었던 것은 무척 다행스러운 일입니다." 네이트 퍼거슨이 말했다. 그의 회사는 페더러의 라켓을 관리하고 있다. "새로운 라켓을 개발하려고 샘프러스와 일년 반 동안 같이 일했는데, 그는 새로 쓰게 될 라켓이 이전 라켓과 완전히 동일한 기능을 갖추길 원했습니다. 반면 로저는 다른 라켓을 시험해 보는 것을 즐겼어요. 그리고 자신의 게임을 개선시킬 수 있고, 좀 더 쉽게 파워를 낼 수 있는 라켓을 찾기 위해 윌슨과 기꺼이 협력했습니다. 피트는 이미 더할 나위 없는 파워를 지니고 있었기에, 이를 조절할 수 있는 라켓을 찾는데 골몰했습니다. 반면 로저는 현대 테니스의 속도를 따라 잡기 위해서 힘을 좀 더 실을 수 있는 라켓이 필요하다는 사실을 깨달았죠."

스테판 에드베리의 기용과 등 부상의 회복뿐만 아니라 새롭고 좀 더 커진 라켓 역시 페더러의 부활에 아주 중요한 역할을 했다. 어느 테니스 선수에게나 라켓을 교체하는 것은 사소한 일이 아니다. 페더러의 라켓 교체 또한 그의 커리어에서 가장 중요한 결정 중 하나였기에 테스트를 거치고, 다시 손보고, 고민하고, 또 다시 시험 해보는 과정을 오랜 기간 거쳐야 했다. 17번의 그랜드슬램 우승을 차지하며 보냈던 황금기 동안, 페더러는 라켓 헤드의 면적이 겨우 90 제곱인치짜리 라켓을 썼었고, 이는 프로테니스 선수들이 쓰는 라켓 중에서 가장 작은 사이즈였다. 유년 시절 페더러는 자신의 우상이었던 피트 샘프러

◀ 2015년 US 오픈에서 페더러가 공격하고 있다.

스웨덴에서 온 뮤즈　　　203

17번의 그랜드슬램 우승을 차지하며 보냈던 황금기 동안, 페더러는 라켓 헤드의 면적이 겨우 90 제곱인치짜리 라켓을 썼었고, 이는 프로테니스 선수들이 쓰는 라켓 중에서 가장 작은 사이즈였다.

스와 스테판 에드베리의 영향으로 더 작은 라켓을 써야 한다고 생각했었다. 샘프러스와 에드베리는 모두 헤드 사이즈가 85 제곱인치짜리 라켓을 사용했었기 때문이다. 90제곱인치 라켓으로 바꾸기 전에는 페더러도 85 제곱인치짜리를 사용했었다. 그리고 이후 거의 10년 간 라켓 헤드 사이즈를 키우지 않았다. 그의 라이벌들은 파워를 좀 더 싣고 스윗 스팟을 넓히기 위해 더 큰 사이즈의 라켓으로 바꿨지만, 페더러는 구식 스타일의 라켓을 고집했다. 라켓 교체를 전혀 고려하지 않았던 것은 아니다. 그도 과학이나 기술의 발전에 관심이 없는 것이 아니었다. 한동안 사람들은 페더러에게 더 큰 프레임의 라켓을 쓰라고 부추겼다. 라켓 헤드가 크면 공이 정확히 가운데 맞지 않아도 충분히 힘을 받아 잘 나가기 때문이었다. 뛰어난 재능에도 불구하고 페더러의 공은 그의 라이벌에 비해 프레임에 맞는 경우가 많았다. 더 큰 라켓은 그의 경기에 더 많은 힘을 실어 주고, 범실을 줄이게 해주지 않을까? 커리어 내내 85제곱인치의 작은 라켓 헤드를 고집했던 샘프러스는 은퇴 후 시범경기에서는 헤드가 큰 라켓으로 바꿔서 치는데, 전성기 때 라켓을 바꾸지 않았던 것이 후회가 된다고 했다.

2013년 시즌이 시작하는 첫 주에 페더러는 윌슨에 연락해 그가 사용하던 프로스태프Pro Staff보다 큰 프레임의 라켓으로 바꿀 의사가 있다고 전했다. 그리고 그해 호주 오픈이 끝난 뒤 윌슨의 라켓 기술개발자들은 보다 큰 헤드를 지닌 여러 개의 다른 프로토타입을 페더러에게 시험해 보기 위해 스위스로 날아갔다. 하지만 아직은 때가 아니었는지 페더러는 여름 시즌에 다시 90제곱인치짜리 라켓을 사용했다. 그러나 윔블던에서 세르게이 스타코프스키에게 당한 실망스러운 패배 이후, 페더러는 라켓 교체를 보다 더 진지하게 고려하겠다고 선언했다. 그 이후 테스트와 거절, 그리고 다시 개선하는 과정이 수없이 반복되었다. 라켓 연구소에서는 모든 것을 낱낱이 살피고, 의문을 제기하고, 테스트하고, 다시 수정했다. 헤드 사이즈와 프레임의 단단한 정도, 라켓의 무게 중심, 그리고 라켓의 구성까지 다양하게 변화를 시도해 봤다. 윌슨은 페더러에게 완전히 검은색으로만 처리한 라켓을 연습에서뿐만 아니라 대회에서도 사용하도록 했다. 색깔로 인해 피드백에 영향을 주고 싶지 않았기 때문이다.

페더러는 실망스러운 2013년 시즌을 마무리하면서 헤드 사이즈가 큰 라켓으로 완전히 바꿨다. 이 라켓이 바로 윌슨 프로 스태프 RF97 오토그래프Wilson Pro Staff RF97 Autograph이고, 97이라는 숫자는 라켓 헤드의 제곱인치를 나타낸다. 마침내 그는 원래 사용하던 것보다 7제곱인치가 커지고, 면적은 8% 늘어난 라켓으로 정착한 것이다. 라켓 사이즈를 그

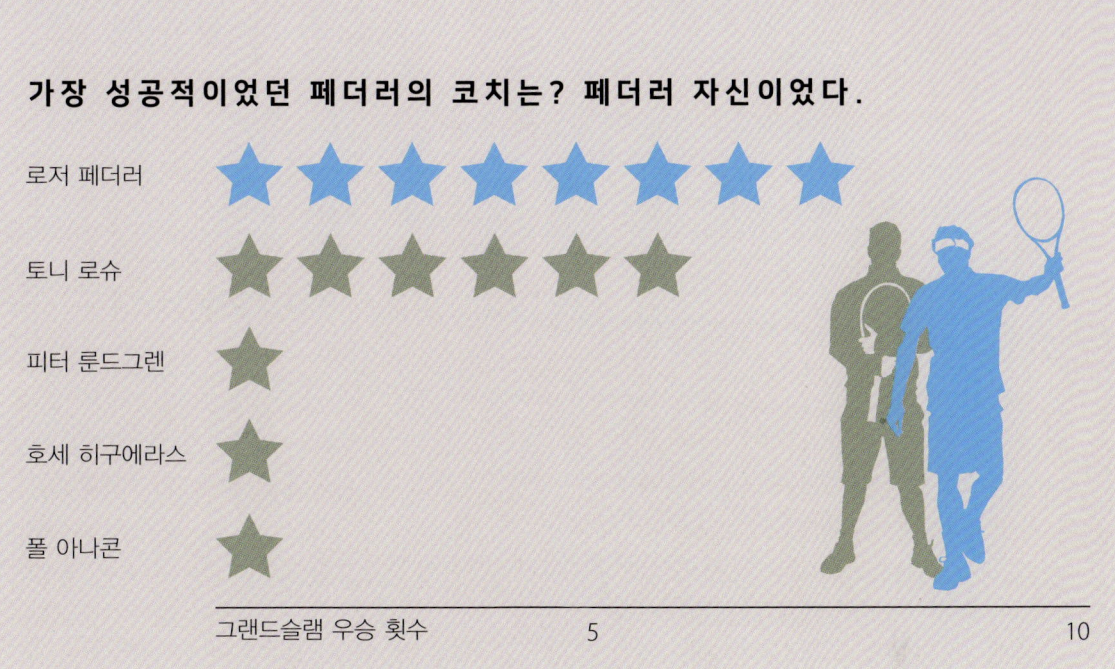

렇게 크게 키웠어도 페더러의 라켓 헤드는 빅 4 중에서 가장 작다. 노박 조코비치와 라파엘 나달은 둘 다 100 제곱인치짜리 라켓을 사용하는 것으로 알려져 있고, 앤디 머레이는 98 제곱인치짜리를 쓰고 있다. 주말에만 테니스를 치는 동호인이 페더러가 예전에 쓰던 라켓을 들어 본다면, 그걸로 테니스 치기가 쉽지 않다는 것을 알게 될 것이다. 페더러의 새로운 라켓 역시 일반 라켓에 비해 40 그램 가량 더 무거운 340 그램짜리로 아마추어들이 적응하기에 쉽지 않기는 마찬가지이다.

　라켓을 교체하겠다는 페더러의 결정을 그가 약해졌다는 의미로 받아들여서는 안 된다. 또한 수년간 애용했던 라켓 기술을 포기하는 것이 그렇게 충격적일 필요도 없다. 라켓 기술자들과의 협의를 통해 기존의 라켓에 약간의 변화를 준 것뿐이다. 대담한 결정이었지만 동시에 아주 영리하고 치밀하게 계산되었으며 매우 합리적인 결정이었다. 2014년 향상된 경기력이 그 사실을 증명해준다. 전보다 커진 라켓은 게임의 모든 부분에 변화를 가져왔다. 페더러는 새 라켓이 자신의 플레이에 힘을 더 실어주고, 첫 서브 성공률을 높여주었다고 믿었다. 퍼거슨도 같은 의견이었다. "로저의 서브는 확실히 더 강해졌습니다. 새 라켓을 사용하면서 에이스를 넣는게 더 쉬워졌어요." 라켓에 힘이 더 실리자 포핸드와 백핸드에서의 백스윙을 짧게 가져갈 수 있었다. 보다 간결해진 스트로크 동작을 통해 페더러는 코트 앞쪽으로 전진할 수 있게 되었다. 베이스라인에서 또는 그보다 안쪽에

▶ 2015년 US 오픈 결승전에서 페더러는 조코비치를 상대로 공격적인 전술을 사용했다.

서 공을 치는 경우가 잦아졌고, 따라서 더 빨리 네트 앞에 도달할 수 있게 된 것이다. 로드 레이버는 추가된 라켓 면적 덕분에 백핸드 공격을 늘릴 수 있게 되었다고 했다. "로저의 백핸드는 더 빨라졌습니다. 특히 다운더라인을 칠 때 더욱 그렇죠. 새 라켓으로 바꾼 다음부터 공도 더 세지고, 더욱 공격적으로 되었습니다." 레이버가 말했다.

●

조코비치의 목소리 톤은 아주 조금 높아졌지만, 감격에 겨워하고 있다는 것을 드러내기에 충분했다. 그는 2014년 윔블던 결승에서 로저 페더러를 상대로 5세트만에 승리를 거둔 이야기를 하고 있었다. 두 선수 모두 근래에 보기 드물게 수준 높은 경기를 선보였고, 끝까지 팽팽한 접전을 펼쳤다. "테니스 역사상 가장 훌륭한 선수 중 한 명인 페더러를 꺾고 윔블던을 제패하는 것은 꿈만 같은 시나리오였습니다. 특히나 그 선수가 윔블던 최다 우승 기록 보유인데다가 수년간 지배해온 그의 안방 코트에서 거둔 승리였으니까요. 게다가 마라톤 매치에서 이긴 것이다 보니 제가 직접 쓰더라도 그보다 완벽한 시나리오는 불가능했을 겁니다. 감정이 북받쳐 올라왔어요. 도저히 주체할 수가 없었습니다." 조코비치가 말했다. "어린 시절이 주마등처럼 지나갔어요. 그리고 그동안 겪어왔던 모든 일들도 함께 머릿속에 떠올랐죠. 심리적 변화, 극복해야 할 난관, 성공의 기쁨을 함께 나누어 왔던 나와 가장 가까운 사람들. 그런 순간을 위해 하루하루를 준비하는 겁니다. 윔블던 센터코트에서 최대의 라이벌과 타이틀을 놓고 한판 승부를 벌이는 꿈, 그런 비전을 가지고 있었습니다. 그리고 우승하는 모습을 상상하는 거예요. 그러다가 실제로 그런 일이 벌어지고 모든 감정을 실제로 경험하게 되면 정말 마법과 같이 느껴집니다."

페더러가 올잉글랜드클럽에서 이룩한 모든 업적을 고려했을 때, 자타공인 페더러의 '윔블던 최고의 시합'이라 불리는 두 경기에서 그가 모두 패했다는 사실은 흥미롭지 않을 수 없다. 첫 번째는 라파엘 나달에게 패했던 2008년 결승전이고, 6년 후 조코비치에게 졌던 결승전이 두 번째다. 그것은 어쩌면 페더러의 탁월한 재능을 의미하는 것일 수도 있다. 페더러를 이기기 위해서 상대 선수는 특별히 뛰어난 경기를 해야만 하는 것이다. 4세트에서 조코비치에게 매치 포인트로 몰린 상황에서 자신의 서브 게임을 세이브한 페더러는 결국 세트를 가져왔고, 이제 한 세트만 더 이기면 전대미문의 윔블던 8회 우승이라는 대기록을 세울 수 있는 상황이었다. 5세트 게임스코어 4-4. 조코비치의 서브 게임이었고, 15-15의 상황이었다. 페더러는 비교적 쉬워 보이는 스매시를 날렸는데, 공은 네트에 꽂히고 말았다. TV 해설자들이 이야기하기를 페더러가 백 번 중 아흔아홉 번은 성공시킨

▶ 페더러가 2015년 윔블던 결승전에서 조코비치와 경기를 하고 있다.

▶▶ 뒷면 사진
2015년 윔블던 시상식에서 페더러와 조코비치가 센터코트를 한 바퀴 돌고 있다.

스웨덴에서 온 뮤즈

페더러가 올잉글랜드 클럽에서 이룩한 모든 업적을 고려했을 때, 자타공인 페더러의 '윔블던 최고의 시합'이라 불리는 두 경기에서 그가 모두 패했다는 사실은 흥미롭지 않을 수 없다.

다는 그런 스매시였다. 만약 성공했더라면 조코비치가 15-30인 상황에서 어떻게 대처했을까? 그러나 스매시는 실패했고, 조코비치는 더 이상 페더러에게 점수를 내주지 않고 서브 게임을 지켜낸 후, 이어지는 페더러의 서브 게임에서 브레이크에 성공했다.

만약 페더러가 이겼더라면 그 경기는 '비공식 역대 최고 테니스 경기 리스트'에서 2008년 윔블던 결승전을 밀어 낼 수 있었을지도 모른다. "이런 경기를 치른 두 선수 중 하나는 그 경기에 대해 이야기하는 것이 고통스러울 겁니다. 이번 경우엔 로저가 해당되겠죠. 그렇기 때문에 저는 로저와 대화할 때는 이 경기를 화제에 올리지 않을 겁니다. 물론 나중에 사석에서 대화를 하다가 이야기가 나올 수도 있습니다. 그런 꿈 같은 경기에서의 승자에게는 그런 경험을 했다는 사실을 추억하는 것이 즐거운 일일 겁니다. 하지만 당사자들은 그 경기에 대해 별로 언급하지 않아요. 그렇지만 그 경기가 우리의 기억 속에 아주 오래 남아있을 것이라는 사실은 잘 알고 있습니다." 조코비치가 말했다.

다음 해 페더러는 뛰어난 서브를 바탕으로 준결승에서 앤디 머레이를 꺾고 2년 연속 윔블던 결승에 진출했다. 준결승 직후 페더러의 부친인 로버트 페더러는 그의 아들의 커리어는 아직 한참 남았다고 말했다. "이 경기는 로저가 아직도 최상의 수준에서 테니스를 칠 수 있다는 것을 증명하는 겁니다. 서른네 번째 생일을 얼마 앞두지 않은 시점에 윔블던 결승에 진출한 것이 더 만족스럽냐고요? 좋은 질문입니다. 기자들은 2년 전에 (그가 2라운드에서 졌을 때) 로저가 이제 늙었다는 기사를 썼지만, 로저는 사람들이 말하는 것만큼 그렇게 늙지 않았습니다." 스물한 살에 처음으로 그랜드슬램에서 우승한 선수가 이렇게까지 오랫동안 선수 생활을 할 수 있다는 것은 놀라운 일이다. 다음 해에도 페더러는 윔블던에서 그랜드슬램 타이틀 추가에 실패했다. 2년 연속 조코비치에 의해 가로막힌 것이다. 조코비치는 라파엘 나달, 앤디 머레이 그리고 자기 자신이 포함된 황금 세대가 페더러에게서 최고의 경기력을 이끌어낼 수 있었다고 믿는다. 그리고 동시에 페더러와 다른 황금 세대 선수들이 있었기에 본인이 지금의 모습을 지닐 수 있었다는 사실도 부인하지 않는다. 사람들이 이야기하듯이 조코비치가 괴물 같은 선수로 거듭나게 된 것은 페더러 덕분일 것이다. 수비형 괴물. 페더러처럼 공격할 수 있는 선수는 없고, 조코비치처럼 막을 수 있는 선수도 없다. "과거의 테니스는 지금과는 많이 달랐습니다. 페더러, 나달, 머레이, 그리고 저를 포함한 몇몇의 선수들이 테니스를 한 단계 높은 수준으로 끌어올린 겁니다. 이제 기준이 달라진 거죠. 경기 수준을 어디까지 올릴 수 있을지, 얼마나 더 발전할 수 있을지 생각하는 건 정말 흥분되는 일이에요. 다 같이 실력이 향상되고, 각자 자신의 경기에 매진하며, 모든 면에서 점점 더 나아지고 있습니다." 조코비치가 말했다.

피트 샘프러스는 페더러가 새로운 대회에 출전하는 모습을 경이롭게 바라본다. "로저의 능력을 의심한 적은 한 번도 없어요. 하지만 정말 놀라운 점은 30대 중반의 나이에도 불구하고 테니스에 대한 열정은 변함이 없고, 여전히 투어를 다니면서 우승을 노린다는 사실입니다. 이미 이룰만큼 이뤘는데도 불구하고 더 이루고 싶어하죠." SABR의 개발을 보면 페더러의 실험 정신에 놀라지 않을 수 없다. 그는 이 새로운 무기를 통해 2015년 US 오픈 결승에 오르기까지 단 52게임만을 내준 것이다. 그랜드슬램의 여섯 경기 동안 그렇게 적은 수의 게임만을 허용했던 경우는 거의 10년 전인 2006년 윔블던 챔피언십에서였다. 페더러는 겨우 몇 주 전 폭염이 내리 쬐던 신시내티 결승에서는 조코비치를 꺾었지만, 비로 연기된 US 오픈 결승에서는 불행히도 같은 결과를 내지 못했다. 조코비치는 1년 남짓한 기간 동안 페더러의 18번째 그랜드슬램 우승이라는 달콤한 꿈을 세 번이나 망쳐 놓았던 것이다. 페더러는 그 경기에서 무려 23번의 브레이크 포인트 기회를 잡았으나 겨우 네 번 밖에 성공시키지 못했다.

그해 뉴욕의 그랜드슬램은 페더러가 어린 시절의 영웅과 함께한 마지막 그랜드슬램이었다. 2015년 크리스마스 전에 페더러는 스테판 에드베리와의 행복했던 2년의 시간을 마무리하게 되었다고 발표했다. (그랜드슬램에서 한두 번 우승하는 것을 성공의 기준으로 본다면, 그다지 성공적이지는 못한 관계였을 수도 있다.) 남자 프로테니스의 세계에서 코치가 해고되는 경우, 마치 세탁하지 않고 방치되어 땀에 절은 팔목밴드와 같은 처지가 되기도 한다. 하지만 페더러와 에드베리의 관계는 달랐다. 두 사람 모두 자존심을 지킬 수 있었고, 서로 따뜻하게 격려하면서 헤어지는 보기 드문 풍경을 연출한 것이다. 페더러는 "제 꿈이 현실로 이루어진 겁니다"라고 말했고, 에드베리 역시 "멋진 경험이었습니다"라고 화답했다. 실제로 그들의 파트너십은 원래 예정되었던 일 년보다 두 배로 연장되었던 것이었다.

이후, 페더러는 오랜 친구이자 함께 선수 생활을 하기도 했던 이반 루비치치에게 코치 제안을 했다. 현역 시절의 루비치치는 에드베리와는 전혀 다른 경기 스타일을 가지고 있었다. 크로아티아 출신의 이 선수는 기본적으로 베이스라이너였다. 그렇다고 해도 루비치치의 영입이 페더러와 에드베리가 함께 이루어낸 것을 뒤집어버린다는 의미는 아니다. 전혀 그렇지 않았다. 페더러는 분명히 말했다. "에드베리는 제게 너무나 많은 것을 가르쳐 주었고, 저의 테니스에 미친 그의 영향력은 언제나 살아 있을 것입니다." 에드베리는 더 이상 페더러와 함께 투어에 참여하지는 않는다. 하지만 페더러의 말처럼 '언제나 페더러팀의 일원'일 것이다.

9
빨간 봉투

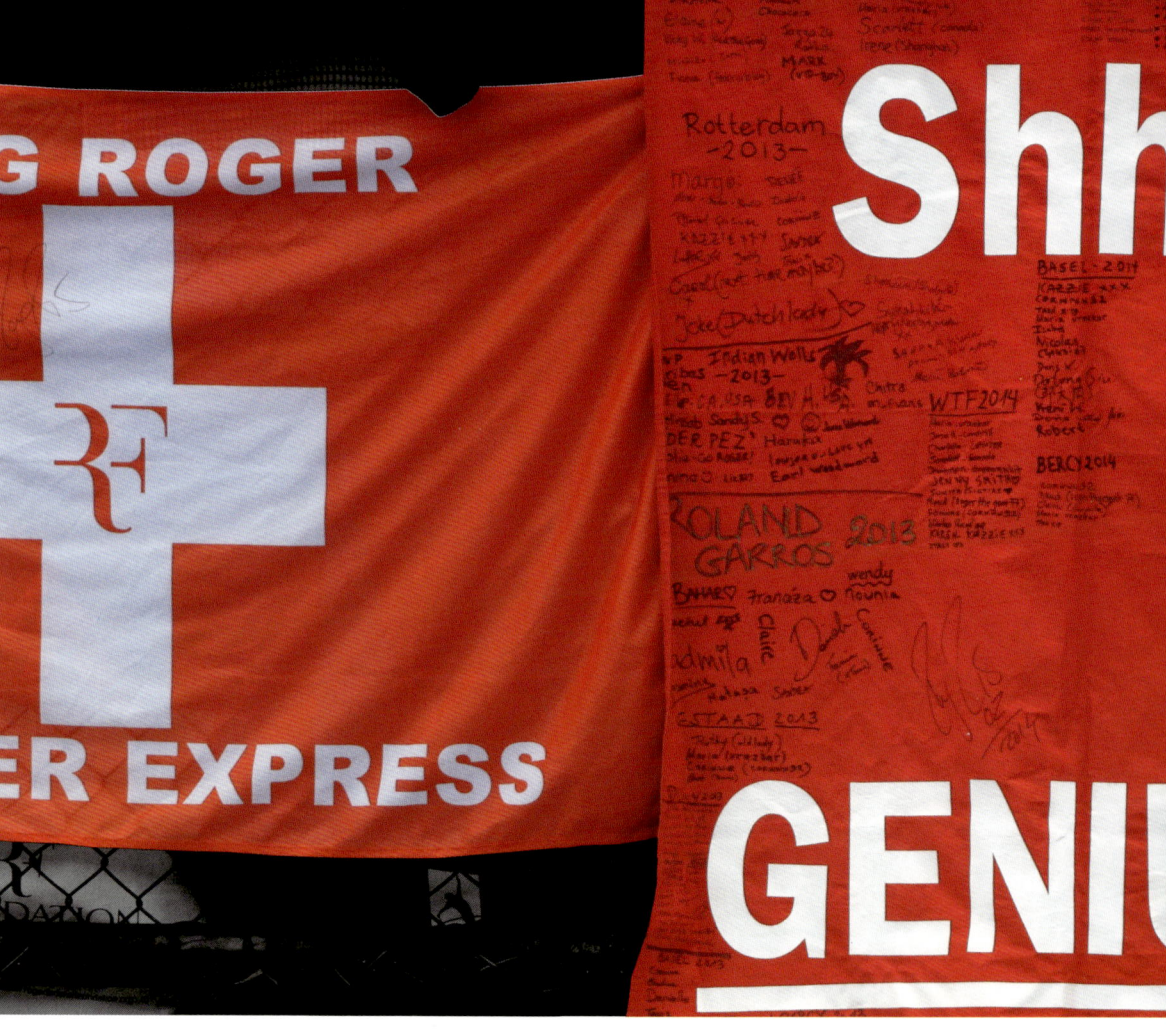

사람들은 로저 페더러의 열성팬들을 페드헤즈Fed-Heads 또는 페더러파일즈Federer-philes라고 부를지도 모른다. 하지만 페더러의 팬을 지칭하는 공식적인 이름은 없다. 이름이 있는 건 팬들이 아니라 그들이 페더러가 참가하는 매 대회마다 직접 전달하는 행운의 편지이다. 바로 '빨간 봉투'다.

2015년 윔블던 남자 단식 결승전 다음날, 윔블던 대회 복장인 흰색 테니스복을 입은 선수의 사진이 한 영국 일간지의 1면을 장식했다. 그것은 세 번째 윔블던 우승을 통해 자신의 코치 보리스 베커, 그리고 존 매켄로와 어깨를 나란히 하게 된 챔피언 노박 조코비치의 사진이 아니었다. 크고 매력적인 모습으로 일간지 전면 상단에 등장한 인물은 준우승자인 로저 페더러였다. 조코비치가 어떻게 '윔블던 적자의 슬픔'보다 중요할 수 있었겠는가?

본인이 신문 1면을 장식하고 화려하게 빛나야 하는 바로 그 순간, 페더러에 대한 애정 때문에 제대로 대접받지 못하는 경우는 이번이 처음이 아니다. 물론 마지막도 아닐 것이다. 신문 편집자는 그저 대중이 원하는 것을 제공했을 뿐이다. 하지만 두 달 뒤 US 오픈 결승에서 조코비치가 다시 페더러와 경기를 하게 되었을 때 뉴욕 테니스 관중들이 그를 괴롭힌 것에 비하면 영국 미디어의 태도는 양반이었다. 아서 애쉬 스타디움의 관중들은 조코비치가 실책을 하거나 첫 서브에 실패하는 모습에 박수를 쳤다. 중간중간 관중석에서는 야유도 터져 나왔다. 페더러에 대한 애정이 상대 선수에 대한 적대심으로까지 번진 것이었다. 이런 적대심은 비 때문에 경기가 잠시 중단된 사이 관중들이 마신 맥주 때문에 더 심해진 것 같았다. 베커와 조코비치의 아내 옐레나, 그리고 헐리우드 배우 제라드 버틀러Gerard Butler를 제외하면, 뉴욕 전체 대 조코비치인 형국이었다. 상황에 대처하기 위해 조코비치는 그 관중들이 자기를 응원하는 것이라고 생각하려고 노력했다. "관중들이 '로저'를 외칠 때 저는 그들이 '노박'이라고 소리지른다고 상상했습니다." 빅 4 중 나머지 두 명이 페더러와의 경기에서 겪는 대중의 반감도 비슷했다. 라파엘 나달은 롤랑가로스의 클레이코트에서 가장 성공적인 선수였고 단일 그랜드슬램 대회에서 어떤 선수보다 많이 우승했음에도 불구하고, 수많은 파리지앵들은 노골적으로 페더러를 더 좋아한다. 런던

▶ 페더러의 윔블던 옷차림은 '테니스의 고급 맞춤복'에 가까울 정도이다.

에서도 비슷한 일이 있었다. 앤디 머레이는 US 오픈에서 우승한 뒤 영국에서의 첫 대회였던 2012 ATP 월드 투어 파이널에 참가했다. 그는 1930년대 이후 그랜드슬램에서 우승한 첫 영국 남자선수였기 때문에 런던 관중 모두의 열렬한 응원을 받을 것으로 예상됐다. 그러나 막상 뚜껑을 열어보니 관중이 더 환호하는 선수는 페더러였다. 흡사 바젤의 세인트 야콥스할레 경기장에 있는 것 같았다.

●

사람들은 로저 페더러의 열성팬들을 페드헤즈Fed-Heads 또는 페더러파일즈Federer-philes('–phile이 명사 뒤에 붙으면 –를 열렬히 좋아하는 사람'이라는 뜻 – 옮긴이)라고 부를지도 모른다. 하지만 페더러의 팬을 지칭하는 공식적인 이름은 없다. 이름이 있는 건 팬들이 아니라 그들이 페더러가 참가하는 매 대회마다 직접 전달하는 행운의 편지이다. 바로 '빨간 봉투The Red Envelope'다. 페더러가 열정적으로 소셜미디어를 사용하는 것을 생각해보면 (페더러는 수백만 명의 팔로워들을 거느리고 있는 파워트위터로 팝콘 이모티콘이 생기는데 영향력을 행사하기도 했다), 그의 가장 충실한 팬들이 트위터나 페이스북 이전의 고전적인 소통

◀ 2015년 페더러는 13년 연속 가장 인기가 많은 남자 선수로 선정되었다.

방식을 쓴다는 것은 신선하기까지 하다. 이 빨간 봉투 응원 편지는 'RF'가 새겨진 야구모자나 티셔츠, 귀걸이 등을 착용하는 것 이상으로 페더러에 대한 팬들의 흠모를 잘 보여준다. 영혼 깊숙이 새겨진 이들의 애정을 단순한 집착으로 치부하는 것은 정당하지 못한 평가일 것이다.

페더러가 그랜드슬램 대회에서 처음으로 우승했던 2003년, 빨간 봉투가 처음 등장했다. 그의 팬들 중 하나가 격려의 편지와 메시지를 모아 경기 전 연습시간에 페더러에게 전달하자는 아이디어를 냈다. 페더러는 인쇄되어 있거나 손으로 쓴 메모를 좋아한다. 장래가 촉망되는 주니어 선수였던 시절, 그는 이전 코치였던 마들렌 베를로허에게 전보를 쳐서 첫 우승을 알렸다. 처음에 팬들은 그랜드슬램 대회에서만 페더러에게 공식 스티커로 봉해진 빨간 봉투를 전달했지만, 이제는 페더러가 참가하는 거의 모든 대회에 빨간 봉투를 가지고 간다. "로저에게는 사람을 끌어들이는 힘이 있어요. 그리고 보호본능도 자극하죠. 전 마치 로저의 큰 누나가 된 기분이랍니다." 페더러의 가장 헌신적인 팬들 중 한 명인 콜린 테일러Colleen Taylor가 말했다. "저는 대회가 있을 때마다 짧은 메시지라도 남기려고 해요. 제가 빨간 봉투 배달부로 직접 그에게 편지를 전달한 적도 두 번 있었죠. 정말 멋진 경험이었어요. 로저는 이 전통에 대해 잘 알고 있고 우리를 알아 봅니다. 연습 코트에서 빨간 봉투를 들어올려 주의를 끌면 그가 다가와 봉투를 받아들이죠."

빨간 봉투에 편지를 넣는 팬들을 찾는 것은 그리 어려운 일이 아니다. 그들은 '쉿! 조용히 할 것. 천재가 일하는 중.(Shh. Quiet. Genius at Work)'이라고 쓰여진, 빨간색과 흰색으로 된 현수막 주변에 모여 있다. 현수막은 테일러의 아이디어였다. 2006년 봄, 그녀는 친구 주디스, 크리스티나와 함께 처음으로 페더러의 경기를 '직관'하기 위해 마이애미 마스터스 대회에 가기로 했다. 여행 기념으로 현수막도 만들었다. "로저가 인디언웰스 마스터스에서 막 우승했던 때였어요. 어떤 기자가 우승에 관한 기사에서 이 멋진 문장을 썼고, 저희도 그걸 사용하기로 한 거죠." 지난 10년간 이 현수막은 페더러가 경기하는 곳이면 거의 어디에서나 볼 수 있었다. "로저의 첫 경기 때 이 현수막을 들고 있었는데 AP통신사Associated Press에서 사진을 찍었어요. 대회 후에도 주디스는 현수막을 버리고 싶지 않았기 때문에 로저의 홈페이지 RogerFederer.com에 그가 참가하는 다른 대회에 이 현수막을 가져가고 싶은 사람이 있는지 물어봤어요. 이렇게 우리의 전설이 탄생했답니다. 우리는 그 위에 서명도 해요. 현수막은 팬들 사이에서 명성을 얻기 시작했는데 나중에는 로저도 알아보게 되었습니다." 테일러가 말했다. 그녀는 현재 텍사스에 거주하면서 IT 회사에서 일하고 있다.

어떤 테니스 선수도 이만한 사랑을 받은 적은 없었다. 윔블던을 호령하는 바이킹 신

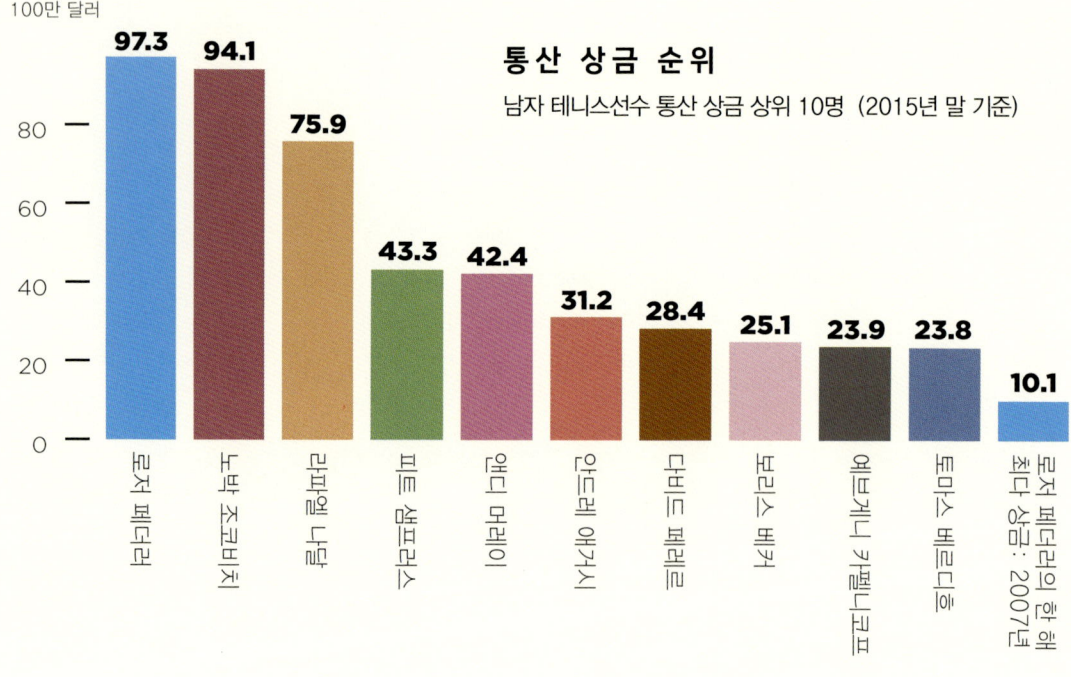

으로 불리던 비외른 보리 때문에 올잉글랜드클럽의 총무가 윔블던 주변 여학교 교장들에게 학생들을 자제시켜 달라는 편지를 써야 했던 때도 이 정도까지는 아니었다. 오프시즌 기간 동안 남미에서 시범경기 투어를 하던 중 브라질에서 겪은 팬들의 반응에는 페더러조차 당혹스러워했다. "저를 보고 울면서 쓰러지는 팬들을 그렇게 많이 만난 건 처음이었어요. 수많은 사람들이 동요하는 모습에는 정말 놀라지 않을 수 없었습니다. 제가 직접 안아주고 괜찮다고 다독거려야 할 정도였어요." 페더러가 시합 때문에 처음 방문했던 브라질에서 일어난 일이었다. 매해 늦여름마다 보이는 페더러의 모습에 익숙한 뉴욕 사람들의 반응도 크게 다르지 않다. 어느 해 US 오픈에서 사인을 받으려고 수많은 팬들이 몰려들 때였다. 여섯 살 소년이 군중들 틈에 있는 모습을 본 페더러는 그 아이의 안전이 우려되었고, 안전요원에게 아이를 들어내 코트에 내려 놓아달라고 요청했다. 심지어 그가 없는 현장에서도 혼란이 초래된 적도 있다. 중국 상하이에서 페더러로 분장한 사람이 시내에 등장했다. 그다지 비슷하지 않았음에도 불구하고 그는 금방 사람들에 둘러싸였다. 헌신적이고 열성적인 페더러의 팬은 테니스계의 내부에도 있다. 크리스 에버트Chris Evert는 현역 시절 워낙 감정 조절에 뛰어나서 '얼음 여왕'이라는 별명이 붙을 정도였다. 그러나 그녀는 이제 테니스 해설자로 페더러의 경기를 보고 있으면 눈물이 난다고 했다. "제가 왜 로저를 좋아하냐고요? 모르겠어요. 그냥 좋아요. 로저의 테니스에는 심금을 울리는 무엇인가가 있어요. 그게 정확히 뭔지는 잘 모르겠지만 도저히 헤어날 수가 없어요. 40년 넘게 테니스에 몸담고 있지만 제 마음을 이토록 흔들어 놓은 선수는 아무도 없었어요. 로저 외에는요." 에버트가 말했다.

왜 페더러가 매년 ATP 월드 투어에서 팬들이 뽑은 최고 인기선수상을 받는지 이해하기는 어렵지 않다. 2015년 수상으로 페더러는 13년 연속 인기투표 1위를 차지했다. "보리도 인기가 많았지만 이 정도까지는 아니었어요. 테니스뿐 아니라 모든 스포츠를 통틀어 유례가 없는 일이지 않을까 싶습니다." 매츠 빌랜더가 말했다.

페더러가 유일하게 슈퍼스타 대접을 받지 못하는 곳은 스위스뿐이라고 말하는 사람들도 있다. 그는 조국인 스위스에서는 그나마 조용히 생활할 수 있다. "전 세계 어디에서나 로저는 거의 '신적인 존재'입니다. 하지만 스위스에서만큼은 예외죠. 스위스 사람들은 약간 내성적인 성향이 있거든요." 페더러의 지인이 말했다. 마르티나 힝기스도 스위

▼ 페더러는 전 세계에서 사랑을 받고 있다.

스 팬들이 코트 밖에서 사인을 요청하는 경우 미국 팬들과 다른 모습이라고 했다. 그들은 페더러가 그랜드슬램에서 세 번이나 우승을 하고 나서야 그의 사진을 바젤의 올드보이즈 테니스클럽에 걸어 놓았고, 코트 하나에 그의 이름을 붙여 주었다. 하지만 스위스의 무관심이 약간 과장되었다고 생각되지는 않는가? 페더러의 광명은 보수적이고 내성적인 스위스인의 마음에도 빛을 비춘다. 출마하지도 않은 선거에서 자국의 팬들이 그의 이름을 투표용지에 써 넣는 바람에 득표한 적도 있는 페더러가 아닌가? 윔블던에서의 첫 우승 후 스위스 알프스에 있는 슈타드에 도착했을 때 그는 처음으로 유명세라는 것을 경험했다. 갑자기 모든 사람들이 그를 원했다. 코트에서도, 호텔 로비에서도, 그리고 리조트에서 산책을 할 때도. 우승 기록이 하나씩 추가될 때마다 페더러의 명성도 한 계단씩 높아졌다. 이십대 중반의 나이에 현존하는 스위스 인물로는 최초로 우표에 나오는 영광을 안기도 했다. "제가 스위스 나이프나 알프스처럼 스위스의 상징이 되었다는 사실은 무척 뿌듯합니다." 페더러가 말했다.

●

"테니스 코트에서 하는 그의 모든 행동은, 심지어 볼키드에게 공을 던져 주는 동작까지도 멋있어요." 매츠 빌랜더가 페더러의 인기를 설명하면서 말했다. 분명 여기에는 숫자와 기록만으로 설명되지 않는 무엇인가가 있다. "테니스에 대한 그의 열정은 너무나도 진실되죠. 하지만 가장 중요한 건 그의 테크닉입니다. 그는 사람들이 보고 싶어하는 바로 그런 테니스에 현대식 터치를 가미했어요. 너무나 자연스러워서 마치 코트 위에서 떠다니는 것처럼 보이지요. 그의 언행 역시 훌륭하지만 그가 이렇게까지 사랑을 받는 이유는 무엇보다 테크닉 때문이라고 생각합니다." 그의 테니스 수준과 테크닉이 워낙 뛰어나다 보니 어느 나라 사람인지는 별 의미가 없다. 테니스 관중들이 이렇게까지 편파적이었던 적은 한 번도 없었다. 그들에게는 국적은 중요하지 않았고, 단지 그가 코트에서 어떻게 움직이는지, 공을 어떻게 치는지에만 관심을 보인다. 다른 선수들과 달리 공을 칠 때 기합 같은 신음소리를 내지 않는 것도 큰 몫을 한다.

매츠 빌랜더는 페더러의 '완벽한 헤어스타일'이나 그의 외모, 그리고 포인트 사이에 걷는 방식조차 그의 인기에 보탬이 된다고 말했다. 그는 피플지가 선정한 '세계의 섹시한 남자' 섹션에서 '살아있는 섹시한 남자' 리스트에 이름을 올린 적도 있다. 하지만 피트 샘프러스의 분석에 따르면 페더러의 최고 매력 포인트는 겸손함이다. 이는 페더러가 넬슨 만델라에 이어 두 번째로 신뢰감과 존경심을 주는 인물이라는 평판연구소The Reputation

▲ 잔디코트 대회가 열리는 독일의 할레에는 페더러의 이름을 딴 거리가 있다.

Institute의 연구결과로 신빙성이 더해졌다. 이 기관에서는 만델라 서거 몇 년 전에 25개국 5만 명을 대상으로 인터뷰를 시행했었는데, 결과는 만델라, 페더러, 교황, 버락 오바마 전 미국 대통령, 그리고 엘리자베스 2세 영국 여왕의 순서였다. "로저가 그렇게 많은 사랑을 받는 이유는 자신이 새로운 기록을 수립하는 사람이라고 떠벌리며 다니지 않기 때문입니다. 그는 단지 시합에 나가 경기를 할 뿐이에요. 로저는 자기가 얼마나 뛰어난지 그리고 얼마나 훌륭한 챔피언인지 깨닫지 못하고 있는 것 같습니다. 본인이 다른 사람보다 뛰어나다고 생각한 적이 없어요. 그래서 사람들이 그에게 더욱 매료되는 겁니다. 저는 로저라는 사람 자체도 좋고, 그의 언행과 태도도 좋아합니다. 수많은 사람들이 저와 같은 이유로 그를 좋아하겠죠." 샘프러스가 말했다.

드물지만 지나친 찬사는 페더러를 불안하게 만들기도 한다. '히스테리 투어'라고 명명해도 좋았을 법한 2012년 오프시즌 남미 시범경기 투어 기간 동안, 페더러는 자기 앞에서 울며 쓰러지거나 무릎을 꿇고 경의를 표하는 팬들을 진정시키려고 노력했다. 겉으로는 침착해 보였지만 실제 마음은 그렇지 못했다. 이런 숭배에 가까운 반응에 익숙해지기 위해서는 시간이 필요하다. "제가 어디에서 왔는지, 누구인지를 계속해서 상기시켜야 합니다."라고 페더러가 말했다. 그는 '평상시의 생활'로 돌아가게 되면 그게 가능해진다

1,000 승

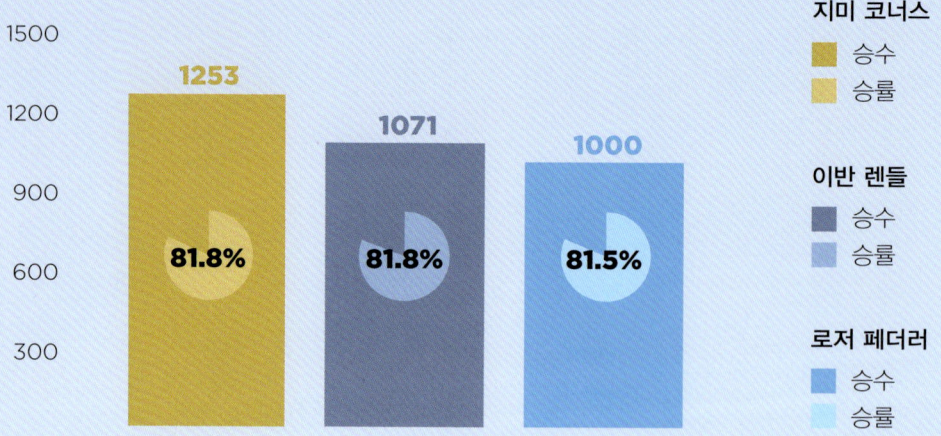

- 지미 코너스: 승수, 승률
- 이반 렌들: 승수, 승률
- 로저 페더러: 승수, 승률

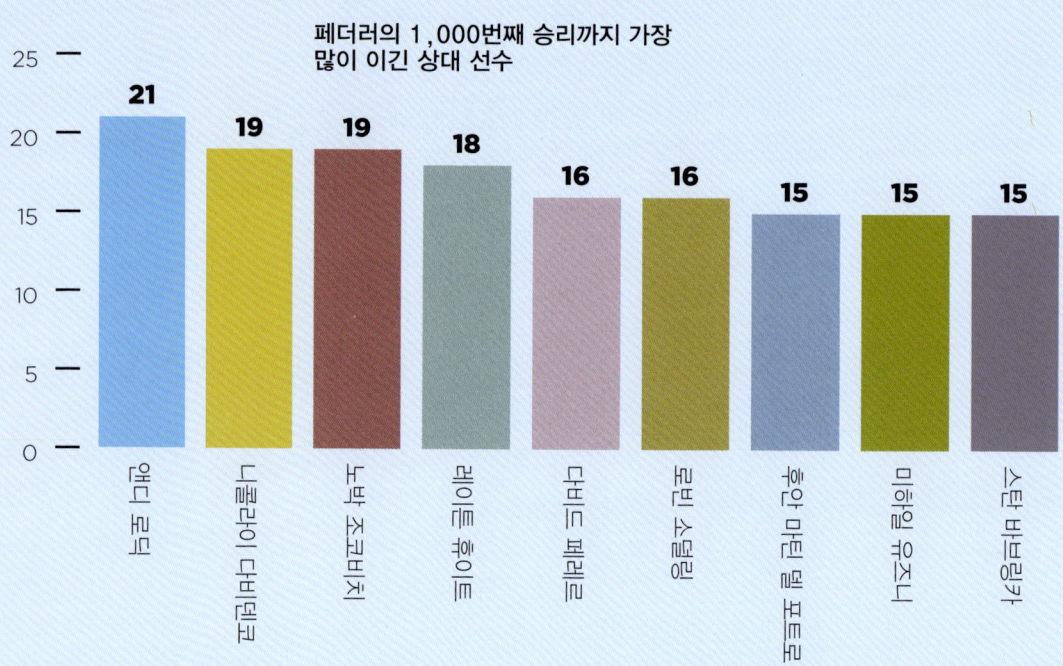

페더러의 1,000번째 승리까지 가장 많이 이긴 상대 선수

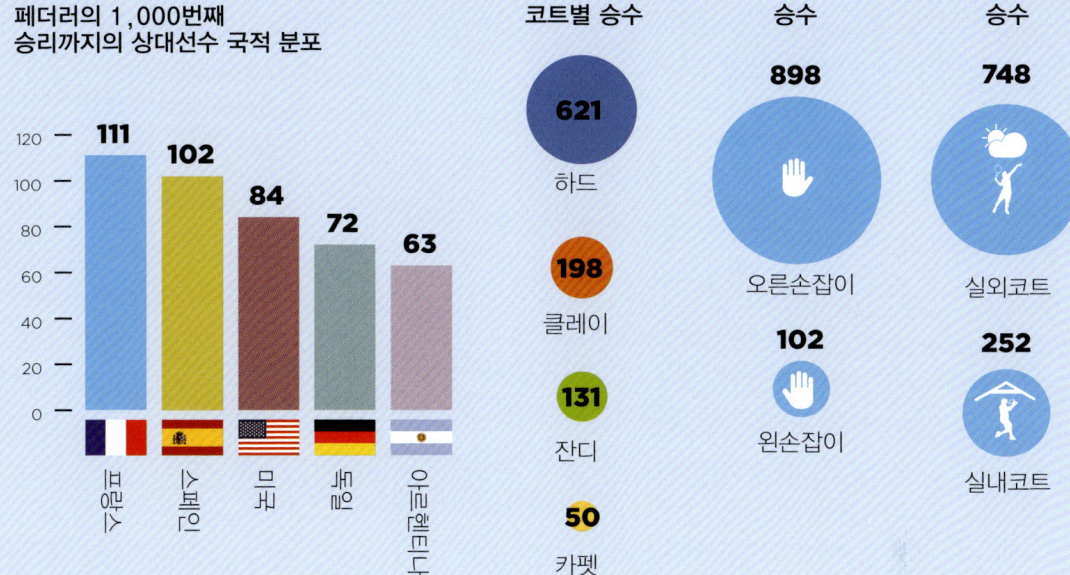

페더러의 1,000번째 승리까지의 상대선수 국적 분포

프랑스	스페인	미국	독일	아르헨티나
111	102	84	72	63

코트별 승수
- 621 하드
- 198 클레이
- 131 잔디
- 50 카펫

승수
- 898 오른손잡이
- 102 왼손잡이

승수
- 748 실외코트
- 252 실내코트

승리 이정표

- **1** 기욤 라우(프랑스), 1998년 프랑스 툴르즈 1회전
- **100** 줄리앙 부테(프랑스), 2001년 바젤 준결승전
- **200** 미하일 유즈니(러시아), 2003년 할레 준결승전
- **300** 레이튼 휴이트(호주), 2004년 US 오픈 결승전
- **400** 토미 하스(독일), 2006년 호주 오픈 16강전
- **500** 다비드 페레르(스페인), 2007년 몬테카를로 마스터스 8강전
- **600** 치아구 아우베스(브라질), 2008년 US 오픈 2회전
- **700** 율리안 라이스터(독일), 2010년 프랑스 오픈 3회전
- **800** 후안 모나코(아르헨티나), 2011년 파리 인도어 마스터스 8강전
- **900** 질 시몽(프랑스), 2013년 프랑스 오픈 16강전
- **1000** 밀로스 라오니치(캐나다), 2015년 브리즈번 결승전

빨간 봉투

고 취리히 일간지 〈타게스 – 안자이거〉에 말했다. 그가 평범한 일상을 원한다는 것은 그의 사생활이 보호되고 있는 것을 보면 잘 알 수 있다. 페더러의 측근들에게서는 '말이 새어 나가지' 않는다. 그가 자신의 결혼식에 초대했던 삼십여 명의 하객들은 어느 누구도 결혼식에 대한 정보를 미리 흘리지 않았다. 언론과 대중이 페더러의 결혼식에 대해 알게 된 것은 그의 발표를 통해서였다. 미르카가 딸 쌍둥이를 출산했을 때도 마찬가지였다. 출산 때까지 사람들은 그녀가 쌍둥이를 임신했었는지조차 몰랐었다.

평정심이 회복되고 나면, 페더러는 '다시 테니스 선수로서의 격동적인 삶 속으로 돌아갈' 준비가 되었다고 느낀다. 샘프러스를 비롯한 몇몇 역대 챔피언들은 유명세를 편안하게 받아들이지 못했다. 하지만 페더러는 젊은 시절부터 유명인사가 되고 싶었다. 그의 이러한 소망은 초기 투어 시절, 사람들이 그를 알아보지 못하고 토미 하스인지 아니면 카를로스 모야Carlos Moyá 인지 물어보곤 할 때마다 더 강해졌다. 대중과의 만남에 긴장할 때도 있지만 페더러는 테니스의 아이콘이 되어버린 자신의 상태를 즐긴다. 그는 "제가 스타인 게 좋습니다. 사람들의 관심의 중심이 되는 게 좋아요"라고 솔직하게 말했다. 이건 정말 다행스러운 일이다. 대중의 관심이 부담스러웠다면 그의 인생은 매우 힘들었을 것이다. 사실 페더러는 유명인사가 된 자신의 처지에 완전히 익숙해졌다. 아주 가끔 롤랑가로스의 수잔 랑랑 코트Court Suzanne Lenglen와 같이 두 번째로 큰 경기장에 배정이 되는 경우도 있긴 하지만, 거의 대부분은 대회의 주경기장에서 시합을 해왔고, 앞으로 그럴 것이다. 그는 경기장에 특별히 신경을 쓰지는 않지만, 만약 구석에 위치한 코트에서 소수의 관중을 앞에 두고 시합을 해야 한다면 지금처럼 의욕을 보이기는 어려울 지도 모른다.

●

아직 다듬어지지 않았던 10대 시절, 미국에서 주니어 대회 참가 후 250달러를 주고 탈색한 금발이 되어서 집으로 돌아갔던 때와 비교하면 페더러는 완전히 변신했다. 그런 머리로 돌아가자 그의 부모는 화를 냈고, 코치와 친구들은 재미있어 했다. "로저는 모자를 쓴 채로 클럽에 와서 끝까지 벗기를 거부했어요. 부끄러웠던 거죠. 하지만 그 염색한 머리는 절대 잊혀지지 않을 겁니다. 그 때 찍은 사진이 클럽에 남아 있거든요." 올드보이즈 테니스클럽의 코치가 말했다. 몇 년 후에 페더러는 록음악에 심취했고, 이에 걸맞게 머리도 어깨까지 길렀다. 당시 코치였던 피터 룬드그렌도 같은 헤어스타일을 하고 있었기 때문에 그 둘은 마치 지방 순회 공연의 무대 매니저 한 쌍처럼 보였다. 세련됨, 반듯한 행동거지, 그리고 완벽하게 다듬어진 헤어스타일? 그건 한참 뒤에야 나온다. 페더러는 팝

그룹 백스트리트 보이즈The Backstreet Boys와 미국 프로 레슬링에도 관심을 가졌다. 그는 레슬링의 쇼맨십과 무대를 좋아했는데 특히 언더테이커The Undertaker와 더 록The Rock의 팬이었다. 요즘 어린 선수들이 여가 시간에 플레이스테이션을 하듯이 페더러의 어린 시절도 별반 차이가 없었고, 특히 제임스 본드 게임을 좋아했다. 페더러는 종종 룬드그렌과 같이 게임을 했는데, 드물게 룬드그렌이 이길 때면 게임기를 집어 던지고는 "걱정 마세요. 새로 하나 사 놓을께요"라고 이야기했었다고 한다. 게임에 열중하던 긴 머리의 소년이 나중에 케임브리지 공작 부부, 즉 영국 왕위 계승자인 윌리엄과 그의 배우자인 케이트의 친구가 될 줄은 누구도 상상 못했을 것이다. 이들 부부는 윔블던 대회가 시작되기 며칠 전에 페더러와 미르카를 버크서 마을에 있는 케이트의 친정집으로 초대해서 같이 점심식사를 하고 테니스를 치기도 했다.

페더러가 미국 〈보그〉의 편집장이면서 〈악마는 프라다를 입는다〉라는 책과 영화의 실제 주인공이었던 안나 윈투어Anna Wintour를 처음 만났을 때에는 그녀가 누군지 알지 못했다. 페더러의 옷장에는 청바지 두 벌밖에 없었다는 소문으로 미루어볼 때, 그의 패션에 대한 관심이 어느 정도였는지 짐작할 수 있을 것이다. 2002년 US 오픈에서 처음 만난 후, 윈투어는 자타가 공인하는 페더러의 '유명인사' 팬이 되었다. 한때는 록스타 개빈 로스데일Gavin Rossdale, 은퇴한 테니스 선수 크리스 에버트Chris Evert, 골프 선수 타이거 우즈Tiger Woods가 윈투어와 거의 어깨를 견줄 뻔 하긴 했었다. 윈투어는 페더러의 테니스 인생에서 가장 중요한 순간에는 거의 함께했다. 선수관계자석에 게스트로 있건 베이스라인 뒤의 VIP석에 있건 간에 현장을 지킨 것이다. 심지어 그녀는 페더러의 경기를 TV로 보기 위해서 패션쇼 중간에 자리를 뜨기도 했다. 수년간 윈투어는 페더러의 가까운 친구이자 비공식 조언자가 되었고, 어떤 해에는 맨해튼에 있는 레스토랑에서 그를 위해 파티를 열어 주기도 했다. 그녀는 패션쇼에 페더러를 데리고 가기도 하고, 그가 이제는 '패션의 창의성과 유머, 그리고 개성'을 사랑하게 되었다고 했다. 페더러는 더 이상 '파란색 스웨터를 입은 매번 똑같은 차림'으로 사진에 나오길 원하지 않는다. "옷 사는데 돈을 많이 씁니다. 일종의 투자라고 생각하거든요." 페더러가 말했다.

지난 수년간 페더러의 윔블던 복장에 대한 예측이 나오고, 이후 비평이 뒤따르는 것은 매년 여름 반복되는 일종의 통과의례였다. 그 때가 아마 남자 테니스가 오트 쿠튀르(고급 맞춤 여성복 - 옮긴이)에 가장 근접하는 순간일 것이다. 어떤 이들은 윈투어가 페더러의 윔블던 패션에 영향을 끼쳤다고 생각했는데 실상은 윈투어가 〈뉴요커〉와 했던 인터뷰에서 드러났다. 윈투어는 금빛 무늬와 금장테 테두리의 톤을 좀 낮추라고 조언했다. "로저는 반짝거리는 것을 좋아하는 편이거든요." 모든 윔블던 복장들은 대회 전에 올잉

▲ 페더러가 친구이자 미국 〈보그〉 편집장인 안나 윈투어와 함께 패션쇼에 참석한 모습

글랜드클럽의 '거의 흰색' 규정에 부합하는지 사전심사를 통과해야 한다. 이런 규제에도 불구하고, 아니면 오히려 이 규제 덕분에 페더러의 의류 스폰서인 나이키는 2006년 복고풍의 블레이저에 개인문장(紋章)을 다는 것을 필두로 뛰어난 창의력을 발휘해 왔다. 이듬해 여름, 페더러는 블레이저와 플란넬 바지를 선보였고 사람들은 이 복장을 F. 스콧 피츠제럴드의 소설 〈위대한 개츠비〉에 나오는 스타일에 비유하기도 했다. 페더러는 이 대회 결승에서 나달을 꺾고 비외른 보리 이후 처음으로 윔블던 5회 연속 우승 기록을 세웠다. 그는 흥분한 나머지 시상식 때 바지의 앞뒤를 거꾸로 입었다. 이에 대한 비판은 피할 수 없는 상황이었지만, 복장에 너무 민감하게 반응할 필요는 없는 게 아니냐는 여론도 있었다. 2008년 윔블던 대회에서는 단추 다섯 개가 달린 헤링본 무늬의 카디건을 셔츠 위에 입었다. 그리고 2009년엔 일명 '군복 입은 천사 룩'이라고 불린 하얀색 군복 스타일의 수트와 조끼에 금장을 두른 흰 가방으로 완성시킨 복장을 택했다. 그렇지만 페더러는 사람들이 그가 과시를 하려고 한다던가 그의 복장이 너무 반짝반짝하다고 느끼기를 바라지 않는다. 금색이 들어간 것은 복장에서 윔블던 트로피가 연상되게 하려는 의도가 있었다. 그 다음 해부터 페더러의 복장은 많이 완화되었다. 그는 윔블던 복장 규정이 '터무니없이 엄격하다'며 불만을 제기한 적이 있다. 그것은 아마도 오렌지색 바닥의 테니스화를 신었다가 교체해달라는 주최측의 요청을 받았던 경험에서 나왔던 발언이었을 것이다.

윔블던에서만 페더러의 복장이 화제가 되었던 것은 아니다. US 오픈에서 저녁 경기에 완전히 검은색으로만 입고 나왔을 때는 다스 페더러Darth Federer(스타워즈의 다스 베이더를 변형한 말 – 옮긴이)라고 불리기도 했었다. 아서 애쉬 스타디움의 불빛 아래서 페더러가 마치 턱시도 비슷한 것을 입고 있는 것처럼 보였기 때문이다. 현재 페더러의 테니스 패션에 관한 관심은 엄청나서 자신이 입었던 모든 옷을 세 벌씩 보관한다. 나이키가 페더러의 복장을 매 시즌마다 열 번에서 열두 번 바꾸는 것을 고려할 때 얼마나 많은 공간을 차지할지 짐작할 수 있을 것이다.

스타일 측면에서 볼 때, 페더러 브랜드에서 가장 중요한 것은 그가 착용하는 모든 제품에 들어가는 RF 모노그램일 것이다. 페더러의 첫 로고는 그의 서명에 기초해서 만들어졌고, 그의 이름을 딴 향수의 마케팅에 사용되었다. 향수의 생산은 중단되었지만, 로고 아이디어는 살아남았다. 그 다음 단계는 2006년에 윔블던에서 처음 사용했던 개인문장이었다. 그 문장은 스위스를 상징하는 십자가와 잔디, 그의 별자리인 사자자리 문양, 그의 성의 첫 글자인 F, 그리고 그 당시까지의 윔블던 우승 숫자를 상징하는 세 개의 라켓을 포함하고 있었다. 이 문장에 이어 RF 모노그램이 등장했고, 이는 야구 모자, 티셔츠를 비롯해 페더러와 관련된 모든 제품에 새겨졌다. 미식축구 팬들이 옷과 각종 모자로 관중석에서 충성심을 보여준 지는 오래되었다. 페더러는 자신의 팬들도 그런 방식으로 응원하는 걸 무척 좋아한다. 그는 현재 본인의 위치와 지위를 부담스러워 하지 않는다. 트위터에 있는 @PseudoFed라는 패러디 계정에서는 페더러의 소위 '자기만족'에 대해서 애정 어린 투로 놀린다. 그러나 페더러가 겸손한 척하지 않는다고 해서 거만한 것은 결코 아니다.

어느 해인가는 올잉글랜드클럽에서 윔블던 마을로 가는 언덕을 오르는 사람이면 누구나 그곳의 교회 앞에 '하나님이 로저 페더러를 만드셨습니다.(God made Roger

▼ 페더러가 윔블던 복장을 입고 포즈를 취하고 있다.

Federer)'라고 써진 현수막을 볼 수 있었다. 센터코트에 운집한 관중들뿐만 아니라 성직자들까지도 페더러에 대한 애정을 보인 것이다. 페더러의 라이벌 입장에서는 설령 조코비치가 2015년 US 오픈에서 했던 것처럼 스스로에게 최면을 걸려고 시도하더라도 불쾌감을 감추기는 어려울 것이다. "좀 난처한 상황이긴 합니다. 하지만 어느 누구도 본인이 로저만큼 인기가 많아야 한다고 생각하지는 못할 겁니다. 로저와 인기를 비교하려고 한다면 테니스외의 다른 분야로 가는 수 밖에 없어요. 문제는 관중이 언제나 로저 편이라는 겁니다. 그러니 그를 이겨 버리면 분위기를 망쳐버리는 거죠. 선수 입장에서는 정말 기분 나쁜 겁니다. 로저와 경기를 할 때마다 그런 느낌을 가지게 되면 사기가 떨어질 수 밖에 없어요." 매츠 빌랜더가 말했다.

조코비치 역시 많은 팬들에게 존경 받는 훌륭한 선수이지만, 모든 팬들의 사랑을 받는 케이스는 아니다. 그는 대중의 페더러에 대한 애정이 본인에게는 얼마나 힘든 일인지 〈더 타임즈〉에 고백한 적이 있다. "로저는 코트의 레전드입니다. 테니스 역사를 새로 썼죠. 엄청나게 성공했고, 코트에서나 코트 밖에서나 변함없이 좋은 사람이에요. 그렇기 때문에 그는 관중이 제일 좋아하는 선수입니다. 하지만 그건 저에게는 힘든 일입니다. 사실대로 말하면 정말이지 너무 힘들어요. 커리어 초반엔 좀 이상하게 느껴졌어요. 어떻게 하면 관중을 제 편으로 만들 수 있을지 감을 잡을 수가 없었죠. 하지만 관중을 비난할 수는 없습니다. 어쩔 수 없는 상황이죠."

라커룸에 있는 다른 모든 선수들처럼 조코비치도 페더러를 비난하지 않는다. 선수들은 페더러가 그렇게 많은 트로피를 가져간 데다가 수많은 팬들의 충성심까지 뺏어갔다는 사실에 화를 내보려고 하지만 쉽지 않다. 페더러와 같은 세대 선수인 존 이스너John Isner는 '테니스가 종교라면, 로저 페더러는 신이다'라는 페이스북 페이지를 공동 운영하기도 했다. 어느 해인가 윔블던에서 페더러가 샘 쿼리Sam Querrey의 머리를 넘기는 로빙 트위너를 쳤을 때, 쿼리는 네트 반대쪽으로 가서 로저와 하이파이브를 하고 싶은 충동을 느꼈으나 적절한 행동이 아니었기에 간신히 참았다. "로저를 이기고 싶죠. 그런데 그가 경기하는 걸 보는 건 무척 재미있기도 합니다." 쿼리가 말했다. 지미 코너스는 센터코트에서의 삶을 '무자비한 전쟁'이라고 묘사했었다. 하지만 그건 1980년대의 거칠었던 시대 이야기이고, 페더러의 시대엔 걸맞지 않은 표현이다. 그 당시와 비교하자면 머리에 꽃을 단 히피와 평화주의자의 시대인 것이다.

존 매켄로에 따르면 수년간 페더러의 라이벌들에게 제일 힘들었던 일들 중 하나는, 페더러가 너무 호감이 가는 사람이라 신랄함이나 증오심을 가지고 그와 경쟁하는 것이 불가능하는 점이다. "페더러가 품격 있는 멋진 선수라는 게 문제입니다. 잘못된 점을 찾기가 어렵거든요. 라커룸에서 로저를 좋아하지 않는 선수는 없을 겁니다. 저나 지미 코너스를 포함해서 예전에 세계 랭킹 1위였던 몇몇 선수들에 대해서는 그렇게 말하지 못할 거예요." 매켄로가 말했다. "나달이나 머레이, 조코비치 같은 선수들이 가지고 있는 문제라면 페더러와의 경기에서 화를 낼만한 이유를 찾기가 어렵다는 겁니다. 대신 로저는 좋은 사람이고, 그의 경기가 훌륭하기 때문에 그만큼의 성과를 거둔 거라고 생각하게 되는 거죠." 빌랜더도 같은 생각이었다. 어쩌면 지금은 예의의 시대라 페더러의 라이벌들이 그를 상대로 무자비한 경기를 펼치지는 못하며 또 매너가 야망을 잠식해버렸다는 것이 사실일지도 모른다. 그러나 모든 사람이 매켄로나 코너스처럼 생각하는 것도 아니고, 경기 중에 재충전을 위해 바나나나 이온 음료뿐만 아니라 '분노'를 필요로 하지도 않는다. 페더러의 유쾌한 성격보다는 그의 테니스 실력이 성공의 원인이었을 가능성이 더 높을 것이다.

커피 테이블용 책은 대개 무난한 내용을 다루게 되지만, 2015년에 보리스 베커가 자신의 윔블던 우승 30주년을 기념해서 출간한 자서전은 약간의 논란을 불러 일으켰다. 그는 페더러와 자신의 고용주인 조코비치가 '특별히 서로 좋아하는 사이는 아니라는 건 공공연한 비밀'이라고 하면서 다음과 같이 썼다. '로저가 역대 가장 많은 수입을 올리는 운동선수 중 하나가 된 이유는 모든 사람들이 그를 좋아하기 때문이다. 하지만 생각해보면, 모든 사람에게 사랑받는다는 것은 거의 불가능하거나 아니면 자신만의 성격이 전혀 없거나 둘 중 하나이다. 나는 로저가 성격이 없다고 말하는 것이 아니다. 왜냐하면 그에겐 분명히 성격이 있기 때문이다. 내가 말하고자 하는 것은 모든 사람에게 사랑받는 이미지를 가지려고 하는 것은 불가능한데, 대체 왜 그러려고 노력하냐는 것이다.'

베커가 페더러를 가리켜 '스포츠 역사에서 가장 훌륭한 홍보대사'라고 묘사했던 사실이나 그가 오랜 기간 동안 보여준 테니스에 대한 애정을 고려해 볼 때, 이 책에 기술된 내용은 다소 충격적이다. 조코비치는 선수 시절 초반에 다른 선수 모습을 흉내내기를 즐겼는데, 페더러는 이를 마냥 즐겁게 보지만은 않았다. 그는 '유머와 무례의 경계 사이에서 아슬아슬하게 줄타기를 하는' 그의 행동이 '아주 인상 깊지'는 않았다고 했다. 그러나 조코비치는 더 이상 그런 행동을 하지 않기로 했고, 어색한 긴장감은 오래 전에 사라졌다. 몬테카를로 마스터스 대회에서 페더러가 조코비치의 부모에게 "조용히 좀 하세요. 알겠어요?"라고 말한 적도 한 번 있었지만 그것 역시 오래 전의 일이었고, 그 일이 페더러의 성격을 나타내거나 페더러가 조코비치나 그의 가족에 대해서 가지는 감정을 대변해 주는 것도 아니다.

페더러는 베커가 자서전에서 주장한 내용에 대해 깜짝 놀랐고, 단언컨대 사실이 아니라고 말했다. "베커가 완전히 잘못 짚었습니다. 제가 굉장히 느긋한 사람이라는 걸 잘

▶ 뒷면 사진
페더러와 안드레 애거시가 두바이 대회를 홍보하기 위해서 헬기장에서 테니스를 치고 있다.

알고 계실 텐데요." 그랜드슬램 타이틀을 놓고 경쟁하는 두 선수가 절친한 친구가 되리라고 기대하기는 어렵다. 하지만 조코비치와 페더러는 서로에게 예의 바른 정도를 넘어서 다정한 사이다. 실제로 조코비치는 첫 아이가 태어나기 전에 페더러에게 육아법에 대한 조언을 구하기도 했다. 그들의 관계는 매켄로와 코너스가 대립했던 것처럼 적대감으로 가득 찬 경쟁관계가 아니다. '페더러가 스스로에 관해서 불가능한 이미지를 심으려고 한다'는 베커의 주장은 받아들여지기에 무리가 있다. 테니스의 무대 뒤라고도 할 수 있는 라커룸은 선수들이 다 같이 모여 있는 공간이기 때문에 위선적인 모습을 보이기가 쉽지 않다. 경기가 벌어지는 코트를 제외하고는 선수들의 감정적인 모습이 가장 잘 드러나는 곳이 바로 라커룸이다. 분을 삭이지 못하는 모습, 걱정하는 모습, 기진맥진한 모습이 적나라하게 드러나는 것이다. 페더러가 '불필요한' 코멘트였다고 표현한 베커의 주장은 누구의 말이었건 간에 환영하기는 어려운 내용이었지만, 베커의 입에서 나왔다는 사실은 페더러의 가슴을 좀 더 아프게 했다. "물론 그 말을 듣고는 기분이 별로 좋지 않았어요. 베커는 한때 제 우상이었으니까요." 페더러가 말했다.

    2008년 머레이가 두바이 대회에서 페더러를 이겼을 즈음에도 그 둘 사이에 긴장감이 감돈다는 이야기가 있었다. 경기가 끝나고 페더러가 머레이의 테니스 스타일은 '진이 빠져 버리며' 승리하는 방식이 될 것으로 지적했기 때문이다. 페더러의 말이 호의적이지 않게 들린다 하더라도 그것은 그가 의도한 바는 전혀 아니었다. 페더러는 어떻게 해야 머레이가 그랜드슬램에서 우승할 수 있을지에 대한 건설적인 비판을 하려고 한 것이다. 머레이와의 2010년 호주 오픈 결승전 전에 페더러는 가장 우아한 말로 상대를 기죽이는 선수로 손꼽힌 적이 있긴 했다. 하지만 머레이가 그랜드슬램 단식을 제패하는 첫 번째 영국 남자 선수가 되기 위해서는 15만년이 걸릴 거라고 말한 것은 분명히 농담이었다. 탁상공론만 늘어놓는 심리학자들이 무슨 말을 하건 페더러와 머레이는 서로를 존중하는 관계다. 머레이가 페더러를 가리켜 '가장 위대한 선수'라고 언급한 마당에 달리 무슨 설명이 필요하겠는가? 페더러의 전 코치였던 폴 아나콘은 이렇게 말했다. "앤디에 대한 로저의 존경심은 정말 대단합니다. 저도 그 둘의 관계에 대해서 써 놓은 글을 본 적이 있어요. 하지만 샘프러스가 항상 말했듯이 읽은 것은 전혀 믿지 말고, 본 것도 반 이상은 믿지 말아야 합니다. 물론 그런 글은 호기심을 자극하긴 하죠. 그리고 선수들 간에 적대감을 조장하는 것이 보다 경쟁적인 환경을 만들어 준다고 하는 사람도 있어요. 그렇지만 제가 느끼기에 로저와 앤디는 서로 정말 잘 지냅니다."

    수년간 페더러와 나달은 너무나 높은 수준의 경기를 펼쳐 왔기 때문에, 라이벌 관계를 어필하기 위해 코너스와 매켄로처럼 앙숙관계일 필요는 전혀 없었다. 코트에서의 기괴한 모습이 아니라 테니스 실력으로 인정 받아온 선수들인 것이다. 한번은 나달이 바젤 대회에 참가한 적이 있었는데 당시 페더러는 부상으로 출전하지 못했었다. 페더러는 인사차 그의 라이벌의 호텔로 가서 방문을 두드렸다. 마땅히 그렇게 해야 한다고 생각했기 때문이다. 페더러는 나달을 자신의 전용기에 태우고 같이 이동하기도 한다. 자신을 '로저', '로젤리오', '역사상 가장 훌륭한 선수'라고 부르는 라이벌과 잘 지내지 못할 이유는 전혀 없다. 언젠가 나달은 페더러의 게임에 대해서 이렇게 말하기도 했다. "그는 완벽한 선수입니다. 완벽한 서브, 완벽한 발리, 엄청나게 완벽한 포핸드, 완벽한 백핸드, 정말 민첩한 움직임까지 모든 면이 완벽합니다."

페더러가 2009년 호주 오픈 결승전에서 나달에게 패하고 울었을 때, 나달은 페더러에게 팔을 두르고 그를 위로했다. 물론 그들 사이에도 마찰이 전혀 없지는 않았다. 로마 마스터스 결승전에서 나달의 코치이자 삼촌인 토니가 규정을 어기고 조카를 코치하고 있다고 의심한 페더러는 "토니, 무슨 문제가 있나요?"라고 묻기도 했다. 또한 페더러는 빠른 경기 스타일을 선호하기 때문에 나달이 플레이를 준비하는 과정에서 그렇게 많은 시간을 허비하지 않았으면 하는 마음일 것이다. 그러나 그들이 무엇을 놓고 서로 격돌했는지를 생각해 본다면 두 사람은 정말 친밀한 사이라고 할 수 있다. 이 두 선수보다는 이들을 응원하는 소수의 팬들이 마치 부족 간의 다툼처럼 서로 목소리를 높이고 흥분하곤 했다. 테니스사학자 엘리자베스 윌슨은 다음과 같이 썼다. '페더러의 팬이기 위해서는 나달의 안티팬이어야만 했다. 나달은 투우장의 황소처럼 코트를 뛰어다니고, 근육질의 몸매에 강한 하체를 지녔고, (어렸을 때는) 프레디 머큐리처럼 민소매 셔츠를 입으며 팀 헨만의 머리만 한 이두박근을 과시했다. 경기가 시작되면 그는 노려보고, 으르렁거리고, 쏘아보고, 신음소리를 내고, 인상을 썼다.'

앤디 로딕은 직설적이고 숨기는 것이 없으며 대립하는 것에 대한 두려움도 없다. 뉴욕에서의 어느 여름날, 그가 조코비치를 라커로 밀어붙였을 때는 그런 그의 성격이 분명히 보였다. 그러나 자신의 테니스를 거의 무너뜨려버린 페더러만은 좋아할 수 밖에 없었다. 언젠가 그는 라커룸에서 페더러에게 성큼 다가가서 이렇게 말했다. "당신을 너무 싫어하고 싶은데, 당신이 너무 좋은 사람이라는 게 문제야." 몇 년 뒤 은퇴한 로딕은 페더러에게는 우월감이라는 게 전혀 없었다고 말했다. 그는 어떤 공인이 소개되는 것을 보면 대중에게 비치는 모습과 실제로 얼마나 비슷한 사람인지 궁금하게 되는데, 페더러의 경우에는 보이는 그대로 예의 바르고 유쾌한 사람이라고 했다. 공인으로서의 로저와 사적인 로저가 따로 있는 것이 아니라 오직 하나의 로저만이 존재한다는 것이다. 이러한 사실은 페더러가 자신을 '고문'하는 것을 견디는데 도움이 되었다. 로딕의 실패는 다른 사람들의

페더러가 받은 다른 상들

올림픽 메달

2008
베이징 올림픽 남자 복식, 스탄 바브링카와 출전

2012
런던 올림픽 남자 단식, 결승전에서 앤디 머레이에게 패배

데이비스 컵

2014
2014 프랑스 릴에서 열린 데이비스컵 결승전에서 스탄 바브링카와 짝을 이뤄 프랑스를 꺾고 이 대회에서 처음으로 우승

1999
데이비스컵 첫 출전

80%
데이비스컵 단식 승률은 약 80%

◀ 페더러는 2008년 베이징 올림픽 개막전에서 스위스의 기수로서 국기를 들고 입장했다.

실패와 마찬가지였다. 그는 페더러에 대해서 불쾌한 마음을 가질 만한 어떤 이유도 찾을 수가 없었다.

2014년 시즌 마지막 대회인 ATP 월드 투어 파이널에서 미르카 페더러가 남편의 준결승 상대였던 스탄 바브링카를 향해 소리를 질렀던 사건은 인구에 회자될 수 밖에 없었다. 며칠 뒤에 페더러와 바브링카는 프랑스와의 데이비스컵 결승전을 준비하기 위해 다시 만났다. 단체사진을 찍기 위해 포즈를 취했을 때, 바브링카는 페더러 머리 위에 손가락으로 'V'자를 그리며 '토끼 귀'를 만들어 주었다. 두 선수 사이에 어떠한 앙금도 남아 있지 않는 것처럼 보였고, 그들은 커리어에서 가장 성취감을 느꼈던 주말을 같이 보냈다. ATP 월드 투어는 스테판 에드베리 스포츠맨십 상Stefan Edberg Sportsmanship Award에 선수들을 동원하지 않는다. 즉 아무도 페더러의 동료선수들에게 투표를 강요해서 페더러가 상을 받을 수 있게 조장하지 않는다. 그것은 완전히 선수들의 몫이다. "테니스는 신사적인 스포츠이기 때문에 그런 이미지를 잘 대표하기 위해 최선을 다 할 겁니다." ATP 선수위원회의 전 회장이면서 테니스의 대표 홍보대사인 페더러가 말했다. 그의 동료들은 그가 하는 말이 거짓이거나 겉치레로 하는 말이 아니라는 것을 잘 안다. 바브링카와의 에피소드가 있기 바로 며칠 전에 페더러는 도합 열 번째 스테판 에드베리 스포츠맨십 상을 받았는데, 이번 상은 에드베리가 직접 수여했기 때문에 그 의미가 더욱 각별했다.

코트 밖에서 페더러의 유머 감각은 유명하다. 언젠가 페더러는 신시내티 마스터스 결승에서 우승한 뒤에 기자회견장으로 가면서 대회스태프의 워키토키를 빌려서 "독수리가 둥지를 떠났습니다"라고 방송을 했다. ("The eagle has left the nest"는 첩보 영화에서 흔히 나오는 문구로 "목표물이 이동했다"는 의미임 - 옮긴이) 샘프러스는 아시아 미니투어에서 페더러가 사람들 뒤로 몰래 가서 귀에 바람을 불어넣었을 때 그의 이런 장난꾸러기 같은 모습을 보았다. 또 한번은 페더러가 라커룸에서 샤워를 하면서 노래를 불렀는데, 미국 기자 존 위템Jon Wertheim에 의하면 "조용히 하란 소리를 들은 후에 페더러는 파바로티의 무대에서처럼 노래할 기세였다"고 했다. 훈련 세션을 아무도 보고 있지 않는 때가 간혹 있는데, 그럴 때면 페더러는 연습코트에서 '광대'처럼 구는 걸 즐긴다. 언젠가 그는 마스터스 대회 때 라커룸에서 15분 동안 테니스공으로 전쟁을 하고 있었는데, 목격자에 의하면 대회 마스코트가 바로 그 난감한 시간에 잘못 들어왔다가 십자포화를 받았다고 한다.

때로는 미르카가 희생양이 되기도 한다. 어느 날 저녁, 페더러는 일식 레스토랑에서 위험할 정도로 많은 양의 와사비를 사시미에 발라서 미르카의 접시 위에 올려줬고, 이 장면을 보지 못한 미르카는 아무렇지 않게 생선을 삼켰다. 페더러는 미르카의 코에서 '불이 나는' 모습을 보며 미소 지었다.

빨간 봉투

10
반석, 유모차, 그리고 억만장자 후보

페더러가 청소기를 돌리거나 쓰레기 분리 수거를 하는 모습은 상당한 재미를 준다. 어떤 사람들은 역사상 최고의 테니스 선수가 그렇게 일상적인 일을 한다는 사실을 납득하기 어려워하기도 한다.

페더러는 이동이 많은 자신의 삶을 '유랑 서커스단'에 비유했던 적이 있다. 그렇기 때문에 어디를 가든 호텔 스위트룸에 입실했을 때 그가 제일 먼저 하는 일 중 하나는 '아이들의 공간'을 마련하는 것이다. 페더러 부부에게는 일란성 딸 쌍둥이인 마일라 로즈Myla Rose와 샤를린 리바Charlene Riva, 그리고 이란성 아들 쌍둥이인 레오Leo와 레니Lenny가 있다. 이 호텔에서 저 호텔로 계속해서 옮겨 다녀야 하는 생활이 페더러의 네 아이들을 정서적으로 혼란스럽게 만들 수도 있기 때문에 호텔 방의 한쪽은 항상 같은 모습으로 만들어 주는 것이다. 익숙한 장난감들이 같은 모습으로 정리되어 있는 것은 아이들이 그곳을 친숙한 공간으로 느끼게 하는데 도움이 될 것이다. 하루하루의 일과를 짜놓고 그에 맞게 생활하는 것 역시 아이들이 자신들의 특수한 생활을 편안하게 받아들이게 하는 중요한 요소다. 페더러는 경기나 연습 또는 다른 행사로 인해 아이들과 같이 있지 못하더라도 그들이 무엇을 하고 있는지 항상 알고 있다. 아이들과 함께 할 때에는 직접 육아에 참여한다. 심지어 아이들이 아플 때에도 전혀 망설이지 않고 안아 준다. "그러다 저까지 아프면 정말 곤란해지긴 하겠죠." 페더러가 말했다. 그의 말대로 아이들은 전 세계를 다니며 교육을 받고, 테니스 대회를 보며 자라고 있다. 한번은 US 오픈을 준비하던 중 가족과 함께 '네버랜드를 찾아서Finding Neverland'라는 브로드웨이 쇼를 보러 간 적이 있었다. 공연을 보던 페더러가 너무 감동한 나머지 '정신 나간 사람처럼 흐느끼자' 놀란 아이들이 "아빠 왜 그래?"하고 물었다. 그는 눈물을 흘리는 와중에 웃음을 터트리며 대답했다. "아빠도 모르겠어."

만약 페더러가 가족과 함께 다닐 수 없었다면, 테니스 선수로서의 삶이 지금과 같이 즐거울 수 있었을까? 2009년 여름 딸 쌍둥이가 태어나고 2014년 봄 아들 쌍둥이가 태어난 이후에도 계속해서 대회에 출전할 수 있었을까? 아마 불가능했을 것이다. 비록 페더러

▶ 페더러와 미르카는 2009년 스위스 바젤에서 소규모 결혼식을 올렸다.

부부가 전용기를 타고 다니고 보모를 고용할 여유가 있다 할지라도, 경제적 여유가 평탄한 가정 생활을 보장하지는 않는다. "로저가 전용기 아니면 1등석으로 여행하는 것은 사실입니다. 그래도 자녀들이 시차나 기후 변화에 적응하는 것은 쉽지 않은 일이죠." 보리스 베커가 말했다. 페더러의 가족은 쉽지 않은 이 일을 잘 해내고 있다. 이는 페더러가 가족과 시간을 보내면서 유명인으로서의 삶이 주는 부담감에서 해방될 수 있기 때문이기도 하다. 이것은 그가 대회에 출전 중이건 스위스나 두바이의 집에서 머물건, 혹은 스위스의 어느 산에서 하이킹을 하건 언제나 변함없는 사실이다.

페더러가 사교적인 성격의 소유자라는 것은 분명 장점이 될 수 있다. 그는 출전하는 거의 모든 대회에 가족을 동반한다. 아주 가끔 가족이나 친구 없이 혼자 가야 할 때도 있지만, 그런 경우에는 팀 멤버들에게 여분의 호텔방 열쇠를 주고 언제든지 드나들 수 있게 한다. 그는 〈스포츠 일러스트레이티드〉에 다음과 같이 말했다. "저는 호텔이나 집을 공개하고 사람들을 초대하는 것을 즐기죠."

가사일은 페더러의 일과 중 하나다. 일례로 윔블던 센터코트에서 경기가 없는 날, 그는 대회 기간 동안 빌린 집을 청소하는 것을 돕는다. 페더러는 "그저 집안일을 하는 것뿐인걸요"라고 말하지만, 페더러가 청소기를 돌리거나 쓰레기 분리 수거를 하는 모습은 그 동네에 상당한 재미를 준다. 어떤 사람들은 역사상 최고의 테니스 선수가 그렇게 일상적인 일을 한다는 사실을 납득하기 어려워하기도 한다. 하지만 이런 가사노동 때문에 페더러의 경기 준비나 훈련이 방해를 받는 것은 아니다. 미르카는 페더러가 충분히 휴식을 취할 수 있도록 배려한다. 비록 그가 네 아이의 아버지라 하더라도 선수에게 수면은 절대적으로 중요하다. 페더러는 기상할 시간이 되었을 때 벌떡 일어나는 정도가 아니라, 너무나 개운한 나머지 펄쩍펄쩍 뛰어다니고 싶을 정도의 컨디션을 원한다.

언젠가 페더러가 자신의 아내를 '내 인생의 반석'이라고 표현했듯이, 아이들이 태어나고도 페더러가 '서커스' 생활을 계속할 수 있고, 또 그가 가진 테니스 재능을 최대한으로 발휘할 수 있도록 해준 사람은 미르카이다. 부모가 되기 이전에도 미르카는 일반적인 테니스 선수들의 배우자나 연인보다 훨씬 더 큰 영향을 끼치는 존재였다. 그것은 그녀 역시 한때 프로 테니스 선수였기 때문이기도 하다. 1978년 체코슬로바키아의 슬로바키아 지방에서 태어난 미로슬라바(줄여서 '미르카') 바브리넥Miroslava Vavrinec은 페더러보다 세 살 연상이다. 그녀가 아주 어렸을 때 그녀의 가족은 공산주의 국가에서 탈출해 스위스에서 새 삶을 시작했다. 부모님은 보석상을 운영했고, 그녀는 발레리나를 꿈꾸었다. 그러나 그들이 체코 출신의 미국 망명자인 마르티나 나브라틸로바의 경기를 보러 독일의 필더슈타트Filderstadt 대회에 갔을 때, 미르카의 꿈은 바뀌게 된다. 그녀의 가족은 나브라틸로바와 대화를 나눌 기회가 있었는데 그 자리에서 나브라틸로바는 미르카에게 테니스를 권유했던 것이다. 그랜드슬램에서 수차례 우승했던 이 챔피언은 아예 미르카의 첫 테니스 레슨을 주선했다. 테니스에 대한 미르카의 재능은 금새 드러났고, 적절한 신체 조건도 갖추고 있었기에 그녀는 프로 테니스 선수가 되겠다는 야망을 키우기 시작했다. 의지도 있었고 고집도 있었다. 그녀는 1990년대 크로아티아에서 열린 대회에 참석하기 위해 버스를 타고 간 적도 있다. 발칸전쟁으로 불타 버린 마을을 지나가는 것은 끔찍할 정도로 무서웠지만 그녀는 준비가 돼 있었다.

2000년 시드니 올림픽에 대표팀 멤버로 함께 출전한 페더러와 미르카는 올림픽이 끝날 때쯤 커플이 되었다. 사실 이전까지 페더러는 여자친구보다는 테니스가 더 중요하다고 말해 왔기 때문에, 미르카는 왜 그가 계속 자기 주변을 맴도는지 의문이었다. 하지만 올림픽의 마지막 날, 페더러는 미르카에게 첫키스를 했고 이후 미르카는 2년이 채 지나지 않아 테니스 선수 생활을 접었다. 그 사이 미르카는 페더러와 함께 호주의 퍼스Perth

◀ 미르카는 페더러의 성공에 큰 역할을 했다.

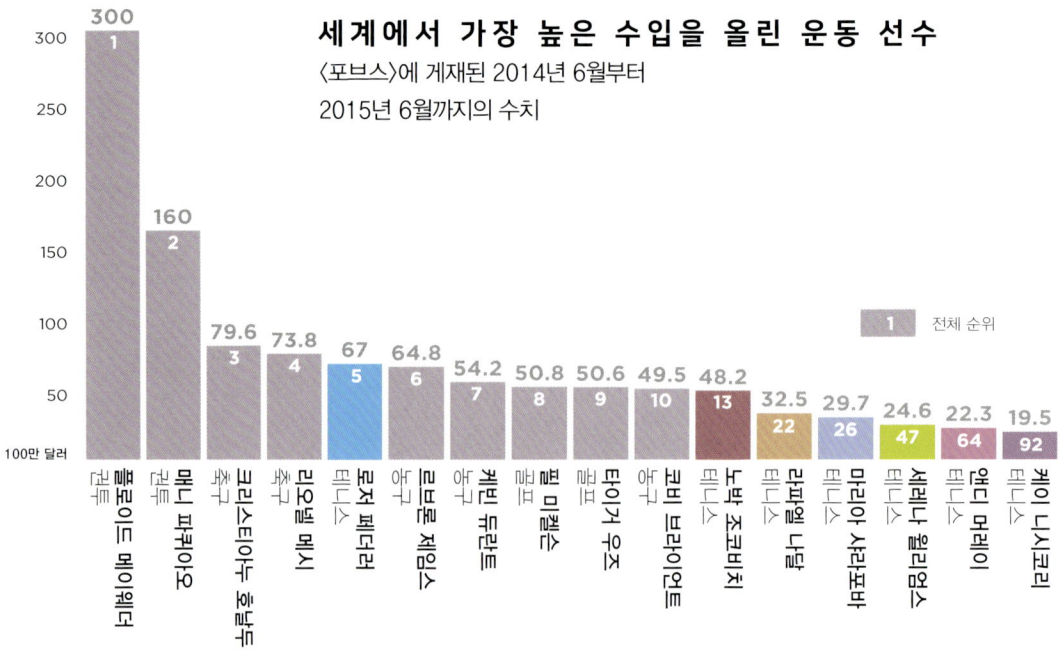

에서 개최된 국가별 팀 대항전인 호프만 컵Hopman Cup에 출전했다. 그 대회는 호주 오픈의 전초전 성격을 띠고 있어서 많은 선수들이 호주 오픈을 준비할 목적으로 참여했다. 그녀의 마지막 프로 테니스 경기는 2002년 부다페스트에서 열린 클레이코트 대회 예선 1회전이었는데, 그 대회에서 그녀가 받은 출전비는 150달러였다. 발의 인대 부상으로 선수 생활을 지속하기가 어려워지자 미르카는 스물네 살의 나이에 은퇴했다. 선수 기간 동안 그녀가 받은 총 상금은 25만 달러가 조금 넘었다. 세계 76위로 개인 최고 랭킹을 기록하고 있을 때, 그녀는 2001년 US 오픈에서 3라운드까지 진출했으나 벨기에의 쥐스틴 에넹Justine Henin에게 패했다. 더 잘 할 수 있었다는 아쉬움으로 미르카는 그녀 스스로의 말처럼 절망의 늪에 빠져버렸다. "평생 자신이 좋아하는 일을 하다가 어느 날 갑자기 그만둬야 하는 건 쉬운 일이 아니었어요." 미르카가 당시를 회상했다. 절망 속에서 미르카를 꺼내 준 것은 페더러였다. 미르카는 스위스 기자 르네 스토퍼René Stauffer와의 인터뷰에서 이렇게 말했다.

▶ 대회에서 우승한 페더러가 가족들의 축하를 받고 있다.

2015년 세계에서 가장 높은 수입을 올린 유명인사 20인
〈포브스〉 자료

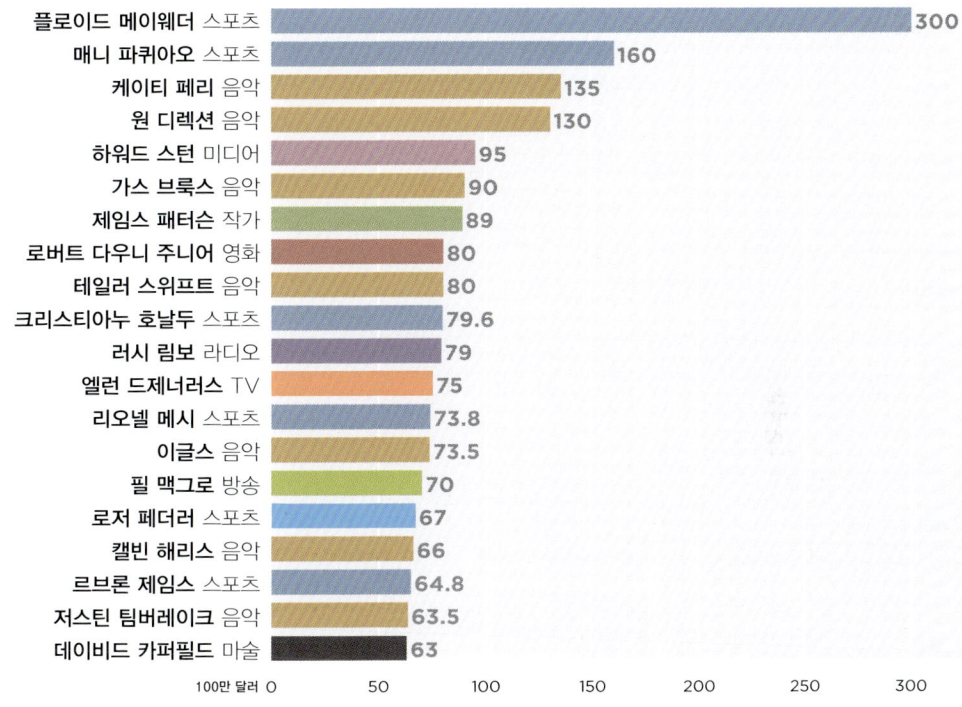

순위	이름	분야	수입(100만 달러)
	플로이드 메이웨더	스포츠	300
	매니 파퀴아오	스포츠	160
	케이티 페리	음악	135
	원 디렉션	음악	130
	하워드 스턴	미디어	95
	가스 브룩스	음악	90
	제임스 패터슨	작가	89
	로버트 다우니 주니어	영화	80
	테일러 스위프트	음악	80
	크리스티아누 호날두	스포츠	79.6
	러시 림보	라디오	79
	엘런 드제너러스	TV	75
	리오넬 메시	스포츠	73.8
	이글스	음악	73.5
	필 맥그로	방송	70
	로저 페더러	스포츠	67
	캘빈 해리스	음악	66
	르브론 제임스	스포츠	64.8
	저스틴 팀버레이크	음악	63.5
	데이비드 카퍼필드	마술	63

"당시 로저는 제게 가장 큰 힘이 되었어요. 제게 테니스 인생을 다시 돌려주었죠. 그이가 이기면 마치 제가 이긴 것 같았어요." 미르카의 인생은 빠르게 바뀌었다. 그녀가 은퇴한 지 1년 후 그녀의 남자친구는 윔블던 챔피언이 되었고, 다시 몇 년 뒤 테니스계를 평정했다.

미르카는 자신이 경기를 할 때보다 관중석에 있을 때 더 영향력을 발휘할 수 있다는 사실을 알게 되었다. 페더러는 전략과 기술에 대한 미르카의 통찰에 높은 점수를 준다. 아이들이 태어나기 전에는 미르카가 페더러의 연습 파트너 역할을 하기도 했다. 이는 주로 결승전 당일 아침에 벌어지는 상황이었는데, 그 즈음에는 페더러의 결승전 상대를 제외하고는 아무도 대회에 남아 있지 않아서 경기 전 몸을 풀 상대가 없었기 때문이었다. 한때 페더러와 미르카는 거의 매끼 식사를 같이 하기도 했고, 또 미르카가 모든 연습과 시합에 참관하던 때도 있었다. 미르카가 "다른 여자들은 그렇게까지 끊임없이 이어지는 테니스를 견뎌내지 못했을 것"이라고 말했을 정도였다. 그녀의 역할은 페더러의 경기 준비

▶ 뒷면 사진
런던에서 열리는 연말 챔피언십 개막 파티에 참석한 페더러

에만 국한된 것은 아니었다. 한동안 페더러는 에이전트나 매니저, 일정을 짜 주는 비서도 없이 활동하던 때가 있었는데 미르카가 그 자리를 모두 메웠다. 그녀는 매체와의 약속이나 여행 준비를 포함한 모든 업무를 혼자 처리했다. 페더러는 매니지먼트 회사와 계약을 맺은 후에도 미르카로 하여금 모든 일에 관여하도록 했다. 심지어는 US 오픈 입장 때의 음악 선곡마저 그녀의 손을 거쳤다. 그녀의 중요성은 누구나 인정하는 바였다. 어느 해 봄에는 팬들이 '보스(Boss)는 미르카다'라고 인쇄된 장난스러운 티셔츠를 단체로 입고 모나코의 몬테카를로 마스터스 대회에 나타난 적도 있었다.

현관에 놓인 유모차는 실내 인테리어에 방해가 될 수 있지만, 호텔 로비에 놓인 유모차는 테니스 선수의 야망에 장애물이라 할 수 있다. 실제로 샘프러스, 이반 렌들, 존 매켄로, 그리고 스테판 에드베리까지 역대 위대한 테니스 선수 중 상당수가 자녀가 태어난 이후 그랜드슬램 대회에서 한 번도 우승하지 못했다. 그러나 가정생활이 페더러에게 방해가 된 적은 없다. 오히려 그에게 활력소가 되었을 것이다. 초음파 검사를 통해 미르카가 쌍둥이를 임신하고 있다는 사실을 알게 된 날, 페더러는 마치 날개를 단 듯 2009년 호주 오픈 8강에서 후안 마틴 델 포트로에게 단 세 게임만을 내주며 완벽하게 승리했다. 그리고 그해 부활절 토요일 페더러는 바젤에 있는 등기소에서 비공개 예식으로 작은 결혼식을 올렸다. "정말 특별한 순간이었습니다. 워낙 같이 한 시간이 오래 되었기 때문에 결혼식에서 느긋할 줄 알았는데 그게 아니었어요. 또 결혼한다고 해서 제 삶이 아주 많이 바뀌리라 생각하지는 않았었죠. 하지만 결혼은 제 마음가짐뿐만 아니라 제 인생을 완전히 바꿔 놓았습니다. 굉장히 감정이 북받쳤어요. 우리가 서로를 너무나도 사랑한다는 사실을 깨닫는 것은 정말 행복한 일이었습니다." 페더러가 말했다.

신혼여행을 갔어야 했을까. 페더러는 신혼여행 대신 몬테카를로 마스터스에 와일드카드를 받아 출전했지만, 대회 초반 스탄 바브링카에게 패했다. 하지만 몇 달 후 페더러는 프랑스 오픈과 윔블던에서 모두 우승하면서 그의 커리어에서 아주 큰 의미를 지닌 승리를 거두었다. 그가 열다섯 번째 그랜드슬램 타이틀을 거머쥔 윔블던 대회를 마치고 얼마 지나지 않아 미르카는 쌍둥이 딸을 출산했다. 페더러 부부는 그날을 '우리 생애 최고의 날'이라고 했다. 어린아이 둘을 데리고 전 세계를 돌아다니는 것은 유모차, 기저귀, 여행가방 등 산더미 같은 짐을 가지고 다녀야 하는 것 말고도 더 큰 어려움들이 분명히 있었다. 페더러는 새벽 연습을 하고 일찍 돌아와서 미르카를 도와주는 것을 고려했으나, 너무 이른 시간이라 도저히 연습 파트너를 구할 수가 없어 포기했다. 그들은 여러 현실적인 어려움을 극복해 나갔다. 부모가 된지 6개월 후 페더러는 2010년 호주 오픈에서 또 하나의 그랜드슬램 타이틀을 획득했다. 사실 2009년 US 오픈 결승 시 세트 스코어 2-1로 이기고

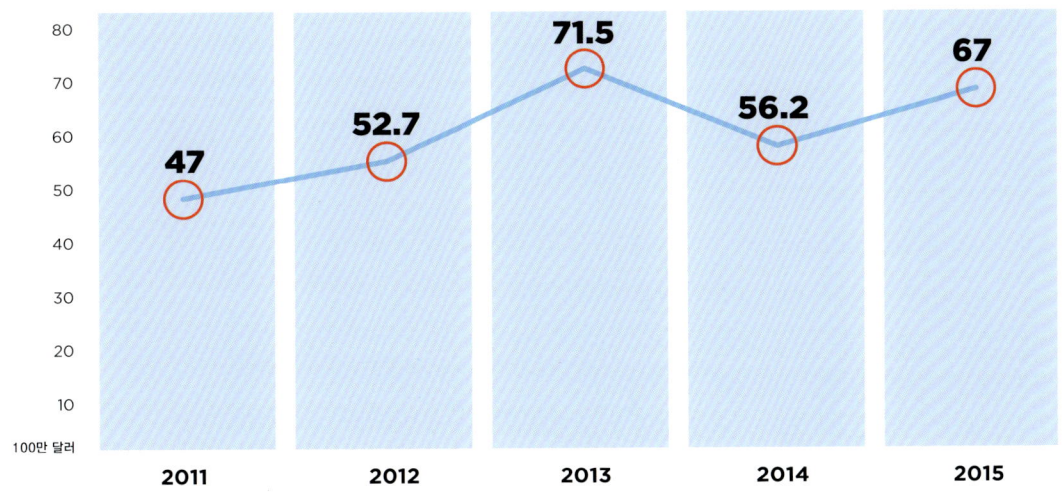

페더러의 연도별 수입
〈포브스〉 자료

있던 상황에서 후안 마틴 델 포트로에게 패하지 않았더라면, 페더러는 부모로서 더 일찍 그랜드슬램 챔피언이 될 수 있었다. 아이들이 태어난 후 두 번째로 우승한 그랜드슬램은 2012년 윔블던 챔피언십이었다.

 쌍둥이는 페더러 집안의 내력이다. 페더러의 누나 다이애나 역시 쌍둥이를 출산했다. 아들 쌍둥이 레오와 레니가 태어나자 영국의 한 도박사는 10,000대 1의 확률로 미래에 페더러 자녀끼리 윔블던 혼합복식 결승전을 치를 것이라고 예측하기도 했다. 아들 쌍둥이의 출생은 페더러에게 놀라운 경기력 향상을 가져다 주기도 했다. 그해 페더러는 윔블던 결승에 진출했고 연말에는 세계 랭킹 1위 자리를 위협하기도 했다. 아이가 있는 상태에서도 페더러가 테니스 선수 생활을 잘해 나가자, 노박 조코비치는 자신의 아내가 임신했다는 사실을 알았을 때 페더러에게 조언을 구하기도 했다. 페더러는 아이들이 자신의 경기 모습을 기억할 수 있기를 바라기 때문에 그들이 좀 더 클 때까지 선수 생활을 계속하고 싶어한다. 2015년 윔블던 대회에서의 일을 생각하면 납득이 갈 것이다. 당시 페더러의 쌍둥이 딸은 여섯 번째 생일 직전이었는데, 당연하게도 자신들이 보고 있는 경기의 중요성을 인식하지 못했을 뿐 아니라 연습 경기인지 실제 시합인지도 구별하기 어려웠다. 아이들은 그저 아빠가 이기고, 또 햇빛에 타지 않기를 바랐을 뿐이었다. 신시내티의 뙤약볕 아래 열린 결승에서 이긴 후, 시상식이 열리기 전에 가족들과 포옹을 하기 위해 다가가자 조코비치가 코트에서는 대단한 성공을 이루었지만 스폰서에 관해서는 페더러와 경쟁이 되지 않는데, 특히나 최고급 럭셔리 브랜드는 페더러가 독점하고 있다고 해도 과언이 아니다. 페더러의 파트너 리스트에는 샴페인 하우스, 스위스 시계 제조사, 개인 전용기 회사 등이 포함되어 있다.

아이들은 그의 머리에 야구모자를 얹어 주며 말했다. "아빠, 모자 쓰고 해야지."

●

페더러가 만약 억만장자가 된다 하더라도 테니스 선수 중에 최초는 아닐 것이다. 그 영광은 이미 이온 티리악Ion Tiriac에게 돌아갔다. 프랑스 오픈에서 8강까지 진출했던 그는 은퇴 후 일리에 너스타세Ilie Năstase, 보리스 베커, 그리고 고란 이바니세비치의 코치이자 매니저로 일했다. 은행과 항공사를 소유하고 있고, 2015년 〈포브스〉에서 선정한 전 세계 억만장자 리스트에 또다시 이름을 올렸다. 어쨌든 이 티리악 덕분에 페더러는 파란색 클레이코트에서 우승하는 색다른 기록을 보유하게 되었다. 티리악은 마드리드 마스터스 대회를 운영하고 있는데, 클레이의 색을 바꾸면 더 화제가 될 것이라고 생각했던 것이다. 파란 코트가 뉴스거리가 된 것은 사실이었으나 코트 상태에 대한 불만이 너무 많았던 나머지, ATP 월드 투어는 대회 운영진에게 기존의 테라코타 클레이로 다시 돌려놓을 것을 요구했다. 티리악은 프랑스 오픈 기간 동안 필립 샤트리에 코트의 VIP석에 자주 모습을 드러내며, 아직까지 테니스계의 많은 부분에 관여하고 있다. 하지만 티리악이 가진 부의 대부분은 은퇴 후 사업을 통해 이루어낸 것들이다. 즉, 티리악이 테니스계에서 처음으로 억만장자가 되긴 했지만, 선수 생활을 통해 올린 수입으로 억만장자가 되는 경우는 페더러가 처음일 것이다.

이 책을 쓰고 있는 현재, 페더러는 상금으로 1억 달러 가까운 수입을 올리고 있다. 하지만 상금은 총수입의 작은 부분에 불과하다. 〈포브스〉에 따르면 페더러는 세계에서 다섯 번째로 돈을 많이 버는 운동 선수다. 2014년 6월부터 2015년 6월까지의 기간 동안 페더러는 총수입 6,700만 달러로, 그보다 많은 수입을 올린 선수는 복싱의 플로이드 메이웨더 주니어Floyd Mayweather (3억 달러)와 매니 파퀴아오Manny Pacquiao (1억 6천만 달러), 축구의 크리스티아누 호날두Cristiano Ronaldo (7,960만 달러)와 리오넬 메시Lionel Messi (7,380만 달러) 네 명뿐이다. 그러나 이 때가 페더러가 가장 높은 수입을 기록했던 시기는 아니었다. 2012년 6월부터 2013년 6월까지의 기간 동안 페더러는 7,150만 달러를 벌어들이면서 연간 최고 수입을 기록했다. 하지만 이 금액에는 페더러가 오프시즌 동안 남미 3개 도시에서 6번의 시범경기 투어를 하며 받은 1,400만 달러가 포함되어 있기 때문에 약간 부풀려진 경향이 있다.

2015년 페더러가 벌어들인 6,700만 달러의 내역을 살펴보면, 900만 달러는 상금이었고 나머지 5,800만 달러는 스폰서 계약과 시범경기, 대회 출전 등으로 올린 수입이다. 유명 테니스 선수들은 모두 상금보다 스폰서로 더 많은 수입을 올리는 것이 사실이지만, 페더러만큼 스폰서 수입의 비중이 높은 선수는 없다. 〈포브스〉에서 이 리스트를 발표할 당시 페더러는 3년 간 그랜드슬램에서 한 번도 우승하지 못했음에도 불구하고 그의 시장성은 이전과 전혀 차이가 없었다. 같은 기간 동안 당시 1위였던 노박 조코비치는 총 4,820만 달러의 수입을 기록했는데, 이는 1,720만 달러의 상금과 3,100만 달러의 스폰서 계약으로 인한 금액이었다.

조코비치가 코트에서는 대단한 성공을 이루었지만 스폰서에 관해서는 페더러와 경쟁이 되지 않는데, 특히나 최고급 럭셔리 브랜드는 페더러가 독점하고 있다고 해도 과언이 아니다. 페더러의 파트너 리스트에는 샴페인 하우스, 스위스 시계 제조사, 개인 전용기 회사 등이 포함되어 있다. 페더러는 샴페인 하우스 모엣&샹동 Moët & Chandon의 홍보대사가 되면서 "스칼렛 요한슨 Scarlett Johansson에 이어 홍보대사로 임명되어 영광으로 생각하며 멋진 전통의 일부가 된 것 같은 기분"이라고 했다. 이전처럼 테니스계를 평정하지 못하더라도 이런 스폰서를 유지하는 데에는 아무런 문제가 없을 것이다. 〈포브스〉 시니어 편집자인 커트 바덴하우젠 Kurt Badenhausen의 말이 그런 사실을 뒷받침한다. "로저는 중견 신사의 매력을 풍깁니다."

아이러니하게도, 페더러가 이렇게 큰 부를 쌓을 수 있었던 것은 젊은 시절 돈을 쫓지 않겠다고 결심했던 덕분이다. 많은 청소년들은 부자를 꿈꾼다. 그러나 페더러는 아니었다. 그렇기 때문에 첫 상금으로 무엇을 사겠냐는 기자의 질문에 "메르세데스 (벤츠)"라고 대답했다는 지역 신문의 인터뷰 기사를 읽고 페더러의 어머니 리넷은 깜짝 놀랐다. 운전면허증도 없는 학생 신분의 아들이 그런 대답을 했다는 것을 믿을 수 없었기 때문이다. 리넷은 기자에게 대화 내용을 녹음한 것을 들어볼 수 있게 해달라고 부탁했다. 그 결과 페더러가 실제 했던 말은 스위스 - 독일어로 'Mehr CDs', 즉, '더 많은 CD'였던 것으로 밝혀졌다.

성적이 더 좋아지고, 여러 기업으로부터 스폰서 제안을 받기 시작하자, 페더러는 대회에서의 성적뿐만 아니라 스폰서의 수준도 운동 선수를 판단하는 잣대가 된다고 생각했다. 그는 '계약을 위한 계약은 하지 않겠다'는 원칙에 대해 몹시 단호했다. 사실 그에게 더 중요했던 것은 충분한 훈련 및 휴식시간 확보, 그리고 '무언가에 구속되지 않는 자유로움'이었다. 커리어 초창기 페더러는, 테니스 선수란 열심히 훈련하고 관중의 환호 속에서 경기하며, 가끔 인터뷰를 할 수는 있지만 개인적으로는 어쩌다 한 번씩만 모습을 드러내는 존재라고 상상했을 뿐, 프로 테니스의 비즈니스적인 면에 대해서는 크게 생각해 보지 않았다.

미르카가 매니저 역할을 했던 그의 전성기 시절, 그는 상업적인 결정을 하기 전에 부모와 변호사에게 조언을 구했다. 어렸을 때 남아프리카공화국에 사파리 여행을 가곤 했던 페더러는 자신의 이 가까운 자문단을 '하마 회사'라고 불렀다. 페더러의 사인이 담긴 사진을 원하는 팬들의 요청에 답을 해주는 것도 그의 부모의 역할이었다. 수년 동안, 웹페이지에 적힌 로버트와 리넷 페더러의 집주소로 편지를 쓰는 사람은 한 달 안에 페더러의 사인이 있는 사진을 받아볼 수 있었다. "2003년 로저의 커리어가 비상하기 시작했을 때, 그는 인터내셔널 매니지먼트 그룹 International Management Group (이후 IMG로 표기)과의 계약이 막 종료된 시점이었습니다. 이후 다시 IMG와 같이 일을 하긴 했지만, 2004년부터 2005년 가을까지 로저에게는 에이전시가 없었어요. 그동안 그의 가족이 매니지먼트를 담당했었죠. 지나고 보니 그건 그에게 큰 행운이었습니다. 로저와 그의 부모님은 처음부터 최고 수준의 파트너 몇 군데와만 계약하겠다는 원칙을 가지고 있었기 때문에 로저가 테니스계를 평정하기 시작했을 때 그에게는 기존에 계약한 곳이 거의 없었어요. 그리고 IMG로 다시 돌아갔을 때 그의 시장가치와 평판은 높아져 있었고, 따라서 원하는 파트너와 엄청난 액수의 계약을 할 수 있었던 겁니다." 페더러 캠프의 관계자가 말했다.

IMG로 돌아가면서 페더러는 토니 갓식Tony Godsick과 함께 일하게 된다. 그는 전 그랜드슬램 준우승자였던 메리 조 페르난데즈Mary Joe Fernández의 남편이자 모니카 셀레스Monica Seles의 에이전트로 일한 적도 있었다. 페더러와 갓식 집안은 무척 가까워졌고, 페더러는 갓식의 아들 니콜라스의 경기가 있을 때에는 그에게 전화로 조언을 해주곤 했다. 그럴 때마다 갓식 역시 아들에게 해주는 충고가 있었는데 그것은 '절대로 경기 전 페더러의 격려전화를 받았다는 말을 하지 말라'는 것이었다. 아무도 그의 말을 믿지 않을 것이기 때문이었다. 2013년 두 사람 모두 IMG와의 계약이 만료되자, 이들은 미국의 억만장자 금융업자인 더크 지프Dirk Ziff 등의 투자를 받아 직접 매니지먼트 회사 Team8을 설립했다. 이들이 설립한 회사는 페더러 외에도 그리고르 디미트로프와 후안 마틴 델 포트로를 포함한 다른 몇 명의 운동선수들을 관리하고 있다. 페더러가 테니스를 계속 치는 한 그는 이 회사의 고객이다. 그러나 은퇴 후에는 회사 운영에 더 깊이 관여할 수도 있을 것이다. 갓식은 페더러에게 말했다 "이보게, 내가 한 가지 장담하지. 자네는 테니스 코트에서 정말 성공했어. 하지만 은퇴한 다음에는 더 성공할거야."

그는 젊은 시절과 마찬가지로 '조심스런' 대응을 고수했다. "로저는 자신에게 의미

> "스위스는 작은 나라지만 충성심, 호화로움, 정확성, 그리고 완벽주의가 연상되는 나라입니다. 그는 프랑스에 있건, 아니면 아시아나 미국에 있건 상관없이 마치 자기 나라에서처럼 환영을 받습니다. 스위스의 중립성이 그를 글로벌 시민으로 만들어 주는 것 같아요."

가 있는 브랜드하고만 일하고 싶어하죠." 스위스 테니스계 고위직 인사가 말했다. 자신이 느끼는 스스로의 이미지나 그가 가진 국제적인 위상에 어울리는 기업들과만 계약을 하겠다는 의미였다. 일례로 모엣&샹동으로부터 제안을 받았을 때 페더러는 사실 한참 동안 숙고했다. 하지만 지나고 나서 그는 자신이 그 결정을 내리는데 왜 그렇게까지 많은 시간을 할애했는지 스스로 의아해했다. 또한 그가 스폰서를 위해 얼마나 시간을 투자해야 하는지, 그리고 현재 자신의 바쁜 스케줄 안에서 그 시간을 낼 수 있는지도 중요하게 고려해야 하는 사항이었다. 그러나 일단 계약을 하고 나면 그는 파트너십이 성공할 수 있도록 최선을 다한다. 페더러는 그를 지원하는 파트너들이 그와의 협력으로 혜택을 볼 수 있도록 무척 신경을 쓰는데, 한 예로 결승전이 끝나고 상대 선수 및 심판과 악수를 하고 난 후 가장 먼저 하는 일은 손목에 스폰서 제품인 롤렉스 시계를 차는 것이다.

이들 스폰서들은 페더러에게 금전적인 보상도 하지만, 페더러가 직접 경기를 뛰지 못하는 곳에서도 그가 대중에게 노출될 수 있도록 하기도 한다. 승인이 나는 대회는 매년 대동소이하기 때문에 페더러 역시 지난 시즌에 뛰었던 장소에서 또다시 경기를 치른다. 그는 하루 저녁 경기에 백만 달러가 넘는 금액을 받은 인도 국제 프리미어 테니스리그의 경우처럼 시범경기에 참가하기도 한다. 하지만 한 번에 여러 장소에 있을 수는 없는 것이다. 페더러가 직접 가서 테니스 경기를 하고 TV로 그의 경기 모습을 내보내는 것이 가장 효과적이겠지만, 그럴 수 없을 때에는 광고와 마케팅을 통해서 본인의 이미지를 키울 수 있다. 페더러의 계약은 대개 10년짜리가 많다. 바덴하우젠의 말대로 '타블로이드지나 경찰 사건 기록부에 등장해서 스폰서를 곤란하게 만드는 선수'들이 있는 시대에 이러한 장기 계약은 분명 위험 소지가 있다. 하지만 페더러와의 계약이 정말 위험할까? 그의 삶에 스캔들이란 단어는 없다.

"페더러와 그의 팀은 페더러의 코트 밖 수입을 극대화하는데 있어 매우 올바른 선택을 해왔습니다. 그들의 방식은 지난 10년간 별로 변한 게 없죠. 그들은 페더러가 가지고 있는 세계적인 인지도에 부합할 수 있는 글로벌 브랜드와의 장기 계약에 중점을 두어왔어요. 페더러는 전 세계에 고르게 팬을 확보하고 있는 스포츠에서 뛰어난 성적을 거두었고, 매력적이고 꾸준하며 차분한 선수로 기업 입장에서는 하나의 통합 패키지라고 할 수 있습니다. 페더러의 팀은 실수를 한 적이 없어요. 단 한 번도요." 바덴하우젠이 말했다.

갓식을 포함한 몇몇 사람들은 페더러의 국적이 그의 상업적 성공에 중요한 역할을

▶ 뒷면 사진
현재 삼십대 중반의 나이에도 페더러는 여전히 테니스를 즐기고 있다.

담당했다고 말한다. "로저가 큰 기업들에게 그토록 매력적인 이유는 그가 스위스 출신이기 때문입니다. 스위스는 작은 나라지만 충성심, 호화로움, 정확성, 그리고 완벽주의가 연상되는 나라입니다. 그는 프랑스에 있건, 아니면 아시아나 미국에 있건 상관없이 마치 자기 나라에서처럼 환영을 받습니다. 스위스의 중립성이 그를 글로벌 시민으로 만들어 주는 것 같아요." 갓식이 말했다.

어쩌면 더 중요한 요소는 국적이 아니라 그의 고향이었을 수도 있다. 바젤에서 자라면 시야가 세계로 향할 수밖에 없다. 바젤 공항은 프랑스와의 국경에 있다. 페더러의 부모가 언급했듯이, 바젤에 사는 사람들은 스위스에서 아침을 먹고, 독일에 가서 골프를 치고, 프랑스에서 점심을 먹으면서도 그 사실을 인지하지 못하는 경우가 많다. 국경이 아무 의미가 없어지는 것이다. 아니면 페더러의 부모가 아들의 이름을 영어 발음이 쉬운 로저라고 지었던 것도 한 가지 이유가 될 수 있다. 그러나 바텐하우젠은 페더러의 국적이 그의 성공의 열쇠였다는 의견에는 그다지 동의하지 않는다. "스위스 출신이라는 사실이 그의 국제적인 인지도나 인기에 영향을 주었다고 할 수는 없을 것 같습니다. 그러나 여러 언어를 유창하게 구사하는 능력이 다른 선수들보다 많은 기회를 주었다고는 생각합니다."

페더러만큼 인터뷰를 많이 한 운동선수는 없다. 영어, 독일어, 스위스 - 독일어, 그리고 프랑스어. 이렇게 네 가지 언어를 구사할 수 있다는 것은 그랜드슬램 경기 후에 열리는 기자회견에서 일반적인 경기일 경우 한 시간 이상, 대회에서 우승할 경우 서너 시간까지도 붙잡혀 있을 수 있다는 의미이다. 페더러는 전체 회견을 영어로 한 다음, 스위스 언론과 따로 대화를 하고, TV와 라디오 인터뷰도 한다. 갓식이 페더러가 이태리어를 못해서 천만다행이라고 놀리는 것을 이해할 수 있는 대목이다.

하지만 어쩌면 국적이 중요할 수도 있다. 테니스 업계의 한 주요 인사는 만약 페더러가 다른 국적이었다면, 지금보다 두 배 또는 많게는 세 배의 스폰서 수입으로 훨씬 더 부자가 되어 있었을 거라고 말했다. "로저가 미국인이었다면 그는 이미 억만장자가 되었을 겁니다."

●

2003년 설립된 로저 페더러 재단은 어린이 백만 명의 삶을 개선하겠다는 목표를 가지고 있다. 이 책을 쓰고 있는 현재, 목표 수치의 사분의 일 가량의 어린이들이 남아프리카공화국, 잠비아, 보스와나, 나미비아, 말라위, 짐바브웨, 그리고 스위스에서 혜택을 받

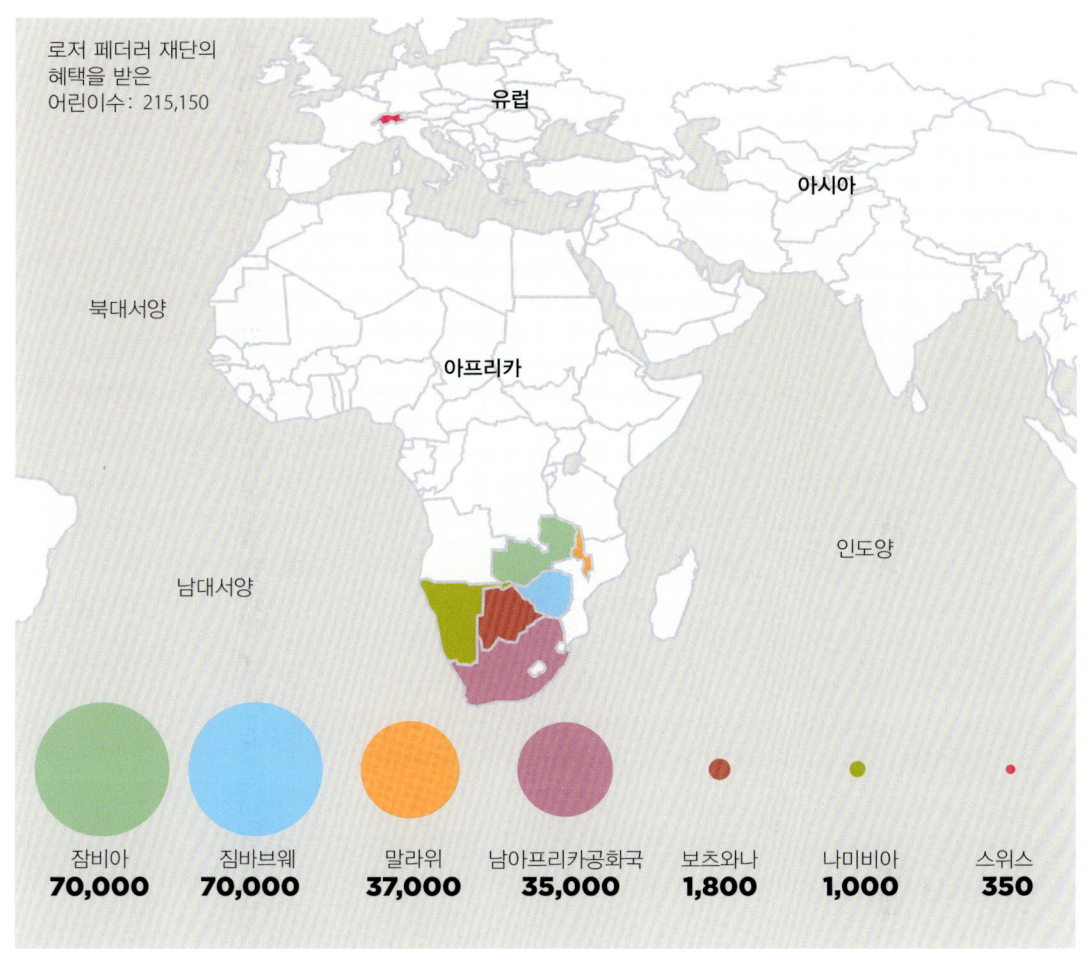

로저 페더러 재단

았다. 페더러의 스폰서 중 하나인 크레딧 스위스Credit Suisse 은행이 페더러와 파트너십을 시작했을 때, 향후 십 년간 매해 백만 달러씩 그의 재단에 기부하는데 동의했다. 아프리카를 중점적으로 돕겠다는 페더러의 결정은 그의 뿌리에서 영향을 받았다. 남아프리카공화국은 그의 어머니의 고향이고, 그의 부모가 그곳에서 만났으며, 그의 가족이 휴가를 보내던 곳이기도 하다. 페더러는 남아프리카공화국의 여권과 국적도 가지고 있다. "로저는 재단 일에 깊숙이 관여합니다. 시간뿐만 아니라 마음까지 쏟고 있죠." 재단의 이사인

자닌 핸델Janine Handel이 말했다. "그의 성격이기도 하고 기질이기도 해요. 그래서 더욱 놀랍죠. 이미지 때문에 하는 게 아니거든요. 페더러는 어렸을 때 남아프리카공화국으로 휴가를 가서 가난을 목격했고, 모든 사람이 그가 가졌던 특권을 누리면서 자라지는 못한다는 사실을 알게 되었어요. 그런 아이들의 삶을 개선시키는 것이 저희가 할 일입니다."

페더러는 재단의 모든 이사회 모임에 참석하고, 모든 전략적 결정도 그의 동의하에 이루어진다. 그가 자신의 재단을 위해 쓰는 가장 중요한 시간은 직접 아프리카에 가서 재단의 돈이 어떻게 쓰여지고 있는지 시찰할 때다. 한 번은 페더러가 2015년 윔블던 결승에서 노박 조코비치에게 패한지 며칠 지나지 않아 말라위로 프로젝트를 시찰하러 갔었던 적이 있었는데, 사실 당시 그는 매우 슬프고 지나치게 감상적인 상태였다. 그러나 페더러는 이 곳에서 스스로 재충전됨을 느꼈고, '멋진 아이들과 함께 시간을 보낼 수 있었음'에 감사한다고 말했다.

페더러는 바나나를 코 밑에 놓고 양끝이 말려 올라간 콧수염인 척 하며 아이들을 웃기려고 했다. 그러나 바나나가 거꾸로 뒤집히면서 슬픈 표정의 얼굴이 되고 말았다. 아이들은 더 깔깔댔다. "로저는 아이들과 있는 걸 편안해합니다. 얼굴에 생기가 넘치고 즐거운 시간을 보내거든요. 재미있는 사실은 아이들은 로저가 누군지 모른다는 거예요. 그들은 라켓을 들고 뛰어다니면서 돈을 벌 수 있다는 것은 상상도 못할 겁니다." 핸델이 말했다.

반석, 유모차, 그리고 억만장자 후보

EPILOGUE

로저 페더러가 ATP 월드 투어에 등장한지 거의 20년이 지난 지금, 그의 인생 최고의 샷은 과연 어떤 것이었을까? 혹시 아직까지 나오지 않은 것은 아닐까? 그렇다면 너무나도 순식간에 벌어져 본인이 실감조차 하지 못하는 그런 샷이 과연 앞으로 나올 수 있을까?

페더러의 테니스 인생에서 가장 중요한 샷이 앞으로 나오리라 기대하는 것은 분명 무리한 바람일 수 있다. 2009년 프랑스 오픈 16강전에서 토미 하스를 향해 쳤던 인사이드아웃 포핸드를 생각해보자. 탈락 위기에서 벗어나 결국 프랑스 오픈 우승을 통해 커리어 그랜드슬램을 완성할 수 있도록 해 준 바로 그 포핸드가 지닌 역사적 중요성을 능가하기란 아마도 어려울 것이다. 2008년 윔블던 결승전 매치 포인트에 몰린 상황에서 라파엘 나달을 향해 날린 백핸드 패싱샷은 어떠한가? 체어엄파이어의 입에서 "맙소사"라는 탄식을 자아내었던 그 패싱샷보다 더 대담한 스트로크를 치는 것 또한 거의 불가능할 것이다. 그렇다면 2009년 US 오픈 준결승전에서 노박 조코비치를 향해 쳤던 트위너는? 이보다 더 충격적인 샷으로 매치 포인트를 만들어 낼 수 있을까? 2015년 신시내티 대회 결승에서 조코비치를 물리치고, 그 해 US 오픈 결승까지 이끌어 준 SABR는 어떤가? 이처럼 혁신적인 무기를 또다시 개발할 수 있을까? 이 모든 것들은 아마도 쉽지 않을 것이다. 그러나 이렇게 역사적이고 대담하며 창의적이고 혁신적인 샷이 아니더라도 페더러에게는 아직 보여줄 것이 많이 있다.

역사적으로 큰 의미를 지니지도 않고, 특별한 용기를 필요로 하거나 위험을 감수해야 하는 상황은 아니지만, 우리는 때때로 페더러의 진수를 담고 있는 순간을 만날 수 있다. 페더러 입장에서는 특별히 힘들이지 않고도 자연스럽게 보여주는 모습이지만, 관중의 입장에서는 감탄이 절로 나오는 그런 순간인 것이다. 이것이 바로 데이비드 포스터 월러스가 말한 '페더러의 순간들Federer Moments'이다. 시청자들로 하여금 입이 벌어지고, 눈이 튀어 나오며, 본인도 모르게 소리를 지르게 되면서 '옆 방에 있던 배우자가 건너와 괜찮은지 확인을 하도록' 만드는 그런 순간 말이다. 페더러의 팬들은 그의 우승만큼이나 이런 순간들을 기다린다고 해도 과언이 아니다. 이것이 바로 순수한 의미의 '탁월함' 그 자체가 드러나는 순간이요, 테니스가 기쁨과 즐거움을 주는 운동이라는 사실을 되새기게

▲ 페더러는 US 오픈에서 트위너를 선보이며 뉴욕 관중에게 스릴을 선사했다.

해주는 순간인 것이다. 그리고 이것은 팬들이 이 스위스 선수에게 푹 빠질 수 밖에 없는 이유이기도 하다. 그들은 마음의 눈으로 보는 하나의 샷에 페더러의 천재성을 오롯이 담아내려 한다. 라켓이 한 번 움직이는 찰나의 순간에 그의 매력과 눈부신 광채를 포착하려는 것이다. 페더러 인생 최고의 샷? 그 판단은 이미 페더러의 손을 떠났다. 수백만 명의 팬들이 그를 대신해 판단할 것이다. 그리고 그들은 자신만의 정답을 가슴에 새길 것이다.

참고 문헌

신문, 웹사이트 및 잡지

ESPN

〈포브스〉 *Forbes*

〈가디언〉 *Guardian*

〈인디펜던트〉 *Independent*

〈레퀴프〉 *L'Équipe*

〈메일〉 *Mail*

〈뉴욕 타임스〉 *New York Times*

〈뉴요커〉 *New Yorker*

〈옵서버〉 *Observer*

〈스포츠 일러스트레이티드〉 *Sports Illustrated*

〈타게스-안자이거〉 *Tages-Anzeiger*

〈텔레그래프〉 *Telegraph*

〈더 타임스〉 *The Times*

〈월스트리트저널〉 *Wall Street Journal*

책

Agassi, Andre – *Open: An Autobiography,* HarperCollins, 2009
   (번역서 : 〈오픈〉, 진성북스, 2014)

Becker, Boris – *Boris Becker's Wimbledon,* Blink, 2015

Bowers, Chris – *Federer: The Biography,* John Blake Publishing, 2013

Murray, Andy – *Andy Murray: Seventy-Seven: My Road to Wimbledon Glory,* Headline, 2013

Nadal, Rafael & Carlin, John – *Rafa: My Story,* Hyperion Books, 2011

Skidelsky, William – *Federer and Me: A Story of Obsession,* Yellow Jersey, 2015

Stauffer, René – *The Roger Federer Story: Quest for Perfection,* New Chapter Press, U.S., 2004

Wertheim, L. Jon – *Strokes of Genius: Federer v Nadal, Rivals in Greatness,* J.R. Books, 2009

감사의 말

무엇보다도 지난 수년간 멜버른, 마이애미, 파리에서의 만남에서뿐만 아니라 전화상으로도 많은 시간을 허락해 준 로저 페더러에게 감사를 전한다. 그와의 대화는 이 책에 많은 정보를 제공해 주었고, 나는 그 인터뷰 내용을 이 책에서 광범위하게 인용했다. 또한 페더러의 부모인 리넷와 로버트, 그의 코치였던 스테판 에드베리, 폴 아나콘, 마들렌 베를로허, 세플리 카코브스키와 호세 히구에라스, 피트니스 트레이너 피에르 파가니니, 책임 스트링거 네이트 퍼거슨, 그리고 피트 샘프러스, 팀 헨만과 대런 카힐을 비롯한 페더러의 친구들에게도 지면을 빌려 감사의 인사를 전한다. 다시 말하지만, 그들과 나눈 귀중한 대화와 또 호주에 있는 故 피터 카터의 부친 밥 카터와의 장거리 통화가 페더러의 테니스 인생에 대한 나의 생각의 틀을 형성해 주었고, 이 글의 밑바탕이 되었다.

로마에서의 어느 오후, 노박 조코비치는 페더러와의 경기에 대한 본인의 생각뿐만 아니라 그와의 관계가 어떤 지에 대해서도 자세히 들려주었다. 런던에서는 페더러의 유년 시절 우상이자 현재 조코비치의 코치인 보리스 베커와 이야기할 기회가 있었다. 라파엘 나달, 앤디 머레이, 앤디 로딕, 밀로스 라오니치, 리샤르 가스케, 그리고 타나시 코키나키스 같은 페더러의 라이벌들과 함께 페더러의 전성기나 최근의 모습에 관해 나눈 대화를 통해 그에 대한 이해의 폭을 넓힐 수 있었다. 그들은 코트에서 페더러를 마주하는 것이나 라커룸에서 페더러와 같은 공간을 공유하는 것이 어떤 것인지를 알게 해주었다. 코치이자 애널리스트인 크레이그 오셔네시가 코트에서 페더러를 만난 적은 없을지언정, 페더러의 게임에 대한 그의 분석은 독보적이다. 그리고 로드 레이버, 크리스 에버트, 토니 나달, 매츠 빌랜더, 존 매켄로, 비외른 보리, 닉 볼리티에리, 고란 이바니세비치, 커트 바텐하우젠, 존 얀델, 데이비드 베일리, 제임스 버델, 레오 슈링크, 뱅상 코네, 린다 피어스, 테레사 피쉬바허, 레토 슈미들리, 르네 스토퍼, 콜린 테일러(페더러의 가장 충성스러운 팬), 다미엔 손더, 니콜라 아르자니, 사이먼 히그슨, 레오 스폴, 매트 월란스키, 조니 퍼킨스, 알렉산드라 윌리스, 마이클 창, 시오반 니콜슨, 제이미 랜턴, 그레그 샤르코, 그리고 마르티나 힝기스, 이 분들에게도 감사의 인사를 전한다.

수년간의 페더러의 그랜드슬램 경기 데이터를 사용할 수 있게 허락해 준 IBM과 올잉글랜드클럽에게도 매우 고맙게 생각한다. ATP 월드 투어에서 얻은 페더러의 경기 기록 통계자료에서도 많은 도움을 받았다. 나의 데이터 분석을 인포그래픽으로 만들어 준 디자이너 닉 클라크의 창의력과 비전이 없었더라면, 이 책은 현재의 모습을 갖추지 못했을 것이다. 나의 편집자인 Aurum 출판사의 루시 워버튼도 빼 놓을 수 없다. 페더러에 관한 그래픽 평전을 출판하자는 것은 그녀의 아이디어였다. 루시는 이 프로젝트의 방향을 제시해주고, 지속적으로 격려해줬다. 더불어서 Aurum의 다른 팀 멤버들, 교열 담당자 마틴 스미스, 나의 에이전트인 데이비드 럭스턴과 레베카 윈필드에게도 감사의 말을 전하고 싶다.

색인

1,000승 222
5세트 승률 125

ATP 월드 투어 52, 63, 188, 237, 250
SABR 12-14, 183, 185, 198, 211, 262
US 오픈 13, 37, 52, 66, 82, 94, 123, 138-139, 147, 211, 228, 262

가스케, 리샤르 58, 61, 72, 134, 197
가장 높은 수입을 올린 운동선수 244
가장 높은 수입을 올린 유명인사 245
가장 성공적인 코치 205
갓식, 토니 252-253, 256
경기당 평균 이동 거리(km) 94-95
곤잘레스, 페르난도 148
귄타르트, 하인즈 38
그랜드 슬램 결승전에서 네트 플레이 성공률 190
그랜드슬램 대회 승수 171
그랜드 슬램 무실세트 우승 기록 146, 148
그랜드슬램 연대표 128-129
그랜드 슬램 최다 연속 출전 기록 165
그로스, 샘 30, 33

나달, 라파엘 22, 29, 33, 41, 50, 57-58, 66, 69, 76, 80, 83, 85, 92, 94, 97, 99-102, 105, 114, 117, 124-126, 136, 140, 144-146, 150-151, 154-164, 175, 179, 200-201, 205, 210, 218, 232-233, 244
나달, 토니 21, 27, 58, 72, 136, 138, 157, 160, 233
나브라틸로바, 마르티나 126, 243
날반디안, 다비드 192
너스타세, 일리에 146, 234, 250
니시코리, 케이 244

다비덴코, 니콜라이 222
단핵구중 106, 156
더블 폴트 36-37
데이비스컵 53, 65, 99, 103, 191, 193, 197, 235, 237
듀란트, 케빈 244
디미트로프, 그리고르 134, 252

라 꾸쁘 데 무스께떼르 162
라오니치, 밀로스 134, 223
라우, 기욤 53, 223
라이스터, 율리안 223
라켓
  라켓 가지고 여행하기 116
  라켓 교체 방식 116
  부서진 라켓 61, 69, 119
  새롭게 커진 라켓 203-206
  천연 거트 및 폴리에스터 스트링 119
  텐션 112
라켓 스트링거 116, 118-119
라프터, 팻 123, 191
레이버, 로드 69, 125, 138-139, 163-164, 206, 240
렌들, 이반 42, 53, 80, 92, 122, 124, 150, 165, 167, 171, 182, 191, 198, 248
렌쇼, 윌리엄 129
로딕, 앤디 43, 66, 80, 83, 96, 105, 117, 122, 139, 140-141, 145, 147-148, 174, 176-177, 179, 199, 222, 233
로브레도, 토미 189
로세, 마르크 38, 63, 103, 178
로슈, 토니 138, 148, 191, 197, 205
로저 페더러 재단 256-258
로즈웰, 켄 146
로페즈, 펠리치아노 126
루비치치, 이반 90, 211
루티, 세버린 11-13, 99, 191
룬드그렌, 피터 40, 42, 46, 52-53, 56, 61, 75, 103, 118, 123, 126, 130, 191, 197, 205, 224-225
르브론, 제임스 175, 244-245
리오스, 마르셀로 53
리턴 게임 승률 114-115

매켄로, 존 13, 29, 31, 42, 57, 59, 66, 75, 80, 83, 90, 115, 117, 122, 124, 126, 130, 136-139, 156, 163, 167, 175, 200-201, 214, 228-229, 232
매킹베일, 짐 130
머레이, 앤디 13, 20-22, 29, 33, 41, 51, 69, 76, 80, 83, 94, 97, 99-102, 106, 114, 117, 122, 124-125, 140, 148, 175, 177-179, 198, 200-201, 210, 216, 218, 232, 244
메시, 리오넬 175, 244-245, 250
메이웨더, 플로이드 175, 244-245, 250
모레스모, 아멜리 20
미신 144
미켈슨, 필 244

바그다티스, 마르코스 148
바브링카, 스탄 122, 175, 178, 222, 235, 237, 248
백핸드 48, 49, 52, 56-59, 61, 64, 75, 79, 154, 160, 206, 262
백핸드 스핀 50-51
버지, 돈 163-164
베르디흐, 토마스 178, 218
베를로허, 마들렌 32, 34, 69, 217
베일리, 데이비드 90
베커, 보리스 13, 18, 21, 29, 40, 80-81, 83, 115, 117, 122, 124, 126-128, 134, 139, 163, 175, 185, 192, 198, 214, 218, 229, 232, 242, 250
보리, 비외른 21, 29, 58, 66, 124, 141, 144-145, 147, 156, 167, 200-201, 218-219, 226
볼리티에리, 닉 59, 90
볼체인지 116
볼트, 우사인 175
부테, 줄리앙 63, 223
부상 102, 106, 126
브라이언트, 코비 244
브레이크 포인트 성공률과 브레이크 포인트 세이브 성공률 117
블레이크, 제임스 178
빌라스, 기예르모 167
빌랜더, 매츠 53, 122, 138, 140, 219-220, 228-229
빨간 봉투 216-217

사핀, 마라트 61, 122, 136, 138-139, 148
샤라포바, 마리아 76, 244
샘프러스, 피트 26, 29, 53, 72, 76, 78, 80-83, 85-87, 93, 99, 115, 117-119, 122-124, 129, 134, 136, 140-141, 145, 147, 149-150, 165-167, 174-175, 177, 182, 197-198, 200-201, 204, 211, 218, 221, 237, 248

서브 게임 승률 83
서브 패턴 22
서브 최고 속도 33, 41
서브앤발리 46, 48, 57, 134, 182-183, 186-187, 192-193, 197, 199
세컨 서브 득점률 83
세트당 위너 및 범실 (그랜드 슬램 결승) 120-121
선수 프로필 175
소덜링, 로빈 162-163, 166, 222
수기야마, 아이 99
수입 249
슈미들리, 레토 34
스위스 에퀴블렌 국립테니스 센터 40, 52
스위스 테니스연맹 52
스타코프스키, 세르게이 189, 193, 204
스톨, 샌던 64
시몽, 쥘 21, 223
시즌 최고 승률 137, 140

아나콘, 폴 82, 149-151, 178, 188-189, 191, 197, 205, 232
아우베스, 치아구 223
아자렌카, 빅토리아 75
알레한드로 파야 105
얀델, 존 59, 72
애거시, 안드레 18, 29, 53, 61, 76, 80, 83, 115, 117, 127, 130, 134, 141, 145, 147, 156,

160, 163-164, 171, 175, 191-192, 200-201, 218, 229-231, 234
애쉬, 아서 85
에드베리, 스테판 58, 65, 80, 83, 102, 115, 117, 139, 145, 151, 163, 165, 175, 183, 185, 188-189, 191-193, 197-201, 203-204, 211, 237, 248
에머슨, 로이 163-164
에버트, 크리스 218-219, 225
에이스 30, 36-37, 43
연속 세계 랭킹 1위 주수 165
오셰이시, 크레이그 20, 26-27, 30, 59, 75, 78
올림픽 테니스 경기 97, 105, 108-109, 178, 235, 243
우선 순위 149, 151
우즈, 타이거 175, 225, 244
유즈니, 미하일 222-223
윈투어, 안나 225-226
윌리엄스, 세레나 244
윌슨 라켓 203-204
윔블던 13, 20-21, 26, 37, 52, 57, 69, 78, 81, 93-94, 96, 99, 105-106, 116, 122-123, 127, 138-139, 141, 144-147, 154, 156-157, 174, 176-177, 185, 192-193, 206, 210, 214, 249, 262
윔블던 주니어 대회 우승으로 부터 시니어 대회 우승까지 걸린 시간 58

이글, 조슈아 64
이바니세비치, 고란 29, 43, 66, 80, 83, 250
이스너, 존 85, 228

조코비치, 노박 12-14, 22, 29, 33, 41, 51, 69, 76, 79-80, 83, 85, 94, 97, 99-102, 106, 114, 117, 119, 122, 124-126, 134, 140, 147, 151, 167, 175, 179, 193, 198-201, 206, 210-211, 214, 218, 222, 228-229, 232-233, 244, 249-251
지프, 더크 252

창, 마이클 106, 122
첫 그랜드슬램 대회 우승 시 나이 122
첫 서브 득점률 80
첫 서브 성공률 (그랜드슬램 결승) 28
첫 서브 성공률 (통산) 29
첫 세트를 딴 경기 승률 124
첫 세트를 잃은 경기 승률 124
체격 조건 97, 99
최다 연승 기록 167
최단 시간 경기 105
최장 시간 경기 104-105
치우디넬리, 마르코 34

카를로비치, 이보 43
카릴로, 마리 66

카코브스키, 세플리 34, 127
카터, 밥 48, 65
카터, 피터 35, 46, 48-49, 52, 56-57, 61, 65, 126, 191-192
카펠니코프, 예브게니 218
카힐, 대런 48, 191
캐시, 팻 58, 145
커, 루카스 아놀드 53, 63
커브볼 27
코너스, 지미 29, 66, 80, 83, 115, 117, 122, 124, 137, 147, 156, 165, 167, 171, 175, 200-201, 222, 228-229, 232
코언, 배리 141
코치 189, 191-192
코키나키스, 타나시 92, 183
코트별 상대 전적 승률 179
코트별 승률 200-201
쿠리어, 짐 90, 122
쿠체, 존 14
쿼리, 샘 228

타이브레이크 61, 86, 126
토스 18, 21
통산 상금 순위 218
트위너 12, 14, 139, 199, 262, 263
티리악, 이온 250

파가니니, 피에르 92-93, 96-97, 99, 102, 106
파블로프의 서브 18
파스칼, 마리아 154, 156

파퀴아오, 매니 244-245, 250
팬 214, 216-221
퍼거슨, 네이트 112, 116, 118-119, 203, 205
페더러, 다이애나 32, 249
페더러, 로버트 31-32, 35, 145, 156, 210
페더러, 로저
  가벼운 움직임 90, 92-93
  가족 및 가정생활 240, 242-250
  감정 조절 61, 64, 66, 144
  결혼 248
  경기의 미학 56
  눈물 32, 34, 38, 40, 64, 66, 68-69, 147, 185
  다국어 유창성 256
  단핵구증 106, 156
  대중적 인기 220-221, 224, 228
  동기 부여 139, 149, 211
  리틀 피트 81
  볼보이 시절 38
  부상 102, 106, 126
  분노 31-32, 35, 38, 42-43, 64, 66, 68
  사생활 보호 224
  세계 랭킹 1위 유지 149-151
  수면과 식습관 102-103, 106
  수입 및 광고 활동 218, 249-253, 256
  십대 시절 31-32
  유년 시절 31-32, 34, 38, 45

  유머 감각 34, 82, 237
  유명인사 생활 방식 225
  정신력 42
  지능적인 테니스 20-21, 27, 59, 93, 134
  첫 그랜드슬램 우승 126-127
  첫 토너먼트 34
  체격 조건 97, 99
  체력 훈련 92, 97, 106
  패배에 대한 태도 32, 42, 66, 69, 123
  패션 및 스타일 225-227
  페더러 신화 57, 92
  피터 카터의 죽음 46, 56, 61, 64-65, 126
  훈련 92, 97
페더러, 리넷 32, 35, 38, 40, 64, 251-252
페더러, 미르카 68, 136, 156, 174, 224-225, 237, 240, 243-245, 248, 252
페더러 브랜드 253
페더러에게 패한 선수들의 국적 분포 223
페레로, 후안 카를로스 138, 149
페레르, 다비드 218, 222-223
페레이라, 웨인 64, 99, 165
페리, 프레드 163-164
페어, 브누아 11-12
페치, 마크 177
포스터 월러스, 데이비스 14, 46, 262

포인트당 이동 거리(m) 100-101
포트로, 후안 마틴 델 97, 105, 148, 178, 222, 248-249, 252
포핸드 26, 57, 72, 75, 78-79
포핸드 및 백핸드 속도 54-55
포핸드 스핀 76-77
프랑스 오픈 37, 66, 94, 106, 119, 123, 126, 140, 161-163, 166, 170, 262
필리포시스, 마크 122-123, 126-127

하스, 토미 166, 178, 223-224, 262
하프발리 11-14
한 해 최다 타이틀 기록 161
핸델, 자닌 258
호날두, 크리스티아누 244-245, 250
호르나, 루이스 123
호주 오픈 69, 94, 106, 126, 138-141, 146, 148-149, 177, 233, 248
휴이트, 레이튼 48, 65, 122, 147, 179, 192, 222-223
흘라섹, 야콥 38
히구에라스, 호세 66, 191, 205
힝기스, 마르티나 38, 219

자료 출처

이 책에 사용된 데이터는 대부분 2015년 말을 기준으로 하고 있다.

IBM 공식 윔블던 데이터 (2015년) 22-23, 36, 41, 79, 196, (2002년-2015년) 186
페더러가 승리한 그랜드슬램 대회에서의 공식 IBM 데이터 28, 37, 41, 94-95, 100-101, 120-121, 190
ATP 월드 투어 공식 데이터 29, 33, 43, 58, 62-63, 80, 83, 84-85, 114-115, 117, 124-125, 161, 164-165, 167, 179, 200-201, 205, 218, 222-223
기타 175
DavisCup.com 234-235, 249, 257
비디오 분석가 존 얀델의 데이터 50, 76-77
테니스 분석가 다미엔 손더의 데이터 54-55, 108-109
ITF 공식 데이터 122, 146, 164-165, 171
ATP 월드 투어 웹사이트 페더러 부분 128-129
〈포브스〉 데이터 244-245

사진 저작권

Shutterstock (Neale Cousland) 2, 13, 58, 122-123, (Evren Kalinbacak) 62, (lev radin) 89, 217, (Leonard Zhukovsky) 101, (meunierd) 111, (Anthony Correia) 139; Getty Images (Amin Mohammad Jamali)5, (Clive Brunskill) 8-9, 17, 22-23, 41, 42-43, 60-61, 71, 84, 85, 86-87, 102-103, 105, 108-109, 136, 178-179, 205, 206-207, (Clive Brunskill/Getty Images for Nike) 225, 252-253, 258-259, (Julian Finney) 14-15, 74-75, 158, 166-167, 232-233, 234, (Ron C. Angle) 33, (Jean-Loup Gautreau/AFP) 37, (GREG WOOD/AFP) 153, (BERTRAND GUAY/AFP) 160, (WILLIAM WEST/AFP) 186, (CARL DE SOUZA/AFP) 213, (CARMEN JASPERSEN/AFP) 219, (JAVIER SORIANO/AFP) 242, (Bob Thomas) 45, (Justin Setterfield) 50, (Sean Garnsworthy) 65, (ODD ANDERSEN/AFP) 67, (Al Bello) 68-69, 181, 182, 205, (Mike Hewitt) 72-73 (Popperfoto) 79, (Tommy Hindley/Professional Sport/Popperfoto) 130-131, (PATRICK KOVARIK/AFP) 94, (Ryan Pierse) 98-99, (Bongarts) 116, 240, (Alex Livesey) 126-127, (Bob Martin/Sports Illustrated) 129, 168, (Manny Millan/Sports Illustrated) 140-141, 149, (Simon Bruty /Sports Illustrated) 150-151, (ATP) 143, (Cynthia Lum) 146, (Laurent ZABULON/Gamma-Rapho) 161, (Maddie Meyer) 192-193, 200, (Jan Kruger) 194, (Ian Walton) 197, (Wayne Taylor) 210-211, (Peter Staples/ATP World Tour) 214, (Peter Kramer) 224, (David Cannon for Dubai Duty Free) 228-229, (ChinaFotoPress/ChinaFotoPres) 237-237, (The Roger Federer Foundation) 239, (David M. Benett/Getty Images for Moët & Chandon) 244-245, (LUCAS JACKSON/Reuters) 260-261; Corbis (Ben Radford) 91, 155, 170-171, (Neil Tingle/Loop Images) 156-157, (Michele Eve/Splash News) 190; Roger Federer 29; Mirrorpix 174; Getty Images Korea Cover.